명품도시 만들기

사람이 행복한 도시관리

하성규 김재익

박영사

서 문

　유엔해비타트(UN-Habitat; 유엔인간정주계획)가 발간한 '2020 세계 도시 보고서'에 따르면 현재 전 인류의 56.2%가 도시에 거주한다. 2050년에는 66%에 이르러 전 인류의 3분의 2가 도시인이 될 것으로 전망하고 있다. 우리나라는 전 인구의 90% 이상이 도시에 살고 있다.

　도시는 국민경제와 국가경쟁력의 핵심적 역할을 수행하고 있다. 도시가 이미 전 세계 국내총생산(GDP)의 80% 이상을 담당하고 있다. 그러나 도시는 주택 부족과 교통 및 보건위생 문제, 범죄와 빈곤문제 등 인구의 과도한 집중으로 인한 해결하기 힘든 문제점을 늘 지적받아 오면서도 끊임없이 성장을 거듭해 왔다.

　오랜 세월 동안 도시의 기준과 정의는 나라마다 제각각이었다. 이에 유럽연합(EU), 유엔 해비타트(UN-Habitat) 등 6개 국제기구가 나라마다 상이한 도시 기준을 표준화하여 공식 채택했다. 경제협력개발기구(OECD)가 이 기준에 따라 '도시 권역'을 분석한 결과, 한국은 모두 22개 도시 권역에 인구가 밀집돼 있다. 그러나 영국(96곳), 이탈리아(84곳), 스페인(81곳) 등 유럽 주요국은 한국보다 많은 도시 권역에 인구가 골고루 흩어져 살고 있는 것으로 나타났다. 우리나라 2022년 수도권 인구는 전국 인구의 50.5%에 해당하는 2,605만 명으로 수도권으로의 인구집중이 심화되었음을 알 수 있다.

　전 세계 "코로나19 감염자의 95%가 도시에서 나왔다"는 유엔의 발표에서 볼 수 있듯 코로나19 팬데믹 이후 많은 사람들은 도시가 발전적 변화를 추구해야 한다고 믿고 있다. 코로나바이러스는 인류의 보금자리 및 발전의 심장으로서의 도시에 대한 긍정적 믿음에도 커다란 위협이 되고 있다.

이 책은 이러한 도시가 직면하고 있는 이슈를 진단하고 향후 관리방향을 모색하는 데 목적을 두고 있다. 한국은 도시관리계획(정책)이 주민의 삶의 질 향상(사람이 행복한 도시)과 지속가능한 발전, 그리고 도시경쟁력을 확보하도록 추진되고 있는지를 점검할 필요가 있다.

우리나라 도시체계의 변화를 보면 서울을 중심으로 한 종주적 도시체계가 계속 심화되고 있다. 동시 수도권으로의 집중과 대도시의 광역화에 따른 대도시권의 성장이 우리나라 도시체계 변화를 주도하고 있다. 이러한 도시성장패턴은 중소규모의 도시들은 계속 정체 혹은 침체를 수반함으로써 대도시권과 비대도시권의 이중적 불균형을 초래하고 있다. 도시체계의 안정화와 수평적 네트워크형 다핵구조화를 통하여 유연하고 경쟁력있는 체계로의 변화가 필요하다.

이미 많은 학자들과 도시정책당국자들이 인지하고 있는 바와 같이 현대 도시는 국부의 상징이며 국가 경쟁력을 좌우하는 대표주자이기도 하다. 오늘날 국가 간 경쟁보다는 도시 간 경쟁이 치열해지고 있어 도시의 중요성이 더욱 강조되고 있다. 그리고 21세기에서의 도시의 새로운 패러다임은 효율성을 극대화하는 압축성장에서 사람중심의 지속가능성과 포용성을 추구하고 있다. 시민을 위해 만든 도시가 시민을 속박하는 비인간적인 도시의 문제점을 해결해야 한다.

도시에서 사람이 행복하게 산다는 것은 도시의 일상생활 속에서 사람으로 대접받고 제도적으로 배제되지 않으며, 사람으로 존재감이 실현되는 사람의 가치가 최우선시 되는 도시의 삶의 방식과 조건을 의미한다. 이러한 관점에서 이 책의 제목을 "명품도시 만들기, 사람이 행복한 도시관리"라고 정했다.

이 책은 현대 도시관리 핵심 이론과 이슈를 체계적으로 정리하였다. 앞 부분은 주로 도시관리 개념과 목표, 포용도시, 스마트시티, 도시인구관리, 도시혁신관리, 젠트리피케이션, 공간경쟁력관리 등을 다룬다. 그리고 이 책의 후반부에는 도시문제분석 및 도시관리방향을 논의하는 내용(주택문제와 도시관리, 신도시 도시특성과 관리, 도시성장관리: 난개발과 스마트 성장, 도시관리 방향과 미래도시 등)을 논의한다.

이 책은 대학에서 도시계획학(도시공학), 지역개발학, 부동산학, 도시지리학, 도시경제학, 도시사회학 등의 영역에서 공부하는 학생들과 연구자들이 활용할 수 있는 지침서로서의 역할을 기대하고 있다. 또한 시도지사 및 시장, 군수, 구청장 등 도시관리 책임자를 비롯하여 도시관련 정책업무를 담당하는 공무원, 도시문제를 다루는 시민단체 등 비학술적인 분야의 종사자 및 일반인들에게도 도시관리를 이해하는 길잡이 역할을 기대하고 있다.

공저자 두 사람은 오랜 세월 동안 공동저술 작업 및 공동연구의 경험을 지니고 있다. 아울러 두 사람은 대학에서 관련분야 강의와 연구, 정부기관의 정책자문을 지속해 왔다. 이러한 공동연구의 과정 속에서 지속적인 토론 및 학습 과정의 결과가 이 책을 완성할 수 있었다.

최근 출판업계가 다양한 어려움이 있음에도 기꺼이 이 책의 출판을 수락한 박영사 관계자 분에게 깊은 감사를 드리는 바이다.

2023년 8월
공저자 하성규, 김재익 씀

차 례 /

제1장

도시관리란 무엇인가

제4장

도시인구 관리하기

제7장

도시의 공간경쟁력 높이기

제8장

도시구조와 어울리는 도시관리

제13장

미래를 대비한 도시관리

제1장

도시관리란 무엇인가

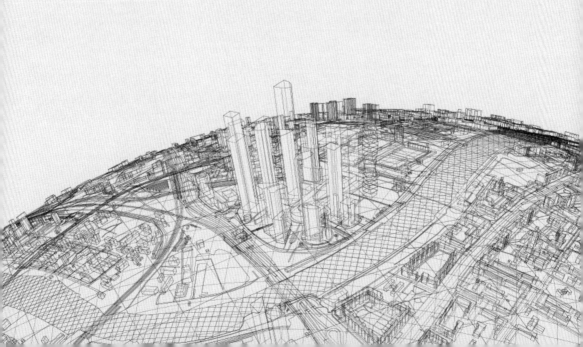

도시관리란 무엇인가

 서론

1. 도시관리의 개념

도시문제는 시민이 도시생활에 있어 매일 겪고 있는 병리적 현상으로 인식되고 있다. 도시관리는 이러한 도시문제를 해결함으로써 도시를 보다 인간다운 삶의 장소를 창조, 유지하려는 노력이다. 도시관리는 시민들을 대상으로 도시기반시설, 주거, 고용 등을 적절한 수준으로 공급하는 일체의 정책, 계획 및 프로그램으로 요약되기도 한다(Davey, 1993; Mattingly, 1994). 특히 디지털기술을 기반으로 한 4차 혁명의 시대를 맞이하여 도시관리도 혁명적인 변화를 맞이하고 있다(Engin et al., 2020; Furtado et al., 2023). 이전에는 불가능했던 실시간 도시관리가 가능해지면서 스마트시티가 일반화되고, UN의 헤비타트 Ⅲ는 지속가능한 개발을 위한 목표 (SDGs: Sustainable Development Goals)를 통하여 포용성 및 지속가능성을 핵심가치로 강조하고 있다(Sabri, 2021; United Nations, 2017).

이러한 시대적 특징은 도시관리자로 하여금 디지털 기술의 활용성을 이해하고 또 활용할 수 있어야 하며, 도시관리에 있어 누구도 배제시키지 않으며 자연과 환경의 가치를 존중하도록 요구하고 있다. 이러한 현대 도시관리의 특징으로 스마트시티 건설은 디지털 기반의 관리와 기술수단을 관리하는 디지털 거버넌스가 뒷받침되어야 가능함을 의미하기도 한다(Nijkamp et al., 2022).

도시관리의 개념은 광의와 협의로 나눌 수 있다. 광의의 도시관리란 도시전체의 공간체계, 경제·사회체계, 그리고 정치·행정체계를 모두 포함하는 도시의 종합적 계획, 경영, 행정을 말한다. 한편 협의의 도시관리란 도시 공공서비스의 공급 및 배분, 유지관리에 초점을 맞추고 있다. 미국에서는 도시관리란 '도시성장관리'를 뜻하기도 한다(Degrove. ed, 1991; Alister et al., 2023).

도시관리라는 용어는 시대적, 국가적, 역사적, 문화적 배경에 따라 다양한 의미를 내포하고 있어 한마디로 정의하기는 어렵다. 도시관리의 개념 파악은 도시(都市, urban)와 관리(管理, management)의 복합어를 통해 설명할 수 있다. '도시'란 정치, 경제, 문화, 사회적인 측면에서 기능적으로 독자성과 구조적인 종합성을 지니면서 역사적 과정을 통하여 국토공간의 일부분을 차지하는 인간 활동의 집결지점이다. 그리고 '관리'란 공공서비스의 생산과 배분을 통한 시민복지의 증진, 그리고 제반 도시문제를 해결하고 도시발전을 위한 제도적인 노력과 운영방식을 말한다(국토연구원, 2000; 박종화, 2009).

도시관리와 유사한 용어들, 즉 '도시경영', '도시계획', '도시행정' 등에 대하여 살펴보자. 우리는 '도시경영'이란 용어를 자주 접한다. 도시경영은 도시관리의 동의어로 사용되기도 한다. 특히 일본에서는 도시관리란 용어보다 도시경영이라는 용어가 빈번하게 사용되고 있으며, 도시계획(공간, 건축물) 등 외부관리와 도시재정·행정의 내부관리 양자를 도시경영의 범주에 포함시킨다(박연호·이상화 역, 1994). 한편 도시경영은 도시 자체를 하나의 경영체로 보고 시민, 지역주민에게 최소의 비용부담과 사업비용을 사용하여 최대의 도시지역 효과를 달성하기 위한 목적을 지닌 것으로 규정하기도 한다(조정제, 1990). 도시경영이란, ① 도시자치체 내지 도시 자체를 하나의 경영체, 사업체로 보고, ② 최소의 비용(시민부담)으로 최대의 효용(시민복지)을 실현하는 것을 원칙으로 하며, ③ 자치단체 조직의 관리 운영 및 시책, 사업을 행하는 것이다.[1]

다카기쇼미츠(高喬昇三)는 기업경영과 도시경영과의 차이를 <표 1-1>을 통하여 유사점과 차이점을 설명하였다. 경영목적으로서 기업은 수익의 극대화이며, 도시는 복지의 극대화로 대비된다. 역시 경영원리도 경영목적과 연관되고 있다. 그러나 경영의식적 관점에서 기업경영을 게젤샤프트(이익사회)로, 도시경영을 게마인샤

---

1) 국토연구원, 국토용어해설, https://library.krihs.re.kr/bbs/content/2_288 참조

프트(공동사회)로 규정하는 것은 다소 무리가 있다고 생각된다. 한편 우리나라의 도시경영이 다카기쇼미츠(高喬昇三)가 주장하는 것과 같이 '복지극대화', '공동사회', '합의형성', '상호의존적 배분원리'가 잘 적용되고 있는지는 불확실하며 향후의 연구과제이기도 하다.

표 1-1 기업경영과 도시경영

구분	기업경영	도시경영
경영목적	수익극대화 / 이윤추구	복지극대화 / 공공복리 증진
경영원리	이윤원리에 입각한 기업성 구추	수요충족원리에 입각한 공공성 추구
운영원리	기업회계방식에 입각한 수지계산	예산배분방식에 입각한 합의 형성
경영수단	자유경제에 입각한 자본조달, 시장 서비스 제공	강제경제에 입각한 조세징수, 공공 서비스 제공
경영의식	보상원리 지배의 게젤샤프트(이익사회)	희생원리 지배의 게마인샤프트(공동사회)
경영환경	시장경제원리에 입각한 경쟁사회에서 확대원리	공동경제원리에 입각한 상호 의존사회에서 배분원리
추구수단	광고 선전, 비용추구, 이익 공여에 의한 이익유도	권력적 규제, 참가제도, 경제 개입에 의한 이해조정
경영재원	시장메커니즘을 통한 재원·자본조달	조세징수, 사용자부담 및 시장메커니즘의 부분적 활용

자료: Mattingly(1994); 高喬昇三(1985), 현대도시경영론: 박연호·이상화(역)(1994), 도시경영론. 선일문화사, p.67 부분적으로 수정, 보완하여 작성함.

그리고 '도시계획'이라는 용어 역시 널리 사용되며, 이는 법적 용어이기도 하다. 도시계획이란 한마디로 정의하기는 어렵지만 '미래의 도시관리'라는 의미를 내포하고 있다. 왜냐하면 계획이란 미래 사실을 다루는 것이며, 목표를 설정하여 그것을 미래에 성취할 수 있도록 하는 일련의 노력과정으로 해석되기 때문이다.

계획은 목표와 수단(end and means)의 관계를 연결하는 과정(process)으로 규정하기도 한다. 그래서 계획이란 미래를 위한 사전준비 작업으로 규정할 수 있을 것이며, 도시계획은 도시라는 대상의 변화·개발을 유도하기 위한 준비작업인 것이다. 우리나라 도시계획 관련 대표적인 법률인「국토의 계획 및 이용에 관한 법률」의 목적에서 밝힌 바와 같이, "국토의 이용·개발과 보전을 위한 계획의 수립 및 집행 등에 필요한 사항을 정하여 공공복리를 증진시키고 국민의 삶의 질을 향상시키는 것을 목적으로 한다"라고 명시하고 있다.[2]

종래의 도시계획은 물리적 시설물 중심의 계획에 치중하여 다루어 왔다는 점에서 토목·건축적 범주에서 이해되기도 하였다. 그러나 현대도시계획은 도시의 동적 과정, 도시의 사회·경제적 상황, 그리고 다양한 요소들 간의 상호작용까지 고려하게 되므로 도시계획의 범주와 도시관리의 범주를 엄격하게 구분하기가 어렵다.

한편 '도시행정'이란 도시에서 발생하는 여러 문제를 공익의 차원에서 행정이 정책수단 및 서비스 제공 등을 통하여 해결하고자 하는 것이다(이성복, 1987; 박수영, 1991); 도시행정은 실제 행정수요분야의 중심이 주택, 토지, 교통, 교육, 치안 등 도시정부의 행정서비스의 제공이라는 관점에서 다루고 있다. 그리고 도시행정은 도시문제에 대한 행정수요의 분석, 행정서비스의 제공, 그리고 도시정부의 조직, 인사, 재정제도를 중심으로 한 행정체계에 초점이 맞추어져 있다(김원, 1992). 그러나 도시관리는 도시행정이 다루는 분야는 물론 도시의 전반적 체계, 즉 도시의 공간·물리적 체계, 사회·경제적 체계 그리고 정치·행정체계를 포함하고 있다.

2. 도시문제와 도시관리

도시문제를 해결하기 위해서는 도시정책·관리를 통한 계획해결책(planning solution)이 있고, 또 시장기구의 자율적 조정기능에 맡기는 시장해결책(market solution)이 있다. 어떤 방식의 해결책이 효과적이냐 하는 것은 문제의 특성에 달려 있다. 그러므로 모든 문제가 도시정책과 도시관리의 대상이 되는 것이 아니며 더구나 모든 문제가 도시관리 통해 해결될 수 있는 것도 아니다.

---

2) 도시계획법(제정 1962.01.20. 법률 제983호)은 도시의 건전한 발전을 도모하고 공공복리의 증진에 기여하기 위하여 제정되었다. 동법은 도시계획, 지역과 구역, 토지구획정리, 도시계획위원회 등을 규정하고 있었다. 도시계획법은 2002년도에 국토이용관리법과 함께 국토의계획및이용에관한법률(국토계획법)로 통합되면서 폐지되었다.

그러나 계획해결책이 요구되는 도시문제에 대한 접근방법에 있어 도시문제의 상호연관성을 고려치 않고 문제를 유형별로 나눠 이를 개별적으로 해결하고자 하는 것은 다른 문제와 맞물려 사태를 악화시킬 수 있다. 문제의 저변에 흐르는 상호연관성을 이해하고 이를 교정치 않으면 어떠한 노력을 하건 문제 자체는 바람직스럽지 않은 방향으로 계속 작용하게 된다. 결국 원인을 경시한 증상의 치유는 시스템 내에서의 역작용을 증가시키고 교정노력을 희석시킨다. 이런 의미에서 도시문제의 해결을 위해서는 부문간, 관련기관간 협조체제 혹은 공조체제가 절실히 요구되는 것이다.

도시문제를 바로 증상의 치유에 매달리지 말고 먼저 문제를 유발하는 시스템구조를 파악해야 하는 이유도 여기에 있다. 특히 도시지역의 성장, 쇠퇴, 활성화 등의 동태적 분석에 이 원리를 적용하면 유용한 정책적 도구가 될 것이다. 따라서 도시관리의 관심사항은 다음과 같이 요약될 수 있다.

- 도시시스템의 구성요소는 무엇인가?
- 도시의 구성요소간의 상호작용은 무엇이며, 또 도시시스템에 어떤 영향을 미치는가?
- 도시의 동태적 변화과정에 있어 도시시스템을 지배하는 원칙은 무엇인가?
- 이 원칙들을 적용했을 때 미래의 도시는 어떤 모습인가, 혹은 어떤 미래를 도출해 낼 수 있는가?
- 바람직한 도시(살기 좋은 도시, 혹은 사람이 행복한 도시)를 건설하기 위해서는 어떤 구성요소를 어떻게 변화시킬 것인가?

도시관리에 있어 문제를 구분하고 정책을 수립·시행하는 데는 다음과 같은 사항을 고려해야 할 것이다.

- 문제의 영역은 무엇인가?
- 문제로 인해 어떤 부문(기관, 제도)이 영향을 받는가?
- 선택된 정책은 시민에게 어떤 영향을 미치는가?
- 새로운 정책은 조정능력을 증가시키는가?

도시관리자는 이를 위해 정보수집·분석을 통하여 인간행위를 지배하는 시스템을 설정하고 직관력과 판단력을 동원하여 정책을 수립·시행한다. 이 과정에서 인간능력의 한계로 말미암아 다른 문제와 상호작용을 통하여 정책결과가 예상과 다르게 나타날 때는 정책을 다시 평가·조정하고 새로운 정책을 수립·시행한다. 특히 이 과정에서는 1995년 Habitat II에서 강조된 지속가능한 개발과 아울러 2015년 Habitat III에서 채택된 포용성이라는 핵심목표를 수용하여야 한다.

3. 도시관리의 목표

UN은 도시관리의 목표를 The Sustainable Development Goals(SDG)로써 구체적으로 제시하고 있다. 즉 UN은 2015년 9월 25일 SDG를 명시한 「The 2030 Agenda」를 채택하였는데 이 중 SDG 11에 지속가능한 도시를 만들기 위한 10개의 상위목표와 이 목표달성 수준을 측정할 15개의 지표를 선정하였다.

SDG 11에는 2030년을 목표연도로 도시와 인간정주지를 포용적이고 안전하며, 회복력 있으며 지속가능하도록 조성토록 하고 있다. 이 아젠다는 전 세계 모든 도시는 물론 우리나라의 도시들도 예외없이 추구해야 할 목표를 제시한다. 이 조항을 충실하게 수행함으로써 안전하고 부담가능한 주거, 지속가능한 교통시스템, 포용적이며 지속가능한 도시화, 세계문화 및 자연유산의 보호, 자연재해의 피해감소, 도시의 환경적 영향의 감소, 안전하고 포용적인 녹지 및 공용공간에 대한 접근성 등 7개의 효과를 도모하고자 한다(표 1-2 참조).

표 1-2 SDG n.11의 목표

항목번호	분야	목표
11.1	주거	2030년까지 적절하고 안전하며 부담가능한 주거와 필수 서비스에 대한 접근성 제고 및 슬럼의 현대화
11.2	교통	2030년까지 안전하고 지속가능하고 부담가능한 교통시스템의 제공, 도로의 안전성 제고, 대중교통의 확충에 집중, 취약계층(부녀, 아동, 장애인, 노인 등)에 대한 특별한 배려
11.3	도시화	2030년까지 모든 국가에서 포용적이고 지속가능한 도시화, 통합적이고 참여적이며 진간정주계획 및 관리를 위한 능력의 함양.
11.4	문화 및 자연	세계문화유산과 세계자연유산의 보호에 대한 의지의 강화
11.5	재난, 안전	2030년까지 자연재앙으로 인한 사망자 및 피해인구의 대폭 감소. 특히 가난하고 취약한 계층의 보호에 초점을 둔 자연 재앙에 따른 직접적인 경제적 손실의 감소
11.6	환경	2030년까지 공기의 질과 폐기물 관리에 초점을 두어 일인당 도시가 환경에 미치는 부정적 영향의 감소
11.7	녹지	2030년까지 취약계층에 초점을 두면서 누구나 안전하며 포용적이고 이용가능한 공공녹지의 제공
11.a	도농간 관계	국토 및 지역계획의 강화를 통하여 도심과 주변지 및 시골간의 긍정적 경제적, 사회적, 환경적 관계 지원
11.b	아젠다채택 도시의 확대	2030년까지 포용적이면서, 자원의 효율적 이용, 기후변화에 대한 적응 및 영향 감소, 재해로부터의 회복력 등을 권장하는 통합된 정책과 계획을 실행하는 도시와 인간정주지 수의 확대
11.c	저개발국에 대한 지원	지역자재를 사용하여 지속가능하고 회복성 있는 건축물의 건설을 지향하는 저개발국에 대한 기술적 재정적 지원

자료: United Nation의 SDG n.11을 기반으로 저자 재구성(Goal 11: Make cities inclusive, safe, resilient and sustainable), https://www.un.org/sustainabledevelopment/cities/

이상과 같은 범세계적 도시관리 목표는 우리나라의 도시관리에도 적용될 수 있지만 우리나라 도시의 특성을 감안하여 운용하는 것도 중요하다. 도시관리의 목표는 궁극적으로 모든 시민들이 살기 좋은 도시를 건설하는 데 있다.[3] 오늘날 시민이 원하고 도시관리자가 지향해야 할 도시를 좀 더 구체적으로 표현한다면 적어도 다음과 같은 점이 고려되어야 할 것이다.

- 한국인의 정서와 문화를 가장 잘 수용하는 도시
- 시민의 가치를 가장 잘 실현시키고 사회적 배제가 없는 도시
- 생산 및 소비활동을 하는 데 가장 효율적인 도시
- 시민생활의 안전이 보장되는 도시
- 제반 활동에 있어 규제보다는 자율을 우선하는 도시
- 정치적·경제적 자주성을 확보하는 도시
- 인간과 자연이 공존하고 조화를 이루는 도시

이를 통하여 도시민들로 하여금 그들의 꿈을 실현시키는 도시, 즉 사람이 행복한 도시로서 '인간가치의 실현의 장(場)'을 만드는 것이다.

Ⅱ 도시관리와 공권력 개입

도시관리에 있어 공권력의 개입은 불가피하다. 시장경제체제하에서도 도시를 관리하는 주체는 바로 공공기관이며, 공공기관의 시장개입 근거는 바로 공권력 혹은 경찰력(police power)이기 때문이다. 공권력은 주권자인 국민이 사회복지의 증진을 위해 주권의 일부를 위임했기 때문에 합법성(legitimacy)을 갖는다. 여기서는 도시관리의 필요성을 공권력의 개입에 대한 양극단 시각을 보이는 자유방임체제와 계획경제체제의 사상적 배경을 비교하여 도출하고 난 후 현실적으로 도시관리는 왜 필요한지를 논의하기로 한다.

---

3) 시민들로 하여금 안전하고 건강하게 삶의 질을 높이는 이상적인 삶(ideal life), 혹은 웰빙 (wellbeing)을 영위할 수 있는 공간을 제공하는 것이다(Chakrabarty. B.K., 2001).

1. 자유방임체제

자유방임체제는 자유방임(laissez-faire) 사상이 지배하는 체제로서 계획의 필요성을 배제한다. 즉 정부(공권력)의 민간활동에 대한 개입이 적을수록 인간의 자유가 더 많이 보장된다고 믿는 사상을 저변으로 하는 사회체제이다. 각 개인이 자신의 이익을 위해 최대한 노력하는 자유경쟁시장이 가장 효율적이면서 인간의 자유를 최대한 보장한다고 믿고 이를 주장한다. 그러나 이 체제는 원초적인 권력과 기회의 불균등분배를 경시함으로써 불공정한 게임이 되었고, 이에 따른 폐해는 결코 자유경쟁시장이 아니라는 비판을 받았다. 즉 자유시장의 조건을 가지고 사회를 대표하는 자는 '가진 자(haves)'인 반면 '못 가진 자(have-nots)'는 노예화되는 속성을 드러내었다. 예컨대 교육의 자유는 교육을 받을 시간과 능력이 있는 자에게는 자유로 받아들여 질 수 있지만 가난한 자는 주어진 자유를 향유할 능력이 없다.

2. 완전계획체제

계획이 인간활동을 지배하는 경우를 말한다. 개인의 자유보다는 사회전체를 통합한 계획이 사회를 주도하는 체제이다. 계획이 인간의 생활영역을 지배하다 보면 인간은 탈인격화 하거나 기계부품화 되는 결과를 초래한다는 비판이 있을 수 있다. 이 경우 계획은 '치유(cure)'가 아닌 '재앙(disaster)'을 가져올 수도 있다는 점을 들고 있다.

위의 극단적인 양 체제는 모든 사람들에게 자유를 보장하는 것이 아님을 알 수 있다. 즉 자유를 많이 허용할수록 일부를 제외한 대다수 사회구성원의 자유가 상실되고, 계획에 의존할수록 개인의 자유가 제한되는 경향이 있다. 이에 따라 자유의 적정수준은 무엇이며, 또 이를 충족시켜 주기 위한 적정계획 수준은 어떤 것인가라는 과제에 봉착하게 된다.

3. 적정계획수준의 모색: K. Mannheim의 자유를 위한 계획

계획과 자유를 결합시켜 줄 존립 가능한 사회체제의 건설을 희구한 사람들이 많다. Mannheim은 본래 자유란 자유방임(laissez-faire)을 의미하였지만 오늘날에는 자유에 대한 규정이 재고되어야만 한다고 주장하였다(Mannheim, 1951). 자유방임 체제로 인하여 자유 및 기회가 제한되는 계층을 위한 정부의 정책부문은 복지지출, 누진세, 반 독과점법, 노동법 등을 예로 들 수 있다. Mannheim은 사회는 계획되어야 하고, 자유는 계획자체 내에 포함되어야 한다고 하였다. 따라서 계획과 자유는 상호배타적이지 않고 "자유를 위한 계획만이 이 시대에 남아 있는 유일한 논리적 형태의 자유"라고 강조하였다. 이에 따라 그는 개인의 적응능력 유지와 지역사회, 계획단계, 분리주의(separatism), 지역자치 등에 대한 규정을 마련해야 한다고 주장하면서, 계획권한의 제한이 아닌 계획자체 내에 자유보장사항이 필수적으로 포함되어야 한다고 했다. 한편 Tugwell은 입법, 사법, 행정의 3권에 제4권(the fourth power)으로서의 계획권을 강조하였다(Turgwell, 1939). 그러나 계획만능주의에 빠져 계획기능이 지나치게 되면 인간의 자유는 속박될 위험성이 높아지는 것이다. 보수주의의 대표자격인 Hyeck(1944)는 『노예로의 길(*The Road to Serfdom*)』에서 이를 경고하였다. Friedman(1962)도 그의 저서 『자본주의와 자유(*Capitalism and Freedom*)』에서 민주적 절차를 거쳐 설정된 사회적 목표라 하더라도 그 목표가 개인의 자유를 제한한다면 위험하다고 경고한 바 있다. Hyeck와 Friedman은 보수주의의 쌍두마차로 거론되며 이들은 어떠한 이유에서든 개인의 자유를 제한하는 데 반대한다. 이런 의미에서 그들은 사회주의를 극렬하게 반대하며, 자유를 최상의 가치로 둔다. 보수주의의 핵심가치는 자유이다.

4. 현실적 계획의 필요성

Mannheim이 지적한 것처럼 규제가 없는 시장기구는 완전한 경쟁체제가 아니다. 원초적 자원(자산, 상속 등)의 불균등분배는 공정한 게임과 완전한 경쟁을 저해하기 때문이다. 이 같은 경쟁의 불완전성 이외에도 공공기관이 시장에 개입하거나 시장자체를 형성해야 할 필요가 있다. 시장은 개인의 개인을 위한 선택(market choice)이지만 계획은 다수를 위한 선택(political/social choice)이라고 할 수 있는데, 계획 활동에 합리성(합법성, 정통성)을 부여하는 대표적인 5가지 근거를 보면 다음과 같다.

1) 공공재(public goods)

인간생활에 반드시 필요한 서비스이지만 시장 자체가 형성되지 않아 시장기능이 작동할 수 없어 공공부문이 제공할 수밖에 없는 것들이 많다. 그 대표적인 것이 공공재이다. 공공재의 특징으로 소비의 비경합성(non-rivalry)과 비배제성(non-excludability)을 들 수 있다.[4] 공공재는 시장자체가 형성되지 않기 때문에 민간기업이 공급할 수 없어 공공기관이 일반조세나 수수료를 통해 공급하게 된다. 예를 들어 순수공공재로는 국방, 치안, 법률 등을 들 수 있으며, 지역공공재로는 도로, 교량, 공원, 소방, 맑은 물과 공기 등이다. 도시관리의 주요 대상인 공공시설은 공공재의 성격이 강하다.

2) 외부성(externalities)

외부성이란 재화와 서비스 중 소비자에게 주는 효용(만족) 이외에 그 소비에 참여하지 않는 타인에게 사회적 혜택·해악을 미치면서 그에 해당하는 보상을 받거나 대가를 지불하지 않는 것을 말한다. 외부성은 분명 사회적 가치를 가지고 있지만 그 시장가격은 알 수 없으므로 정부의 개입을 필요로 한다. 외부성 중 제3자에게 혜택을 제공하는 경우는 정(正)의 외부성(positive externality)이며 피해를 주게 되면 부(負)의 외부성(negative externality)이다. 정의 외부성은 사회적 혜택을 제공하는 아름다운 정원, 방역 등을 예로 들 수 있으며, 부의 외부성은 사회적 해악을 유발하는 공해(소음, 대기, 수질 등), 전염병 등을 들 수 있다. 공공기관은 주요 외부성에 대해 직접 공급을 해 주거나 적절한 대가를 받거나 지불하도록 규제를 가해야 한다. 이 기준을 설정하는 것은 정치적 선택행위라 할 수 있다.

3) 위험과 불확실성

막대한 비용이 필요하거나 위험성이 높은 재화 및 서비스를 생산하는 산업은 민간기업이 투자하기 어려운 것이 있다. 이 같은 재화 및 서비스를 공급하기 위해서는 자연독점의 출현이 불가피하기 때문에 자연독점을 정당화시켜 준다. 정부는 막

---

4) 소비의 비경합성이란 한 개인의 소비가 타인의 소비를 저해하지 않는 특성을 의미한다. 예컨대 텔레비전 연속극은 누가 시청하건 타인의 시청수준에 영향을 미치지 않는다. 소비의 배제성이란 비용을 들여 공급한 혜택에 대하여 특정 개인이나 집단을 소비로부터 배제시킬 수 없는 특성을 의미한다. 즉 비용부담의 여부와 상관없이 소비를 하게 되는 특성이다.

대한 자본동원력, 위험분산으로부터의 자유, 경쟁활동에 대한 규제권한 등을 갖고 있기 때문에 민간자본이 투자할 수 없는 부문에 투자할 수 있다. 예를 들어 가스, 전기, 상하수도, 전신전화, 철도(고속전철, 지하철), 첨단기술(우주항공산업, 컴퓨터산업, 유전자공학), 방위산업 등이다. 이러한 것들은 국가재정과 민간경제의 규모 및 능력의 변화에 따라 투자주체가 변화하기도 한다.

4) 공적 규제의 필요성

인간의 활동에 공적 규제가 필요하여 정부(기관)는 중개자, 심판자의 역할을 수행할 필요가 있다. 규제는 시장기구에 맡겨 놓은 상태보다 더 나은 결과를 얻기 위해서다. 좋은 예로상호무지에 따른 위험회피를 목적으로 한 교통법규를 들 수 있다. 그리고 총혜택 증가를 창출하는 자산의 교환으로서 경지정리사업, 재개발사업 등도 이 범주에 속한다.

5) 가부장적 규제(paternalistic regulation)의 필요성

다른 사람에게 피해나 혜택을 주지는 않지만 자해행위를 예방하거나 자신의 발전에 노력하는 행위를 장려하는 규제가 필요하다. 이는 정부가 무엇이 해가 되고 도움이 되는지를 개인보다 더 잘 안다는 가정을 바탕으로 하며, 대부분 다음 세대를 위한 조치들로서 현세대의 편익유보를 동반한다.

예를 들어 공공의 자원을 시장 메커니즘에만 맡겨 놓을 경우 단기적 이윤추구의 결과 자연자원의 급격한 고갈, 환경파괴가 우려될 수 있다. 이때 '관리'와 '보존'은 정부의 책임이 된다. 유사한 예로는 의무교육, 예술진흥지원, 전통문화보존, 개발제한, 미관저해건물허가제한, 환경보존, 자원보존, 음란물단속(제한)등이다.

지금까지 논의한 5가지 유형의 문제는 개인과 기업 등으로 구성되는 민간시장기구로는 해결하기 어려운 것들이다. 정부가 계획적으로 이 문제들에 개입하지 않는다면 어떠한 결과가 예상되는가? 혹은 정부개입을 통하지 않으면서 이를 해결할 방안은 있는가?

5. 정부실패

정부실패(government failure, 혹은 non-market failure)란 시장실패를 극복하기 위하여 공공부문이 개입한 결과 개선은커녕 오히려 비효율적 결과를 낳는 현상을 말한다. 공공부문의 정책은 시장의 상황을 통제할 수 있고 또 예측할 수 있다는 전제에서 출발한다. 그러나 현실은 그리 단순하지 않다. 해당분야의 최고전문가들을 동원하고 더 많은 자료와 분석, 그리고 충분한 예산을 투입한다고 해서 반드시 정책이 성공하는 것은 아니다(Hudson, Bob., 2019). 더구나 매우 좋은 정책의도로 최선을 다해 노력하였음에도 불구하고 그 결과는 참혹하게 나타나는 경우가 있다. 그만큼 공공정책의 탈선을 조장하는 여러 가지 복잡한 병리현상이 도처에 도사리고 있는 것이 현실이다. 성공적인 도시관리를 위하여 학자들의 의견을 종합하여 정책 및 계획실행상 발생할 수 있는 병리현상을 열거하면 다음과 같다.

1) 규제포획

규제포획(regulatory capture)이란 규제기관이 피규제기관에 의해 포획되는 현상을 말한다. 즉, 공공기관 담당자가 이익집단이나 기업에 의해 휘둘리는 현상이라고도 할 수 있다. 이것은 공공의 이익보다 그들의 이익을 높이는 규제를 하도록 함으로써 사회적 손실이 발생토록 한다. 개별 시민은 자신의 권리를 지키거나 획득하기 위하여 돈과 시간을 투입하기 쉽지 않지만, 이해 관련 기업이나 단체는 막대한 자원(자금, 인맥)을 투입할 수 있다. 그 결과 의사결정자나 정책참모에 대한 접근성이나 영향력이 높은 집단이 의사결정과정에 다른 집단보다 그들의 의견을 더 많이 반영토록 한다.

도시정책 수립에 있어 전문기술과 지식을 가진 사업체(피규제기관)가 규제기관인 담당공무원 보다 더 많은 기술, 지식, 정보뿐 아니라 막강한 자금력과 로비력을 가진 경우가 일반적이다. 규제포획은 편익과 비용의 주체가 분리됨으로써 발생하며 지대추구행위(rent-seeking behavior)의 결과라고 할 수 있다. 지대추구행위에 의해 혜택을 받는 주체는 특정지역, 산업, 직종 등 제한된 소수에 불과하나 그 비용은 사회 전체가 부담하게 된다.

2) 공공조직의 내부성

조직의 내부성이란 조직의 비공식적 목표가 공식적 조직목표를 대체하는 현상이다. 즉, 공공조직이 추구하는 본래의 목적보다는 조직 자체의 이득을 우선시하는 현상이다. 공공부문의 목적인 공공복지의 극대화 혹은 효율성 제고 등의 본래 목적보다, 자기 부서의 위상과 영향력을 높이기 위하여 예산과 인력의 확충에 우선권을 두는 경우를 들 수 있다.

3) 의도치 않은 결과

정책이 기대했던 성과를 거두지 못하고 오히려 예상치 못한 결과를 가져오는 경우가 있다. 기대하지 않았던 긍정적인 결과도 나타날 수 있지만, 정책실패로 이어지는 부정적 결과를 초래하는 경우도 있다. 이것은 시장참여자들이 정책의도와 다른 반응을 보임으로써 나타난다. 예컨대 부동산 투기를 방지할 정책을 수립하는 동안 투기꾼들은 정책효과를 회피할 대책을 재빠르게 준비하고 효과적으로 대응하는 경우가 있다. 다주택보유에 따른 이득을 줄이고자 종부세, 재산세와 양도소득세 중과 등을 실행하면 다주택보유자들은 세율이 상대적으로 낮은 증여를 하거나, 위장이혼 등의 대책을 세워 정책의 실효성이 크게 낮아지는 경우이다. 지역인구의 증가를 도모하기 위한 외지인에 대한 주택제공 사업이, 일정기간이 지나 정책혜택이 없어지면 시세에 처분하고 다시 살던 곳으로 떠나버려 예산만 낭비하는 경우도 볼 수 있다. 도시정책에서 일반시민과 특정지역의 주민의 반응이 극명하게 다르게 표출될 수 있다. 많은 경우 도시전체의 입장에서는 이득이 되는 정책도 조직된 소수의 반발과 이에 따른 그들의 영향력은 커지는 반면, 침묵하는 다수의 이익은 무시되기 쉽다.

4) 일관성 부재

시장, 지사 등 도시관리 책임자가 바뀔 때마다 기존의 정책을 중단하고, 새로운 정책을 시행하는 것도 정부실패의 주요 원인이 된다. 정치적 의도에 따른 의사결정, 특히 단견의 정치적 간섭은 정책이 그 효과를 나타내기 전에 폐기되거나 그 성격이 크게 변경되는 요인으로 작용한다. 이 문제는 지역정책분석가 및 도시계획가의 독립성이 어느 정도 요구되는 배경이기도 하다.

5) 기타

이러한 원인 이외에도 공공부문에는 인센티브가 부족하고, 필요한 정보가 없거나 부족하기도 하며, 관료주의와 높은 행정비용, 도덕적 해이 등이 정부실패를 초래하는 원인으로 지목되고 있다. 여기에 더하여 지나치게 낙관적인 기대, 거버넌스가 여러 부서로 분산된 상황에서의 정책실행, 정책수립과정에서의 부적절한 협력, 정책순환 과정의 변덕 등이 거론되기도 한다(Hudson et al., 2019).

Ⅲ 도시관리의 가치추구와 동태적 이해

인간 삶의 질을 판단하고 가치를 실현하게 하는 도시를 어떻게 관리해야 하는가? 도시관리가 추구하는 가치는 무엇인가? 역사적으로 대부분의 도시들이 공통적으로 추구하는 가치를 정리하면 다음과 같다.

1. 심미적(esthetic) 가치추구

도시는 아름다움을 추구한다. 인간이 만든 환경과 신이 준 자연환경을 어떻게 조화시킬 것인가는 매우 오래된 이상이자 과제이다. 한편 인간의 사고와 행태는 환경의 영향을 받는다는 '환경결정주의'적 개념을 빼 놓을 수 없다. 사실 환경이 인간행태를 결정한다는 관점은 고대에까지 추적이 가능하며 서구에서는 '르네상스' 시기에 부활되었다.

이러한 환경결정주의적, 심미적 가치추구는 20세기 전후의 도시미화운동(city beautiful movement)에서 잘 나타나고 있다.[5] 당시 도시를 계획하고 관리하는 사람들은 도시를 보다 더 아름답게 유지하려는 철학에 가치를 두었다. 도시를 형성하는

---

5) 도시 미화운동(city beautiful movement)에 관해서는 Charles Mulford Robinsson(1917), *Modern Civic Art or The City Made Beautiful*, 4th ed. G. P., New York and London: Putnam's Sons ; John M. Levy(1992), *Contemporary Urban Planning*, Englewood Cliffs: Prentice Hall 참조.

물리적 구조물들, 예를 들어 건물, 교량, 도로, 광장 이 모든 것들이 도시에서 살아가는 사람들의 행태와 사고에 영향을 줄 수 있다. 그래서 초기 도시계획의 가장 중요한 활동 중의 하나가 건축, 디자인, 그리고 설계활동이었다. 도시를 보다 편리하고 아름답게 가꾸어 나가는 작업이 도시관리의 한 영역임에는 과거의 도시나 현재의 도시나 마찬가지이다.

많은 도시계획가와 도시설계 및 건축 전문가들에 의하면 도시의 모든 건조환경은 한 시대의 정신과 문화를 반영하며 인간 의지의 표현이라고 한다. 대표적인 예로 루이 16세 당시의 프랑스 파리(Paris)의 성곽, 도로, 궁전, 그리고 빅토리아 시대의 영국 런던(London)의 공공건물과 수많은 구조물은 시대적 정신과 문화를 보여주고 있다. 우리나라의 수도 서울을 보아도 알 수 있다. 창경궁과 덕수궁, 4대문(四大門), 남한산성과 북한산성 등은 서울의 역사와 함께 조선시대의 문화를 말해주고 있으며, 여의도 광장, 잠실운동장, 63빌딩은 경제성장시대의 상징으로 존재한다. 단순히 시각적 아름다움뿐 아니라 역사적 의미까지 부여되는 도시환경조성은 도시관리의 중요한 한 부분을 차지하고 있으며, 도시계획 및 도시관리의 철학을 대변하기도 한다.

2. 기능적 가치추구

심미적 가치추구에 비하여 이 기능적 가치추구는 보다 더 실용적인 속성을 지니고 있다. 오늘날 자본주의 도시의 경제적 기능은 도시민의 재산(토지, 주택 등)을 어떻게 보호하고 그 가치를 유지·확대시키느냐에 있다. 현대의 많은 도시들은 토지이용의 한 방안으로 지구제(zoning) 등의 제도를 시행하고 있다. 지구제의 가장 일반적인 형태는 개별구역, 지구 등이 특정의 토지이용계획목적을 가진 토지할당체계로 구조화된 것이다. 한 예로 주거지에는 공장 등과 같이 주생활(住生活)에 장애를 가져오고 재산가치를 감소시키는 시설물의 설치를 허가하지 않는다. 또 상업시설은 적정위치에 입지시키고 시민의 쾌적성 제고와 개발을 제한하기 위하여 녹지 혹은 그린벨트 등을 확보하기도 한다.

그리고 도시의 기능적 가치추구로서 교통과 관련을 맺고 있는 것이 많다. 도시관리의 효율성 제고는 사람과 상품의 이동을 용이하게 하는 것과 직결된다. 심미주의적 도시관리는 도로가 도시의 미적 아름다움을 추구하는 의도로 설계될 수 있지만 기능주의적 입장에서는 보다 더 많은 사람과 상품을 신속, 안전하게 이동시키는 데 전력을 기울인다. 도로 한 가지만 보아도 도시관리는 심미적인 가치와 기능적 가치를 동시에 추구해야 하는 과제를 안고 있음을 알게 된다. 기능적으로 잘 관리된 도시란 인간의 도시생활이 편리하고 기업은 보다 생산적으로 활동이 가능하도록 하는 것이다.

3. 사회적 가치추구

도시개발과 관리는 시민의 생활에 직접적 영향을 미친다. 그리고 도시정책은 시민들을 위한 것이기 때문에 시민의 참여가 보장되고 시민이 뽑은 대표자에 의해 도시가 개발 관리된다. 도시는 다양한 지역사회에 의해 구성되어 있다. 1920년대 미국의 경우는 근린주구계획 개념의 도입으로 도시를 형성하는 개개의 근린 및 지역사회의 중요성이 강조되었다. 이러한 근린 및 소단위 지역사회는 해당지역사회의 동질성 확보와 근린환경을 보호하기 위하여 자발적으로 주민조직이나 단체를 구성하여 도시개발의 계획과 집행과정에 조직적으로 참여한다. 이러한 주민조직과 지역사회운동은 서구 도시사회의 중산층 주거지역에 널리 퍼져 있다. 그러나 조직화되고 영향력을 지닌 지역사회와는 달리 소외되고 조직화되지 못하여 자기 목소리를 내지 못하는 지역사회도 존재한다(Davis, 2017).

도시개발과 관리의 사회적 가치추구는 모든 시민이 도시정책에 있어 참여가 가능하도록 제도화되어야 하며, 특히 소외되고 조직화되지 못한 소수집단의 목소리도 정책에 반영되도록 해야 한다. 아울러 필요한 것은 도시발전의 동태적 이해이다. 도시발전은 각국이 지향하는 경제정책 그리고 도시화와 관련한 공간정책 등 다양한 정책과 연관성이 있다. 각국의 근대 도시발전의 과정을 살펴보면 그 나라의 경제개발과 도시화라는 두 가지 요소와 가장 밀접한 연관을 지니고 있다. 경제개발의 형태는 다양하지만 일반적으로 산업화의 진전, 즉 1차산업에서 2차산업으로 그리고 3차산업의 발전의 순으로 이어진다. 그리고 산업화와 함께 전체인구 중 도시지역에 사는 인구가 점차 증가하게 되는 도시화 현상을 경험하고, 동시에 교외화를 수반하기도 하여 도시의 공간적 확대가 이루어지기도 한다

도시관리에 있어 중요한 3그룹의 역할자가 있으며, 이들은 도시개발 및 관리과정 속에서 각각 독립적으로 관여하고 있다. 이들 3개 역할자들은 ① 시민(개별가구 및 시민단체), ② 기업 혹은 생산단위(production units) 그리고 ③ 정부이다. 또한 도시를 이해하고 관리·계획하려고 하면 적어도 3가지의 활동을 염두에 두어야 한다. 이 활동은 ① 일하고(working), ② 거주하고(living), ③ 이동하고 의사 전달하는 교통과 소통(transportation and communication)이다.

　도시계획의 목표설정과 도시관리의 대상은 도시에서 일어나는 3가지 활동인 일하고, 거주하고, 이동·전달하는 것을 보다 편리하고 안전하며 효율적이 될 수 있도록 해야 한다. 그리고 이러한 활동을 가능케 하고 직·간접으로 영향을 주고 받는 3개의 주체인 시민, 기업 그리고 정부에 대한 역할 규명이 도시관리의 기초이자 동태적인 이해인 것이다.

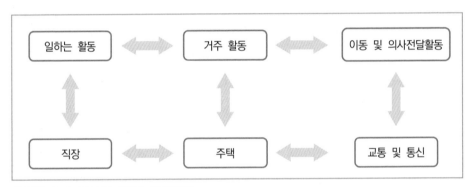

▌**그림 1-1** 도시의 3가지 주요활동

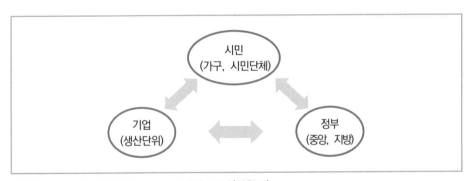

▌**그림 1-2** 도시발전과정 속의 3가지 주체(역할자)

Ⅳ 결론

도시관리자는 품질 좋고 친환경적이면서 지속가능한 공공서비스를 제공할 임무가 있다. 특히 지속가능성과 포용성을 핵심가치로 하는 오늘날의 도시관리를 이해하고 디지털 혁명시대에 걸맞게 효과적인 디지털 거버넌스를 위한 각별한 관심이 요구된다. 이를 실현하기 위해서는 도시관리자는 기본적으로 절차를 준수하면서 시민의 권리를 보장하고, 포용성과 신뢰성을 확보하고 효율성을 추구함으로써 시민이 행복한 도시로 만들어야 한다.

도시관리의 목표를 성취하기 위해서는 증상의 치유보다는 근원의 치유에 더 많은 관심을 두어야 한다. 그러나 현실적으로는 드러난 문제를 해소하는 데 급급한 경우가 허다하다. 문제의 근원을 소홀히 한 정책은 예기치 않았던 부작용을 경험하게 된다. 아울러 도시 관리에 있어 통합적 접근법(Integrated Approach)이 요구된다.[6] 통합 도시 계획 및 관리의 핵심 요소는 참여적이고 유연한 관리 프로세스이다. 통합은 도시 프로젝트의 효율성, 적절성 및 효율성을 향상시킬 수 있기 때문에 중요하다.

성공적인 도시관리를 위한 핵심적 요건으로서 고객주의는 오늘날 도시관리의 기본개념이 되고 있다. 수요자위주의 도시관리 혹은 고객주의는 현대 공공서비스 분야의 핵심 패러다임이 되고 있다. 한국은 지방자치의 역사가 서구 여러 나라에 비해 일천하다. 한편 도시정부 주도의 도시를 자치적으로 관리해 온 경험이 부족하다. 도시(지방)정부는 이러한 환경에도 불구하고 적자생존의 가혹한 철칙이 작용하는 현실상황하에서 대내의 경쟁력을 확보해야만 하는 시대적 과제를 안고 있다. 특히 지방도시정부는 지역경제의 침체 및 인구의 점진적 감소 등으로 재원조달이 어려운 가운데 다양화·고급화되고 있는 공공서비스 수요를 충족시켜야 하는 어려운 시기를 맞고 있다.

한국의 지방도시는 인구가 급격히 감소하는 등 지방도시 소멸위기를 지적하는

---

6) 전통적 방법론에 따른 접근은 주로 특정 문제를 중심으로 개입함에 따라 복합적인 문제에 대해 개입하기 위한 방법론을 모색하게 된다. 전통적인 방법은 지나친 분화와 전문화로 관리 서비스가 파편화되고 각 전문 영역 사이의 의사소통이 어려워짐에 따라 이를 해결하기 위한 방안을 모색하게 된다(Digaetano, A. and Storm, E. 2003).

학자들이 많다(마강래, 2017; 구형수 외, 2018). 특히 지방도시의 일자리 부족은 청년층 유출을 심화시킨다. 아울리 저출산·고령화가 상황을 더욱 악화시킨다. 그리고 서비스수요 감소와 상점·공장 등이 폐쇄되거나 다른 지역으로 이동하여 일자리 부족문제는 더욱더 심화되는 악순환 구조라는 특징을 발견할 수 있다. 일반적으로 한국에서 지방소멸의 3대 핵심 요인으로 일자리부족, 저출산, 생활기반 및 서비스시설의 부족이라는 점을 감안하여 지방도시는 기존 도시관리전략을 다시 점검·평가하고 핵심실천과제를 설정하는 등의 지방도시관리 로드맵을 재정비해야 할 때다.

구형수 외. (2018). 지방소멸위기에 대한 국가적 대응전략, 국토연구원.

국토연구원. (2000), 21세기 도시경영의 과제와 전략, 국토연구원.

김 원. (1992). 도시행정론, 법문사.

마강래. (2017). 지방도시 살생부; '압축도시'만이 살길이다, 개마고원.

박수영. (1991), 도시행정론, 박영사.

박연호·이상화 역. (1994). 高昇三 (1985), 도시경영론, 선일문화사.

박종화. (2009). 도시경영론, 박영사.

이성복. (1987), 도시행정론, 법문사.

조정제. (1990). 도시경영, 법문사.

松行康夫·武田益. (1984). 都市經營論序說. ぎょせい.

Alister, Kirby, M. G., Luger, J. S. and Walsh, C. L. (2023). Beyond growth management: A review of the wider functions and effects of urban growth management policies, *Landscape and Urban Planning*, 230, 1−12. https://www.sciencedirect.com/journal/landscape−and−urban−planning.

Chakrabarty. B.K. (2001). Urban Management: Concepts, Principles, Techniques and E ducation. *Cities*, 18(5), 331−345. https://doi.org/10.1016/S0264−2751(01)00026−9

Davis, M. (2017). *Planet of Slums*, New York: Verso.

Davey, K. J. (1993). Elements Of Urban Management, Urban Management Programme, World Bank eLibrary, https://doi.org/10.1596/0−8213−2424−1.

Degrove, J. M.(ed). (1991). *Balanced Growth: A Planning Guide for Local Covernment*. International City Management Association.

Digaetano, A. and Storm, E. (2003). Comparative urban governance: An Integrated Approach, *Urban Affairs Review*, 38(3), 356−395. DOI: 10.1177/1078087402238806

Engin, Z., van Dijk, J., Lan, T., Longley, P.A., Treleaven, P., Batty, M., and Penn, A. (2020). Data−driven urban management: Mapping the landscape. *Journal of Urban Management*, 9(2), 140−150.

Faludi, A. (1973). *A Reader in Planning Theory*. London: Pergamon.

_____. (1975). *Planning Theory*. London: Pergamon.

Friedman, M. (1962). *Capitalism and Freedom*, Chicago: The University of Chicago Press.

Furtado, Lara Sucupira, Ticiana Linhares Coelho da Silva, Marianna Gonçalves Fontenele Ferreira, Jose Antonio Fernandes de Macedo, and Jessika Kantnila de Melo Lima Cavalcanti Moreira. (2023), "A framework for Digital Transformation towards Smart Governance: using big data tools to target SDGs in Ceara, Brazil," *Journal of Urban Management* 23, 74−87.

Hayek, F. A. (1944). *The Road to Serfdom*, Chicago: The University of Chicago Press.

Hudson, Bob. (2019), "We need to talk about policy failure - and how to avoid it," in https://blogs.lse.ac.uk/politicsandpolicy/policy−failure−and−how−to−avoid−it/ Retrived in Jan. 11, 2023.

Levy, John M. (1992), *Contemporary Urban Planning*, Englewood Cliffs: Prentice Hall

Mattingly, M. (1994). Meaning of urban management, *Cities*. 11(3), 201−205. DOI:10. 1016/0264−2751(94)90060−4.

McGill, R. (1998). Urban management in developing countries, *Cities*, 15(6), 463−471

Mannheim, K. (1951). *Man and Society in an Age or Reconstruction*. New York: Hutchinson.

Nijkamp, P., Kourtit, K. and Türk, U. (2022). Special issue on 'The city 2.0 - Smart People, Places and Planning', *Journal of Urban Management*, 11(2), 139−141. DOI:10.1016/j.jum.(2022.05.11.).

Robinsson, Charles Mulford. (1917), *Modern Civic Art or The City Made Beautiful*, 4th ed. G. P., New York and London: Putnam's Sons.

Sabri, S. (2021). Introduction: Being smarter for productivity, livability, and sustainability. In Smart cities for technological and social innovation, pp.1−8, Elsevier. https://doi.org/10.1016/b978−0−12−818886−6.00001−0.

The Sustainable Development Goals Report. (2022). Available online: https://unstats.un. org/sdgs/report/2022/The−Sustainable−863 Development−Goals−Report−2022.pdf (Retrieved on: 2023.04.18.).

Turgwell. Rexford G. (1939). "The Fourth Power," in M.C. Branch eds. (1975). *Urban Planning Theory*. Pannsylvania: Dowden, Hutchinson & Ross.

United Nations. (2017). Resolution adopted by the General Assembly on 6 July 2017, Work of the Statistical Commission pertaining to the 2030 Agenda for Sustainable Development(A/RES/71/313).

제2장

포용도시

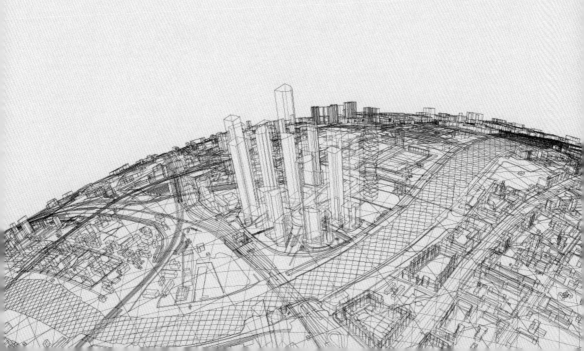

포용도시

I 서론

2000년대 들어 세계 주요 대도시를 중심으로 사회적 배제(차별)와 갈등이 점차 확대되고 있음을 확인하게 된다. 이는 과거 신자유주의와 세계화 등으로 사회적 불평등이 심화되어 왔다는 데 그 배경을 찾고 있다. 이러한 도시사회에서 발생하는 사회적 갈등문제는 도시의 성장과 발전에 장애요소로 판단하고 국제기구(예, UN Habitat, World Bank 등) 및 세계 주요 도시들은 정책적 대응에 나서고 있다.

1970년대 개발지상주의적 도시성장에 대한 반성으로 환경과 경제개발을 균형적이며 통합적인 접근이 필요함을 인식하게 된다. 그러나 도시의 지속가능성에 대한 논의가 경제와 환경을 조화시키는 차원을 넘어서 사회적 요인을 반영하는 추세로 전환되고 있다. 특히 서구 대도시를 중심으로 사회적 약자 배제 그리고 계층 간, 세대 간 갈등 확대 등으로 인한 사회적 불평등 심화로 지속가능성에 대한 한계를 인식하게 되었다. 이에 '포용도시'라는 새로운 도시의제(Agenda)를 통해 기존의 '지속가능한 도시'의 한계를 극복할 수 있도록 도시관리 정책의 전환을 추구하고 있다.

확산되고 있는 사회적 갈등과 불평등 문제가 한국의 여러 도시에서도 목격되고 있으며 도시발전에 악영향을 미칠 수 있다는 점에서 선제적 대응은 물론 한국형 포용도시모델을 대한 논의가 필요하다.

본 장에서는 포용도시에 대한 개념, 국제사회의 주요 논의 내용, 해외 주요 도시 및 국내 도시의 정책대응 사례를 살펴보기로 한다. 아울러 도시의 포용성 측정을 위한 지표 선정, 도시 포용성 진단결과 등의 내용을 소개하며 이를 바탕으로 시사점 및 정책적 제언을 다루고자 한다.

Ⅱ 포용도시 논의의 배경

포용(inclusion)의 사전적 의미는 '남을 너그럽게 감싸 주거나 받아들임'이다. 포용은 이웃 및 지역 사회가 다양성을 인정하고 모든 사람을 환영하고 가치 있게 여기도록 촉구하는 철학이다. 이러한 관점에서 포용성을 도시에 적용한 '포용도시(Inclusive City)'라 함은 경제적 지위, 성별, 인종, 민족 또는 종교에 대한 편견 없이 다양한 도시 거주자를 위한 사회적, 경제적 및 정치적 기회에 동등하게 접근할 수 있는 도시를 의미한다(World Bank, 2015; UN−Habitat, 2015; Gerometta, Hâussermann and Longo, 2005).

'포용도시'라는 용어와 '포용(inclusive)'의 개념은 1990년대부터 사용되기 시작했다. 2000년대에 와서 UN, 세계은행(World Bank), 아시아개발은행(ADB) 등 주요 국제기구들이 핵심 정책의제로 채택하면서 널리 알려지기 시작했다.

World Bank(2015)는 포용적 성장을 위한 정책 방향으로 사회적 포용, 경제적 포용, 공간적 포용을 강조하였다. 그리고 ADB(2011)는 공간적 차원 측면에서 도시가 거주민들에게 제공할 수 있는 교통, 상수도, 폐기물 처리 등의 사회적 생산이나 경제 활동의 토대를 형성하는 기초적인 시설을 제시하였다.

UN−Habitat Ⅲ(2015)는 포용적 도시란 모든 사람들과 그들의 필요와 기여를 동등하고 가치 있게 여기는 도시라 했다. 포용 도시를 노동자 및 빈곤층을 포함한 모든 주민이 거버넌스(governance), 계획, 예산 책정 과정에서 대표성을 갖도록 보장하는 도시로 정의한다. 포용적인 도시는 빈곤층이 안전하고 품위 있는 생활, 저렴한 주택, 위생 및 전기 공급과 같은 기본 서비스에 접근할 수 있도록 보장해야 한다는 것이다. 즉 취약계층의 참여와 연대를 통해 민주적 절차를 중시하고 거버넌스 측면을 강조하였다.

유엔(UN)은 20년마다 해비타트(HABITAT)회의를 개최한다. 최초 회의는 1976년 캐나다 밴쿠버에서, 두 번째는 1996년 터키 이스탄불에서 열렸다.[1] 그리고 세 번째 회의는 2016년 10월 에콰도르 키토에서 개최되었다.

UN HABITAT Ⅲ 회의에는 관련 공무원, 전문가, 시민사회운동가 등 3만5,000여 명이 참석했다. 해비타트 회의는 지구촌 모든 국가가 직면한 도시·주거문제를 통합적이고 포괄적인 발전방향을 모색하고자 한다. 제2차 해비타트 회의는 인간의 정주환경, 특히 저소득층과 소외계층의 주거안정 및 주거권 보장을 위한 국제적 결의와 합의를 도출했다. 2016년 3차 회의 핵심의제는 도시에 대한 권리를 보장받는 포용도시다. 소외계층을 포함해 모두가 적절한 주거에서 인간답게 살 수 있는 도시, 다양성이 존중되고 기회의 균등과 공정한 도시, 그리고 모든 시민이 공평하게 도시 인프라 서비스를 받을 수 있도록 하는 포용도시를 만들자는 의도다.

포용도시는 매우 규범적이고 선언적이라 할 수 있다. 국제사회에서 전개되고 있는 포용적 성장과 포용도시 논의의 핵심은 어떻게 경제적 불평등과 사회적 배제 현상을 완화하고 누구나 도시가 제공하는 서비스와 기회에의 접근성을 보장받도록 하는 것이다(UN-Habitat Ⅲ, 2015; 문정호 외, 2016; 김수진, 2018; 박인권·이민주, 2016).

포용도시 개념을 응용한 도시관리 정책은 개도국에서 더욱 중요하다. 오늘날 사회 통합을 위한 지역 및 국가 전략이 점점 더 중요해지고 있다. 실제로 비공식 및 불법 정착촌이 도시 인구의 최대 80%를 수용할 수 있는 라틴 아메리카, 아시아 및 아프리카의 많은 도시에서 도시의 미래는 사회적 통합의 효과에 의해 크게 좌우될 것이다. 그러나 이러한 비공식 정착촌과 빈민가의 주민들이 도시 경제 성장에 상당한 기여를 하고 있음에도 불구하고, 그들은 종종 상하수도, 교육, 문화 분야 등 가장 기본적인 도시 서비스조차 박탈당하고 있다(박세훈 외, 2016).

소위 선진국들에서도 도시사회에서 포용의 중요성을 인식하게 된다. 1990년대 초반부터 경제적, 정치적, 사회적 변화로 인해 산업화가 발달한 많은 국가에서 사회적 분열과 갈등이 심화되었다. 가난한 사람을 포함하는 사회취약계층 사람들은 도시 지역에서 사회적 배제에 직면하고 사회·경제적 서비스에 대한 접근이 박탈되

---

1) 해비타트 이스탄불회의에 한국도 공공부문에서 정부대표단과 서울시 등 지방자치단체가 참여했고, 주거·도시·환경 관련 시민사회단체로 구성된 한국민간위원회에서도 50여 명이 참석한 바 있다. 저자(하성규)는 민간위원회 공동위원장으로 참여하였다.

는 경우가 허다했다.

도시 공간적 분리(segregation) 현상은 전 세계적으로 도시 관리정책이 직면한 또 하나의 주요 과제이다. 많은 도시 개발 패턴의 일반적인 결과는 공간적으로 불평등하다. 예를 들어 개도국 도시 빈곤층은 접근성이 좋지 않은 지역에 고립되어 있으며, 위험하거나 건강하지 않은 환경 속에서 대규모 집단을 이루며 살아가고 있다. 그 결과 도시 생활의 여러 측면에서 불평등이 발생하는데, 도시 접근성, 서비스 또는 기반 시설 부족에서 사회적 고립, 폭력, 범죄, 경제적 기회 부족에 이르기까지 다양하다(Ari-Veikko Anttiroiko and MARTIN de Jong, 2020).

이러한 상황은 신자유주의적 정책의 영향이라 평가하기도 한다. 신자유주의와 세계화는 국가의 시장개입 등 역할을 줄이고 자본과 시장의 자유를 최대한 보장하는 형태로 진행되어 왔다. 이러한 체제하에서 기업의 이윤율은 극대화 되었지만 사회적 불평등의 문제가 점차 확대되면서 도시사회의 중요한 문제로 등장하게 되었다.

신자유주의는 부의 창출에 유리하다는 것이다. 자본 활동의 제약을 최소화하여 자유롭게 시장 원리에 따라 이윤을 추구함으로써 투여한 자본을 통해 거둘 수 있는 성과를 극대화할 수 있다는 점이 신자유주의가 추구하는 철학이라 할 수 있다. 다양한 경제주체가 최선을 다해 목표를 이루려고 노력함으로써 효율성을 극대화할 수 있다고 믿는다. 아울러 인간의 성취욕, 본능, 이기심을 자극하여 일의 성과를 높일 수 있고 목적을 달성하고자 하는 에너지를 생성시킨다.

그러나 신자유주의는 '자유'의 전제가 문제점으로 지적된다. 자유는 개인과 국가의 편차나 특수한 조건을 무시하며 인권, 생존권, 주거권 등을 초월하려는 개념이어서 진정한 의미의 인간적 또는 사회적 자유가 아니라는 점에서 개념적 비판을 받게 된다. 그리고 다수의 사회적 약자들이 소외되기도 한다. 신자유주의는 자본가들에게 유리하게 발전된다. 특히 자본의 욕망이 끝없이 확대되고 인간의 삶 거의 모든 영역에서 물질만능주의를 부추긴다. 이러한 시장지상주의 논리는 문화, 교육, 예술 등 고유한 가치를 지니는 영역들도 시장이라는 관점에서 접근하며 정책으로 옮기게 되어 삶의 체계를 건조하게 만들며 인류문화를 황폐화시킨다(장 지글러, 유영미 옮김, 2016).

다음 표에서 알 수 있는 바와 같이 신자유주의는 노동시장 유연화, 자유무역확대, 노동이동 증가, 국가재정축소, 금융규제완화를 통해 결과적으로 기업에게는 이윤율 극대화라는 혜택이 주어진다. 그러나 도시측면에서는 사회적 갈등 심화, 복지 후퇴, 불확실성 증대, 사회적 배제 심화 등의 문제점이 노정되기도 한다.

표 2-1 신자유주의와 도시문제

신자유주의 정책	정책목표 및 지향점	효과 및 문제점	
		기업측면	도시측면
노동시장 유연화	저임금 유지	기업의 이윤율 제고	사회적 갈등 심화
자유무역 확대	가격하락, 소비증가	기업의 이윤율 제고	경쟁심화, 불확실성 증대
노동이동 증가	저임금 유지	기업의 이윤율 제고	사회적 갈등 심화
국가재정 축소	조세 감축	기업의 이윤율 제고	복지후퇴, 사회적 배재심화
금융규제 완화	민간·공공부채 확대	기업의 이윤율 제고	글로벌 금융투기 확대, 국제금융위기 빈발

자료: 박인권(2015); 이은규 외(2019); 장 지글러, 유영미 옮김(2016); Ari-Veikko Anttiroiko & MARTIN de Jong(2020); 이경민(2013); 최병두(2011).

Ⅲ 포용도시 사례

1. 영국 런던(London)

런던의 포용도시정책의 기본 틀은 London Plan 2011에 잘 나타나 있다.[2] 예를

---

2) London Plan은 Greater London을 위한 공간 개발 전략이고 도시관리정책이다. 이것은 런던이 향후 20-25년 동안 어떻게 발전할 것인지에 대한 틀과 바람직한 성장을 위한 비전을 제시한 것이다.

들어 "혼합 및 균형 커뮤니티(Mixed and Balanced Communities)" 영역에서는 거주 기간과 가구 소득이 혼합되고 균형을 이루기 위한 커뮤니티는 사회적 다양성을 촉진하고 사회적 배제를 시정한다는 것에서 출발한다. 이웃에 대한 커뮤니티의 책임감과 정체성을 강화하는 대규모 개발뿐만 아니라 점진적인 소규모 개발을 런던 전역에서 추진된다. 효과적이고 매력적인 디자인, 적절한 기반 시설 및 환경친화적 도시환경을 만들 수 있도록 지원한다. 그리고 런던의 모든 지역, 특히 공공임대주택이 우세하고 빈곤이 집중된 지역에서 보다 더 포용적 요소를 강화하는 정책을 시행한다.

사디크 칸(Sadiq Khan) 시장은 런던의 새로운 비전인 "모든 런던 시민을 위한 도시(A City for All Londoners)"를 발표했다. 이 문서는 정책 영역 전반에 걸쳐 수도의 주요 과제와 기회, 그리고 시 당국이 향후 실행할 정책 기조를 담고 있다. 그리고 런던시의 평등, 다양성, 포용 전략은 매우 다양하게 전개되고 있다. 불평등 문제를 해결하고 포용도시를 만들기 위한 전략을 매우 구체적으로 제시되고 있다. 전략적 목표 및 핵심내용을 소개한다(Greater London Authority, 2018).

주택 협회, 의회, 개발자, 투자자 및 정부와 협력하여 저렴한 가격으로 구입하거나 임대할 수 있는 주택의 공급을 늘리도록 한다. 이것은 도시의 저렴한 주택 부족으로 가장 큰 영향을 받는 런던 시민 중 사회취약계층이 경험하는 불평등을 해결하는 데 도움이 되도록 한다. 도시의 건전한 성장을 지원하고 가장 취약한 그룹을 위한 기회를 확대하는 방식으로 런던의 가장 빈곤한 지역을 재생하는 것을 돕기 위해 자치구, 지역사회, 기업과 협력체계를 구축한다. 정부, 자치구, 지역사회, 기업, 학교, 교통 기관 및 기타 기관과 협력하여 런던의 다양한 지역사회에 필요한 사회 기반 시설을 확충한다.

런던의 다양한 인구가 더 이상 정신 질환과 관련된 오명을 겪지 않도록 지역사회, 고용주 및 자원 봉사 부문과 협력을 강화한다. 흑인 및 소수 민족(BAME) 그룹의 고용률을 높이기 위한 새로운 노동력 통합 네트워크인 Workforce Integration Network(WIN)을 운영한다. 더 많은 런던 시민들이 도시의 문화를 경험하고 참여할 수 있도록 런던 자치구, 기업·시민단체 등 관련기관이 협력하고 다양한 활동을 조직하고 촉진하는 데 도움이 되도록 한다. 더 강력하고 다양한 소셜 네트워크를 통해 사회 통합을 이루고, 모든 배경의 사람들이 새로운 직업이나 지역 사회 생활

참여 기회를 확대하도록 한다.

런던은 여전히 성장하는 도시지만 도시 내 인종적 다양성, 계층간 경제적 격차 심화등 불평등이 확대되는 문제점을 안고 있다. 아울러 EU 탈퇴에 따른 불확실성 증가, 기후 변화 등 해결해야 할 문제가 많은 도시이다. 런던시는 2016년 '모두를 위한 도시, 런던(A City for all Londoners)'을 목표로 하는 계획을 발표하고 런던 시장으로 취임한(2016) '사디크 칸(Sadiq Khan)'은 포용성을 도시정책의 핵심과제로 인식하고 5대 분야에 걸쳐 도시의 포용성을 높이는 정책을 제시하고 추진 중에 있다.

2. 스위스 취리히(Zürich)

글로벌 전략 회사 D&L Partners에서 취리히는 세계에서 가장 경제적으로, 사회적으로 포용적인 도시라고 발표했다. PICSA(Prosperity & Inclusion City Seal and Awards) 지수는 경제 성장뿐만 아니라 도시 주민들의 부의 질과 분배를 측정하는 것을 목표로 했다.[3]

1인당 GDP, 개인 안전, 고등 교육을 받은 인구, 인터넷 액세스, 주택 구입 가능성 환경의 질 등의 지표를 분석한 결과이다. 가장 포용적인 도시 20개 중 15개가 유럽에 있으며 스위스 취리히가 1위를 차지했다.

취리히는 관용과 진보의 역사에 자부심을 가지고 있다. 서로 다른 문화와 사고방식은 오랫동안 이곳에서 환영받아 왔고, 이 도시는 사회적 연대와 포용성을 증진시키는 것에 관한 한 계속해서 길을 터주고 있다. 예를 들어 비영리 주택을 제공하는 시스템은 100년의 전통을 가지고 있다.

취리히는 인구 구성면에서 진정한 글로벌 도시라 할 수 있다. 취리히 시민의 거의 3분의 1이 해외에서 태어난 사람들이며 유럽의 다른 도시보다 문화적으로 다양하다. 현지인들의 다국적, 다국어 특성과 현지 대학 및 인재 풀의 우수성을 감안할 때 취리히에 많은 글로벌 기업, 예를 들어 구글, 마이크로소프트, IBM, 디즈니 리서치 랩이 있는 것은 놀라운 일이 아니다.

---

3) D&L Partners는 각국 정부 및 다국적 조직에 혁신, 기술 및 기술 자문을 제공하는 글로벌 전략 컨설팅 회사이다(https://www.picsaindex.com/the-picsa-index, 2023.05.15.).

취리히의 개방적인 명성은 많은 지식인들과 예술가들을 끌어들였다. 알버트 아인슈타인(Albert Einstein)은 이 도시에서 공부하고 가르쳤고, 작곡가 리처드 와그너(Richard Wagner)는 작가 제임스 조이스(James Joyce)와 토마스 만(Thomas Mann)과 마찬가지로 이곳에서 살고 일했다. 그리고 전위 예술 운동인 다다이즘(Dadaism)은 1916년 이곳 카바레 볼테르(Cabaret Voltaire)에서 태어났다.

이 도시는 사회적, 경제적 약자인 외국인 출생 거주자의 사회통합 문제에 정책적 배려를 철저히 한다. 취리히가 사회적으로 혼합되고 활기차고 매력적인 도시로 남아 있는 것은 역사적으로 비영리 주택 건설의 비중이 높았기 때문이다. 스위스 국가전체에서 비영리 주택의 비율은 높지 않지만 취리히는 사회취약계층을 위한 비영리 주택재고가 증가추세이다. 대표적인 사례로 Stiftung Domicil(Domicil Foundation)은 스스로 적합한 주택을 구하지 못하는 저소득 가구를 위한 주택을 찾고 유지 관리하는 등의 역할을 주도적으로 수행하고 있다. 특히 사회취약계층 사람들(한부모 가정, 실업자, 다문화 가정, 부채가 있는 사람, 사회급여 또는 장애연금 수급자 등)의 임대차 계약을 지원하고 모든 임대 계약에 대해 공동 책임을 지는 등의 적극적인 활동을 전개해 왔다. 취리히의 Domicil Foundation과 같은 접근 방식은 다른 모든 조치보다 먼저 소외된 사람들이 이웃과 공존하면서 저렴한 도시 주택에 접근할 수 있도록 하는 데 목적이 있다.

취리히 북부의 Hunziker Areal을 방문하면 도시의 혁신적인 주택 접근 방식을 실제로 볼 수 있다. 이전 시멘트 공장의 부지에 협동 조합 조직 Mehr als Wohnen(More Than Living)은 약 1,200명의 사람들에게 지속가능한 주택을 제공하는 환경 친화적인 마을을 건설하였다.[4]

3. 브라질 쿠리치바(Curitiba)

쿠리치바는 '꿈의 도시', '희망의 도시'라 불린다. 쿠리치바는 대서양 연안에 자리한 인구 180만의 도시이다. 이 도시는 많은 도시들이 경험하는 도시성장에 따른 인구 밀집과 빈민들로 인한 슬럼화, 교통시스템 문제 등에 시달려 왔다. 놀라운 점은 이 문제를 생태와 문화를 중심에 둔 도시관리정책을 지속적으로 시행하면서 해결

---

4) https://www.cit-world.com/partner-content/inclusive-zurich 참조.

했다는 점이다. 때문에 쿠리치바는 세계의 많은 도시들이 롤 모델로 삼고 있다. 특히 저소득층을 대상으로 문화교육과 환경교육을 실시했고 이를 통해 파생된 다양한 도시정책들은 주목할 만하다(김도희 외, 2013).[5] 쿠리치바의 도시정책 중 시민교육과 시민참여가 포용도시 및 환경친화적 도시 정책을 지탱하는 힘이었다.[6]

쿠리치바에서 포용적 혁신은 모두가 접근할 수 있는 도시를 만드는 데 중요한 부분이었다. 이 목표를 달성하기 위해 도시는 일부 스타트업의 지원을 받았다. 하나는 휠체어 사용자의 보안, 안전, 편안함 및 자율성을 향상시키도록 설계된 제품을 제공하는 회사인 Ploy이다. 제품 라인에는 표준 휠체어에 부착할 수 있는 장치가 포함되어 있어 위험을 줄이고 거리에서의 접근성을 개선하여 이동의 자유를 높인다.

도시 빈곤층을 위한 포용적 정책의 예로서 '시민리어카', '구두닦이' 그리고 '노점상' 프로그램을 들 수 있다, 쿠리치바에는 리어카를 끌며 폐지를 수거해 생계를 꾸리는 빈곤층이 많았다. 폐지 수거하는 저소득층 사람들은 매일 끼니 걱정을 해야 했다. 1995년 시에서 직접 폐지를 사들이자 상황이 바뀌기 시작했다. 시가 직접 나서 저소득층 시민의 폐지 수거와 관련된 문제를 해결하고자 했다. 폐지를 모으며 생계를 일구던 저소득층 시민이 하나둘 모여 조합을 결성했다. 그리고 리어카에는 시에서 부여한 등록번호가 달렸다. 시에서는 이들이 모아오는 폐지를 적정가격으로 사들였다. 이 사업을 통해 폐지를 모으는 사람들은 이전에 비해 훨씬 안정적인 수입을 얻었다. 그들은 직업에 대한 자부심과 시민으로서의 자존심을 높여준 것이다 (김상욱, 2015).

쿠리치바 도시 전역에서 구두닦이들은 비바람을 피할 수 없는 길거리에서 구두를 닦았다. 이러한 환경을 개선하고자 쿠리치바 시는 구두닦이들에게 부스를 제공하고 그곳에서 일을 할 수 있도록 구두닦이 프로그램을 고안했다. 위생적이고 안전한 구두닦이 부스는 시민에게도 좋은 호응을 얻었다. 인간답게 구두닦이 일을 할

---

5) https://en.unesco.org/creative−cities/curitiba 참조.

6) Urban Management in Curitiba−Building Full Citizenship(World Habitat Award)
   https://world−habitat.org/world−habitat−awards/winners−and−finalists/urban−mana
   gement−in−curitiba−building−full−citizenship/(2023.05.31.);
   https://blogs.iadb.org/ciudades−sostenibles/en/urban−planning−three−lessons−learned−
   in−curitiba/(2023.05.31.)

수 있도록 배려한 것이다.

그리고 시 당국자는 노점상들의 열악한 환경을 개선하고자 노점상들을 설득해 노점상 조합을 만들도록 유도했다. 더불어 노점상들이 무허가 영업을 하지 못했다. 또 시에서 도로변 빈터에 부스를 제공해 노점상 영업를 지속토록 했다. 이러한 도시당국과 노점상들의 협동적 노력으로 저소득층의 시민의식이 자연스럽게 상승되었고 거리질서 및 환경적으로나 미관상 큰 성과를 거두게 된 것이다. 이러한 도시 프로그램은 포용도시로서의 접근이고 정책이라 할 수 있다. 도시는 부자만이 살고 있는 곳이 아니다. 부자, 가난한 사람, 이민자, 장애인 등 모든 사람들이 어울려 인간답게 살 수 있도록 하는 것이 도시관리 정책의 주요한 목표라 할 수 있다.

브라질 파벨라 빈민촌은 일반 쓰레기나 폐기물도 제대로 수거되지 않았고 쓰레기차의 접근조차 어려웠던 지역이다. 그래서 전염병이 창궐하기도 했고 단순히 파벨라만의 문제가 아니라 쿠리치바 시 전체의 문제였다. 이를 해결하기 위해 시는 쓰레기 교환 프로그램을 도입했다. 민간 사업자에게 쓰레기 수거를 시키는 대신 시민이 쓰레기를 직접 가져올 경우 식품 팩으로 교환해주는 프로그램이었다. 시에서 쓰레기 5kg당 1개의 식품 팩을 제공하자 시민의 적극적인 참여가 이뤄졌다. 쓰레기 교환 프로그램은 매우 성공적이었다.

이 프로그램을 통해 파벨라에 방치돼 있던 쓰레기양이 현저히 줄어들었다. 시는 재활용 프로그램에 이를 접목시켜 '녹색교환'을 했다. 녹색트럭은 빈민가 인근까지 접근하여 시민이 가져온 재활용 쓰레기를 수거한다. 시민은 모아둔 철물 조각, 페트병 등을 손수레에 싣고 온다. 녹색교환에 대한 관심이 높아 녹색트럭이 오는 날에는 재활용 쓰레기를 가지고 온 시민이 긴 줄을 섰다. 쓰레기 교환과 비슷하게 5kg당 1개의 티켓을 받게 된다. 이 티켓으로 양배추, 오렌지, 바나나 등을 싣고 있는 차에서 채소를 살 수 있다. 채소 1kg당 1개의 티켓을 받는다.[7]

이러한 교환 프로그램은 저소득층 시민을 폐기물로부터 보호하고, 저소득층 가정의 식량문제를 해결했다. 게다가 쓰레기 교환과 녹색교환은 폐기물 처리에 소요되는 비용에 대비해 훨씬 저렴해 시 재정에 거의 부담을 주지 않았다.

1970년대부터 쿠리치바는 도시 혁신과 도시 관리정책의 국내 및 국제 벤치마크가 되었다. 급격한 도시화 과정 속에서 환경, 문화유산 보존 및 시민권 확대, 포용

---

7) https://america.cgtn.com/2022/10/10/curitiba-brazil-a-sustainable-city 참조(2023.05.14)

적 프로그램 개발에 노력해 왔다. 쿠리치바는 또한 브라질에서 삶의 질이 가장 높은 도시 중 하나이다. 쿠리치바의 도시관리모델은 토지 이용, 도로 시스템 및 대중교통(TOD)을 결합하여 인간적이고 혁신적이며 포용적인 도시를 가능하게 했다.[8]

포용도시 지표 개발

1. 국제기구

2016년 에콰도르의 Quito에서 개최된 UN 해비타트 III에서 채택된 New Urban Agenda의 6가지 의제[9] 중 하나로 제시된 포용도시란 '사회통합과 형평성 – 살기 좋은 도시(Social Cohesion and Equity – Livable Cities)'이다. 핵심쟁점사항은 4가지로서 ① 포용도시(inclusive cities), ② 도시지역 인구이동 및 난민(Migration and Refugees in urban areas), ③ 안전한 도시(Safer Cities), ④ 그리고 도시문화와 유산(Urban Culture and Heritage)이다.

UN에서 논의된 포용도시는 도시 주민 누구나 성별, 연령, 인종, 종교 등에 상관 없이 도시의 서비스 접근이 가능하고 참여할 수 있는 권리이며 이를 추구하는 장소로 규정한바 있다. 그리고 이를 구체적으로 실행계획을 수립한바 있으며 개별도시의 포용성 평가는 도시 거버넌스 지수(Urban Governance Index)를 통해 가능하다(UN Habitat 2002, 2004).[10]

도시 거버넌스 지수(Urban Governance Index)는 각 도시가 거버넌스를 개선하도록 지원하는 도구이자 지침 역할을 수행한다. 도시 거버넌스 지수는 도시 거버넌스의 품질을 모니터링하는 도시와 국가를 지원하는 옹호 및 역량 구축 도구이다. 도시의 우수한 거버넌스와 포용성의 척도로 구상된 이 지수는 전 세계 24개 도시에

---

8) https://www.curitiba.pr.gov.br/ 참조(2023.05.14.).

9) 6가지 의제란 ① Social Cohesion and Equity – Livable Cities, ② Urban Frameworks ③ Spatial Development ④ Urban Economy ⑤ Urban Ecology and Environment ⑥ Urban Housing and Basic Services이다.

10) Urban Governance Index의 구체적 내용을 확인할 수 있다(https://mirror.unhabitat.org/content.asp?typeid=19&catid=25&cid=2167).

서 현장 테스트를 거쳤다. 현장실사 결과는 2005년 초 발간된 도시 거버넌스 지수 개념기반 및 현장실사보고서에 요약되어 있다.

World Bank(2015)가 제시한 포용도시는 빈곤을 예방, 종식하고 개발이익의 균등한 배분을 추구한다는 것을 강조하였다. 또한 도시 포용성은 공간적 포용, 사회적 포용, 경제적 포용으로 나누어 제시하였다. 공간적 포용이란 저렴주택의 공급, 빈민촌 해소, 주거권 보호 등을 포함한다. 그리고 사회적 포용은 참여를 핵심요소로 인식하고 공동체 주도의 개발, 참여적 거버넌스가 형성되어야 함을 강조했다. 또한 기존의 성장지향적 접근으로 불평등과 빈곤문제를 개선하는 데 실패했음을 인정하고 통합적 접근에 기반한 포용도시 정책을 제시하였다. 특히 경제적 포용은 일자리 접근성 제고, 기술 및 교육 제공, 금융 접근 확대 등이다(World Bank, 2015).[11]

ADB(2017)는 포용도시의 핵심적 요소를 접근성(accessible), 부담가능성(affordable), 회복 탄력성(resilient), 지속가능성(sustainable)을 기초로 포용적인 도시관리 및 개발 접근방법을 제안하고 있다. 구체적으로 포용도시에서 강조되는 요소로 금융, 사회적 자본, 도시기반시설, 주거지를 지적하였다. 그리고 투자가 필요한 항목으로 소득, 사회적 보호, 교육, 물 공급과 위생, 쓰레기 처리, 에너지, 도시교통, 홍수해 관리, 토지, 주택 분야를 들고 있다.

---

11) https://documents1.worldbank.org/curated/en/402451468169453117/pdf/AUS8539−REVISED −WP−P148654−PUBLIC−Box393236B−Inclusive−Cities−Approach−Paper−w−Annexes −final.pdf

표 2-2 주요 국제기구의 포용도시(목적, 정책방향, 전략)

국제기구	목적	정책방향	전략
아시아 개발은행 (2011)	- 빈곤감소와 포용적 발전	- 도시 환경 인프라개발 (교통, 상수도, 폐기물 처리 등) - 기후변화 적응과재해위험 감소 대책 마련 - 빈곤감소 대책마련	- 포용적 도시개발 시스템 - 불량촌 재개발 프로그램의 일환으로 생계마련, 주택 구매를 위한 재정확보, 중앙 정부 차원의 지원금 포함
World Bank (2015)	- 극단의 빈곤퇴치 및 종식 - 발전과 번영의 공유	- 사회·경제·공간적 포용강조	- 다차원적 문제해결을 위한 다양한 방안마련 - 예방적이고 치료적인 해결 책을 동원 - 공동체 참여확대, 지역역 량강화, 파트너쉽 구축
UN 해비타트 (2015)	- 참여확대 - 민주적 절차 중시	- 중앙정부의 역할강조 - 기초서비스 제공 - 지방정부간의 경쟁으로 인 한 갈등 조정 - 도시계획의 역할 강조	- 도시계획수립 및 시행시, 참여확대와 사회적 혁신 - 양질의 기초서비스에 접근 할 수 있는 권리 보장 - 포용을 위한 공간계획 - 중앙과 지방정부의 적절한 책임과 역할 분담

자료: http://unhabitat.org/books/global-campaign-on-urban-governance-the/; https://www.
worldurbancampaign.org/; 문정호 외(2016), 포용적 국토 실현을 위한 정책과제 연구, p.22 부분
적 수정 보완하여 작성함.

2. 서울시

한국의 도시들은 포용도시를 추구하는 구체적인 도시관리정책을 시행하는 사례
가 많지 않다. 서울시의 경우 소득불평등, 저소득층 및 사회취약계층의 주거불안
심화, 고용율 저하 등 다양한 문제를 풀기 위한 방안으로 정책방향을 포용도시로의

전환을 시도하고 있다(변미리, 2019; 조권중, 2017).

고 박원순 시장 취임 이후 신자유주의 문제점을 시정하는 대안으로 지방분권 실현, 시민사회와 함께하는 거버넌스, 사회혁신 수용, 인권도시 지향 등의 포용성을 반영한 정책을 추진하였다. 서울의 도시정책에 '사람', '공간', '거버넌스'의 3가지 차원과 4가지 정책방향을 도출하였다.

'사람'은 사람중심 정책, 배제에서 포용으로 패러다임 전환(노동시장 수용, 관용과 배려, 다양성 인정 등)을 의미한다. '공간'은 도시기반(공간과 서비스)의 공공성 강조, 보편적 접근성과 성장의 공유, 지역격차 해소에 따른 지역적 형평성 추구를 의미한다. 그리고 '거버넌스'는 시민들이 도시정책수립과정에 참여하고 소통과 협치를 추구하고자 한다. 이러한 목적을 달성하기 위해 사회적 영역에서 '배제에서 포용', '도시공간과 도시서비스에 대한 보편적 접근', 경제성장에서 '혜택의 공유', 정책과정에서 '시민의 참여'라는 4가지 정책방향을 설정한바 있다. 그리고 포용지표는 3가지 영역, 6가지 구성요소, 34개 지표로 구성되어 있다(표 2-3 참조).

표 2-3 서울시 포용도시 지표

영 역	구성요소	지 표
사람 포용성	경제적 역량	지니계수 생산가능인구 중 대졸자 비율, 실업률, 취업률, 비정규직 비율, 장애인 고용률
	사회적 웰빙	사회보험 가입률, 기대수명 격차, 공공문화 예산비율, 문화서비스 만족도, 주관적 건강 만족도, 외국인에 대한 개방성
공간 포용성	생활인프라 접근성	공공임대주택, 주거비 부담률, 이동권, 녹시율, 녹지환경 만족도, 교통환경 만족도, 주거환경 만족도
	공공서비스 접근성	공공인터넷, 안전서비스, 응급대응 서비스, 밤거리 안전 만족도
거버넌스 포용성	시민참여	투표율, 사회단체 수, 지역사회 참여율, 이웃 신뢰도, 지역 자부심, 자원봉사율
	투명성과 책임	공무원 중 여성 비율, 사회단체 지원예산, 공공기관 신뢰도, 행정정보 공개율, 공공기관 청렴도

자료: 변미리(2017), 서울형 포용도시 지표체계 개발과 서울시의 포용성, p.57, [그림 4-2] 재인용; 박인권 · 이민주(2016).

사람 포용성 영역에는 경제적 역량과 사회적 웰빙요소로서 인적자원의 역량과 분배에 대한 내용이다. 공간 포용성 영역에는 공공서비스의 접근성과 생활인프라 접근성 요소가 지역적 형평성과 보편적 접근성 문제를 다루고 있다. 거버넌스 포용성 영역은 참여와 투명성이라는 제도와 절차의 문제에서 정책이나 의사결정 과정의 협력체계나 참여의 문제를 다루고 있다(변미리, 2017; 박인권, 2017; 정병순·홍권표, 2015).

 ## V 포용도시 평가와 발전방향

2019년 세계 포용도시 순위에서 스위스 취리히(Zürich)가 1위를 차지했다. 비엔나는 2위, 덴마크 코펜하겐이 3위, 룩셈부르크가 그 뒤를 이었다. 헬싱키, 대만 타이베이, 노르웨이 오슬로, 그리고 캐나다 오타와, 독일 킬, 제네바가 10위권 안에 들었다. 도시의 포용성을 측정 평가하기 위해 공간적 포용 요인, 사회적 포용 요인 및 경제적 포용 요인을 크게 3분야로 나누어 다양한 척도로 평가한 것이다. PICSA 인덱스 프레임워크는 다음과 같은 요소를 반영하여 평가하였다: ① 경제적 포용으로 1인당 GDP 및 실증적 삶의 질 측정, ② 사회적 포용으로 개인 안전, 교육에 대한 액세스 및 ICT(인터넷)에 대한 액세스, ③ 공간적 포용으로 저렴주택(affordable housing) 접근성, 환경의 질, 의료 접근성 등이다.

제1회 연례 PICSA 지수 보고서는 2019년 11월 21일에 발표되었고 이 보고서에서 PICSA Index의 공동 설립자인 Bruno Lanvin(D&L Partners)은 "PICSA 지수를 통해 처음으로 도시는 소득뿐 아니라 포용성의 전체적인 그림을 만드는 3개의 기둥(경제, 사회, 공간)을 기반으로 측정되었다"고 설명했다.[12] 다음(표 2-4)은 포용도시 1위에서 15위까지이며 평가 대상도시는 세계 5대륙에서 선정된 113개 도시이며 지역별로는 유럽 50개, 아시아 25개, 북미 12개, 라틴아메리카 10개, 중동/북아프리카 9개, 오세아니아 3개, 남아프리카 3개 등이다. 한국의 도시는 서울만 포함되었고 2019년 순위는 49위이다.[13]

---

12) https://www.usnews.com/news/cities/articles/2019-11-29/a-new-report-looks-at-the-most-inclusive-cities-in-the-world

표 2-4 세계 포용도시 순위(2019)

Rank	City	Country	Region	Development	Score
1	Zürich	Switzerland	Europe	Developed	78.2
2	Vienna	Austria	Europe	Developed	72
3	Copenhagen	Denmark	Europe	Developed	70.5
4	Luxembourg	Luxembourg	Europe	Developed	70.3
5	Helsinki	Finland	Europe	Developed	70.1
6	Taipei	Taiwan	Asia	Developed	69.9
7	Oslo	Norway	Europe	Developed	69.8
8	Ottawa	Canada	North America	Developed	69.8
9	Kiel	Germany	Europe	Developed	69.5
10	Geneva	Switzerland	Europe	Developed	68.3
11	Washington DC	US	North America	Developed	68.2
12	Munich	Germany	Europe	Developed	66.9
13	Prague	Czech Republic	Europe	Developed	66.8
14	Seattle	US	North America	Developed	66.6
15	Stockholm	Sweden	Europe	Developed	66

자료: https://ceoworld.biz/2019/11/22/these-are-the-most-prosperous-and-inclusive-cities-in-the-world-2019/

포용도시를 지향하기 위해 행복지수 및 삶의 질 관점에서 우리나라 도시는 어떤 수준에 와 있는가를 살펴보자. 한국의 국가 행복지수 순위가 경제협력개발기구 (OECD) 37개국 중 최하위권에 머무르는 것으로 나타났다. '경제 10위'인 한국의 2018~2020년 평균 국가 '행복지수'는 10점 만점에 5.85점을 기록했다. 전체 조사

---

13) 자세한 사항은 https://www.picsaindex.com/ 참조.

대상 149개국 중 62위, OECD 37개국 중 35위에 해당한다(KDI, 2021).

1인당 GDP 34,994(2022년) 달러가 무색할 정도로 체감 행복도가 낮은 게 우리의 현실이다. 물질적인 것을 제외한 국민행복을 결정짓는 중요한 가치는 정의·자유·공정·신뢰·기회의 균등·사회적 통합 및 포용 같은 것들이다. 하지만 한국은 경제적으로 부유해졌지만 불평등과 불공정 심화, 낮은 포용성 그리고 시민의 행복 체감도는 매우 낮다.

영국의 컨설팅업체인 머서(Mercer)에서 매년 출판하는 '삶의 질 보고서'에는 세계의 주요 도시를 일정한 기준에 맞춰서 점수화하고 순위를 매긴다. 중요한 기준들로는 주로 정치-경제적 안정성, 환경, 교육, 문화, 대중교통, 위생 등이다. 세계적 경영컨설팅업체 머서가 발표한 도시별 '삶의 질' 순위(2019년)에 따르면 오스트리아 빈이 10년 연속 세계에서 가장 살기 좋은 도시 1위로 선정됐다. 2위는 취리히, 3위에는 뮌헨, 밴쿠버, 오클랜드가 공동으로 올랐으며, 밴쿠버는 지난 10년간 꾸준히 북아메리카의 선두를 지키고 있다. 아시아에서는 싱가포르(25위)가 높은 순위이고 한국 도시 중 서울은 77위, 부산은 94위에 머물렀다.

우리나라 도시가 높은 순위를 차지하지 못하고 좋은 평가를 받지 못하고 있다는 점에서 몇 가지 성찰이 필요하다. 첫째, 도시민의 삶의 질은 사회·정치·경제적으로 안정된 분위기 속에서 인간다운 삶이 가능한 위생, 교통, 환경 등이 질적으로 높은 수준을 유지해야 한다. 미세먼지가 기준치를 넘고 맑은 공기와 깨끗한 물을 공급받지 못한다면 삶의 질을 보장받을 수 없다. 당연히 도시 간 경쟁에서 뒤질 수밖에 없다.

둘째, 삶의 질이란 단순히 물리적, 환경적 요소만 우수하다고 해서 보장되는 것은 아니다. 오히려 이웃 간의 신뢰, 규범, 포용 그리고 건전한 사회적 네트워크가 형성돼야 한다. 소위 사회적 자본이 충실하고 튼튼해야 한다. 보다 더 사회적 자본을 확대하는 도시관리 정책 프로그램 개발이 필요하다.

셋째, 도시는 사회경제적으로 다양한 계층의 사람들이 모여 사는 이질성이 강한 곳이다. 이러한 다양한 계층의 사람들이 공정성과 형평성을 바탕으로 사회적 갈등과 양극화가 심화되지 않은 도시사회를 만들어야 한다. 한국의 도시는 이제 경제적·물리적인 관점에서는 세계적 수준에 도달했으나 모든 사람들을 포용하고 사회적 신뢰와 규범이 튼튼한 상태에는 이르지 못했다. 오늘날 성장에 기반을 둔 국내총생산(GDP) 모델이 더 이상 국민의 행복 정도를 측정할 수 없는 시대가 왔다. 아직 우리나라는 행복지수도 개발되지 못한 상태다. 새로운 지표는 반드시 개발되고 매년 조사 분석돼야 한다. 유엔을 비롯한 국제기관들이 주창하는 포용도시를 만들기 위해 앞으로 우리가 추구해야 하는 가치와 규범은 무엇인가를 인식하고 추진 로드맵을 수립하고 시행해야 할 때다.

제2장 참고문헌

김도희·서혜경·박소민·정한슬·정진아. (2013). 세계도시분석 및 우리나라 도시정책의 시사점, 브라질 Curitiba 도시정책사례, 대한지리학회 학술대회논문집.

김상욱. (2015). 브라질 쿠리치바 '주민을 위한 현장정책. 월간 주민자치, 한국주민자치학회, 45, 78-81.

김수진. (2015). 포용도시정책 수립을 위한 기초연구, 국토연구원.

_____. (2018). 포용도시를 위한 도시취약지역 실태와 정책제언. 국토연구원.

문정호·이순자·김진범·민성희·김수진·박경현. (2016). 포용적 국토 실현을 위한 정책과제 연구. 세종: 국토연구원.

박세훈 외. (2016), 해비타트 Ⅲ와 한국 도시정책에의 시사점, 국토연구원.

박인권. (2015). 포용도시 : 개념과 한국의 경험, 공간과 사회. 25(1), 95-139.

_____. (2017). 포용도시를 향한 도전과 정책과제, 국토 제426호, 국토연구원.

박인권·이민주. (2016). 도시 포용성 구성개념과 지표체계의 개발. 공간과 사회, 26(4), 109-158.

변미리. (2017). 서울형 포용도시 지표체계 개발과 서울시의 포용성, 서울연구원.

_____. (2019). 포용도시를 향하여 (정책리포트), 서울연구원.

이경민. (2013). 신자유주의 체제 하에서 도시정책과 도시화, 토지공법연구, 63, 459-472.

이은규 외 12인. (2019). 포용도시 울산을 위한 정책방향과 추진전략, 기획과제 2019-01., 울산발전연구원.

장 지글러(Jeon Zigler) 지음, 유영미 옮김. (2016). 왜 세계의 절반은 굶주리는가? 갈라파고스.

정병순·홍권표. (2015). 저성장시대에 대응하는 서울시 포용성장모델 정립방안, 서울연구원.

조권중. (2017). '포용도시 서울', 성과와 과제, 서울연구원.

최병두. (2011). 신자유주의적 도시화와 기업주의 도시, 프로젝트, 한국경제지리학회지, 14(3), 263-285.

한국개발연구원(KDI). (2021). 나라경제 5월호, KDI 경제정보센터.

ADB. (2011). Inclusive Cities. Asia Development Bank. https://www.adb.org/sites/default/files/publication/29053/inclusive-cities.pdf (2022.09.13.).

Ari-Veikko Anttiroiko, W MARTIN de Jong. (2020). *The Inclusive City: The Theory and Practice of Creating Shared Urban Prosperity*, London: Palgrave Pivot.

Greater London Authority City Hall. (2016), *A City for All Londoners*, London: GLC.

Greater London Authority City Hall. (2018), Inclusive London, London: GLC.

OECD. (2018). The Framework for Policy Action on Inclusive Growth, Julia Gerometta, Hartmut Ha¨ussermann and Giulia Longo. (2005). Social Innovation and Civil Society in Urban Governance: Strategies for an Inclusive City, *Urban Studies*, 42(11), 2007- 2021.

UN Habitat. (2002). The Global Campaign on Urban Governance, http://unhabitat.org/ books/global－campaign－on－urban－governance－the/(2023.05.01.).

_____. (2015). Inclusive Cities. Habitat Ⅲ Issue Papers. http://habitat3.org/wp－ content/uploads/Habitat－IIIssue－Paper－1_Inclusive－Cities－2.0.pdf(2022.09.13.).

World Bank. (2015). Inclusive Cities Approach Paper. http://documents.worldbank.org/ curated/en/402451468169453117/pdf/AUS8539－REVISED－WP－P148654－PUBLIC－ Box393236B－Inclusive－Cities－Approach－Paper－w－Annexes－final.pdf(2022.09.13.).

World Urban Campaign. https://www.worldurbancampaign.org/(2023.05.01.).

제3장

스마트한 도시 만들기

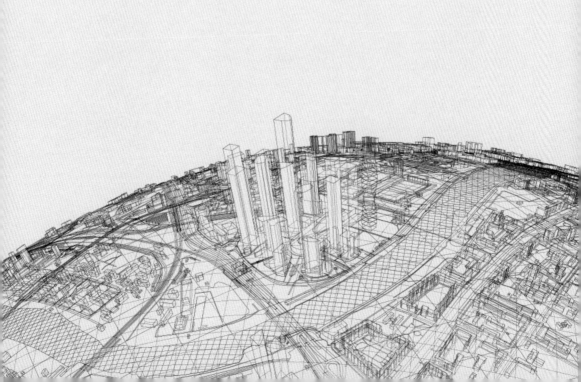

스마트한 도시 만들기

 서론

1. 스마트 시티의 정의

스마트 시티란 정의하는 주체에 따라 약간의 차이를 보이지만 공통적으로 도시
정부가 공공서비스의 품질향상과 시민의 복지증진을 위하여, 나아가 도시의 효율적
운영, 보유자원의 효율적 이용, 정보의 공유, 지속가능성 증진 등을 목표로 도시관
리에 정보통신기술(ICT: information and communication technologies)을 활용하는
도시를 총칭하는 것이다. 우리나라의 국토교통부 스마트 시티 포털에도 이와 유사
하게 "4차 산업혁명 시대의 혁신기술을 활용하여, 시민들의 삶의 질을 높이고, 도
시의 지속 가능성을 제고하며, 새로운 산업을 육성하기 위한 플랫폼"이라고 정의하
고 있다.[1]

스마트 시티가 작동하는 예를 들어 보자. 버스정류장, 혹은 앱(App)을 통하여 원
하는 버스가 현재 어디에 있고 언제 도착하는지? 또 얼마나 혼잡한지 알려줌으로써
대기시간을 줄이거나 다른 교통수단을 이용토록 하여 이용자의 편이성을 높이는
시스템은 이미 일반화되었다. 또 현재의 경로별 교통혼잡 정도를 알려주고 휴가철
이나 명절의 예상 혼잡수준을 제공하는 서비스 등은 당연한 일상이 되고 있다. 그
리고 전기, 가스, 상수도 등의 사용량을 현장을 방문하지 않고도 검침할 수 있는

---

1) https://smartcity.go.kr/

원격검침시스템도 활용가능한 시스템이다. 스마트 시티는 이처럼 정보통신기술을 교통, 환경, 경제, 주거, 기후, 등 다방면의 도시관리에 활용할 수 있는 도시를 말한다.

스마트 시티는 빅데이터를 기반으로 정보통신기술을 활용하는 개념인데, 정보통신기술은 이 빅데이터를 수집, 통합, 처리, 활용, 평가하는 전 단계에 활용하는 기술이다. 대표적으로 활용되는 기술은 사물인터넷(IoT: Internet of Things), 인공지능(AI: Artificial Intelligence), 기계학습(ML: Machine Learning), 블록체인, 빅데이터, 클라우드, 5G, 차세대 이동통신, 자율주행 등 수많은 기술이 사용되고 기술선점을 위한 경쟁도 치열하다. 이러한 기술들을 환경, 사회, 경제 등의 관점에서 도시를 보다 효율적이고 지속가능하도록 만들기 위해 적용된다. 도시관리에서는 교통, 건강, 환경, 안전, 복지, 주거, 일자리 등의 분야에 첨단 IT를 적용하여 관련 문제를 해결하는 데 사용된다. 물론 이러한 기술의 활용은 시행착오를 되풀이하지 않도록 하는 데도 유용하다. 스마트 시티를 지향하는 것은 도시의 브랜드를 다시 만드는 작업이라고 할 만큼 근본적인 변화를 초래하는 것이다.

2. 스마트 시티의 목적

도시를 스마트 시티로 전환하고자 하는 목적은 해당 도시가 처한 상황에 따라 다양하게 표현되지만, 도시정부의 관점에서 보면 다음과 같이 요약할 수 있다.

첫째, 도시관리의 효율성을 높이기 위함이다. 도시관리는 토지, 주택, 교통, 시설, 환경, 안전 등 많은 부문에 걸쳐 운영되며 많은 자금과 인력이 투입된다. 이전에는 정확한 정보가 없어 알 수 없거나 알아도 대책수립이 어려웠던 문제에 대해, 스마트 시티는 발전된 정보통신기술을 활용하여 이전보다 정확하고 신속하게, 또 저비용으로 고품질의 공공서비스를 제공할 수 있도록 한다. 이처럼 스마트 시티로 전환함으로써 도시운영의 효율성을 크게 개선시킬 수 있다.

둘째, 도시경제를 성장시키기 위함이다. 스마트 시티는 정보통신기술을 공공시설 및 서비스와 결합하여 효율성과 편이성을 높이고자 한다. 이 과정에서 민간 전문업체의 참여가 필수적이므로 해당 부문의 일자리가 증가하는 효과가 있다. 물론 도시가 스마트해 짐에 따라 경쟁력도 높아져 투자, 사업체, 전문인력 등의 지역내 유입이 증가하면 생산과 일자리가 증가한다.

셋째, 도시민의 삶의 질을 향상시키기 위함이다. 도시관리의 궁극적인 목적은 시민의 복지향상이라고 해도 과언이 아니다. 4차산업혁명 시대의 발달된 기술들을 도시관리에 적용하여 공공서비스의 질적 향상을 도모하고 시민의 복지수준 향상, 나아가 삶의 질을 향상시키는 것이다.

특히 도시관리에 스마트 시티가 주는 혜택은 자동적이고 효율적인 도시관리를 가능토록 한다는 점이다. 즉, 정확한 정보에 기반한 효과적인 의사결정, 보다 안전한 도시 창조, 도시교통 개선, 환경개선, 새로운 사업기회의 창출, 시민의 필요와 요구에 보다 신속·정확하게 반응하는 서비스 창출, 자원의 절약 등을 도모할 수 있다. 이처럼 스마트 시티는 새로운 수익을 창출하고 비용을 절감시켜 도시를 효율적으로 운영하는 데 도움을 주며 그 혜택은 도시정부뿐 아니라 시민들에게 돌아가게 한다.

 Ⅱ 스마트 시티 만들기

1. 스마트 시티 작동원리

스마트 시티의 원동력은 빅데이터이다. 빅데이터는 디지털 환경에서 발생하는 대량의 모든 데이터를 지칭한다. 빅데이터는 방대한 양(volume), 빠른 속도(velocity), 높은 다양성(variety)으로 특징 지워지는 초기의 3V에서, 이후 가치(value)와 정확성(veracity)이 추가되어 5V로 확장되었다. 일상생활에서의 거래, 통신, 통행 등의 활동뿐 아니라 공공서비스 관리, 도시기반시설 관리, 토지 및 주택관리, 세금과 공과금의 관리 등 공공분야에서도 끊임없이 다양한 자료가 대량으로 생산되고 있다. 정보통신기술의 발달은 과거에는 불가능했던 엄청난 자료들을 수집처리할 수 있도록 함으로써 새로운 가치를 창출할 수 있도록 만든 것이다. 세계적인 기술기업들은 이 빅데이터를 기반으로 가치를 창출하고 있다. 이처럼 빅데이터는 기존에는 해결할 수 없거나 어려운 문제들을 보다 정확한 자료를 활용함으로써 효과적인 대응책을 수립할 수 있도록 한다. 도시정부도 빅데이터를 활용하여 도시를 스마트하게 만들고자 하는 노력을 기울이는데 이 노력이 구체적으로 나타나는 것이 스마트 시티이다.

스마트 시티를 작동하는 원리는 실시간 자료를 획득하고 축적된 자료를 기반으로 패턴을 파악하고 적절한 대응을 하는 과정을 거친다. 사고, 범죄, 교통정체, 단속 등에 적용될 수 있고 교통, 환경, 재난, 공공자산관리에 활용하여 소기의 목적을 달성하는 데 활용된다. 이를 요약하면 다음과 같은 4단계를 거쳐 작동된다.

① 자료수집: 센서, CCTV, 현장입력 등을 통하여 실시간 자료수집
② 분석: 도시의 관리, 운영, 작동을 위한 통찰력 획득
③ 소통: 자료분석 결과로서 의사결정자들과 의사소통
④ 실행: 도시관리 개선, 자산관리, 삶의 질 향상 등에 활용

2. 스마트 시티로의 전환 절차

도시를 스마트 시티로 전환시키는 것은 시대적 요구임에 분명하지만, 이를 성공적으로 완수하기 위해서는 유의해야 할 점이 많다. 이러한 문제에 대응하여 시행착오를 줄이기 위하여 거쳐야 할 절차가 권장되고 있다. 이 절차는 도시를 스마트 시티로 발전시키는 과정에서 얻은 국내외의 축적된 경험과 학술 연구의 결과를 기반으로 한다. 그 절차는 도시정부의 관점인가 아니면 민간사업체의 관점인가에 따라 현격한 차이가 있다. 공공기관의 관점이라도 공통적으로 제시되는 단계 이외에 시범사업의 포함여부, 자료수집 및 평가단계의 포함여부 등에 따라 단계가 증감한다. 그중 도시관리의 관점에서 스마트 시티로의 전환단계를 (Smart city index를 개발하여 매년 세계 도시들의 스마트 시티 순위를 발표하는) IMD가 제시하는 6단계와, 스마트 시티의 선두주자로 거론되는 스페인 바르셀로나의 5단계를 간략하게 소개한다. 전자는 일반적인 도입절차를 제시한 것이며, 후자는 실제 한 도시가 실행한 단계를 소개한 차이가 있다.

1) IMD의 스마트 시티 도입 6단계

IMD는 코펜하겐, 싱가폴, 비엔나 등의 시장들과 CISCO, IBM 등 기술대기업 CEO 등 25명을 대상으로 각 1시간 동안의 심층 인터뷰를 통하여 얻은 자료를 바탕으로, 도시를 스마트 시티로 성공적으로 전환하기 위한 6단계를 제시한 바 있다.

여기에 다른 기관과 경험에서 얻은 몇가지 유용한 내용을 추가하여 단계별 내용을 간략하게 설명하면 다음과 같다.[2]

① 제1단계: 출발점의 결정

출발점(starting point)이란 현 상황을 파악하고 이를 기반으로 사업의 성격을 정의하고 이에 맞춰 향후 사업의 기준을 설정하는 단계이다. 이 단계에서는 가장 시급한 사업은 무엇이며 사업을 충족할 재원은 있는지, 기술은 가용한지 또 사업을 얼마나 효과적으로 추진할 수 있는지 등을 검토한다. 가장 근본적으로 스마트 시티의 개념을 명확하게 정의하여 관련당사자들로 하여금 사업 전반에 걸쳐 공유할 수 있도록 한다. 그리고 기존 사업을 스마트하게 전환할 것인지, 아니면 전혀 새로운 사업을 시작할지 결정하는 단계이기도 하다. 이를 위해서는 각 부서의 정보화 실태 및 능력이 점검되어야 한다.

② 제2단계: 목표 설정

목표설정은 스마트 시티 사업이 어디로 갈 것인가, 즉 최종 목적지를 결정하는 것이다. 도시의 전략과 비전에 맞춰 명확한 목표를 설정해야 하는데, 목표설정은 스마트 시티를 추구하게 된 배경이 되는 도시의 발전전략, 도시가 직면한 도전과 문제, 그리고 도시행정, 시민, 사업체들의 요구를 고려하여야 한다. 워크샵, 설문조사, 인터뷰, 사회관계망 등을 이용하여 의견을 수렴하고 이를 반영하여 목표를 설정한다. 목표가 명확하지 않으면 시행과정에서 문제가 발생하고 소기의 목적을 달성하지 못하게 된다. 목표는 최종목표뿐 아니라 중간목표를 설정할 것을 권장한다. 예컨대 탄소배출 감소라는 최종목표하에 일인당 전력 및 화석연료 사용, 재생에너지 활용 등에 각각의 목표 비율을 설정하는 방식이다.

③ 제3단계: 프로젝트 선정

목표 달성을 위해 어떤 프로젝트를 선정해야 하는지 결정하는 단계이다. 이 단계에서는 어떻게 그 목표를 달성할 것인가에 초점을 둔다. 예컨대 2030년까지 전력

---

2) IMD, Smart City: Six steps to successfully transform your city, 21 april 2017.

사용을 10% 감소시킨다는 목표가 설정되면, 먼저 발전유형별 전력소비량과 패턴을 심층적으로 파악하고 난 후, 소비감소방안을 실행해야 한다. 이것은 교통량의 감소, 환경오염물질의 배출량 감소 등을 목표로 한 프로젝트에도 그대로 적용된다. 그리고 설정된 목표를 달성하려면 어떤 정보통신기술이 가장 적합한지 분석되어야 한다. 이 과정을 거쳐 선정된 기술은 스마트 시티 프로젝트에 적용된다. 아부다비(Abu Dhabi)의 마스다르시(Masdar city)는 경전철(PRT: personal rapid transit)을 도입함으로써 자가용 승용차 운행을 금지할 수 있었다. 또 암스테르담시(Amsterdam)도 화석연료사용을 감소시키는 방안으로써 주택개량시 신재생에너지를 사용토록 하였다.

④ 제4단계: 프로젝트별 실행 성공가능성 평가

도시를 스마트하게 바꾸어줄 프로젝트 후보군이 파악되면 이 프로젝트들이 얼마나 성공적으로 시행될 수 있는지 평가한다. 여기서 정치적 의지가 뒷받침되는지, 재원은 충분한지, 관련 법규에 어긋나지 않는지 등 여러 요소를 고려하여 각 프로젝트별 성공가능성을 검토한다. 평가결과 가장 성공가능성이 높은 프로젝트 순으로 선정한다.

⑤ 제5단계: 프로젝트별 영향분석

선정된 프로젝트가 스마트 시티 목표달성에 얼마나 기여하는가를 평가하는 것이다. 이 영향분석은 두 단계로 구분되는데 첫 번째 단계는 스마트 시티 목표들의 우선권을 먼저 설정하고, 두 번째 단계로 각 프로젝트별로 목표들에 어느 정도 영향을 미치는지, 나아가 이를 취합하여 각 프로젝트가 미치는 전반적 영향을 평가한다. 이때 유사한 프로젝트를 수행한 경험이 있는 도시의 사례를 참고하거나 비교할 수 있다.

⑥ 제6단계: 가장 유망한 프로젝트의 선정

프로젝트의 실행 성공 가능성과 목표에 미치는 영향을 평가하면, 가장 유망한 프로젝트를 선정하여 실행하게 된다. 가장 유망한 프로젝트는 실행가능성도 높고 효과도 큰 프로젝트이다.

이 같은 IMD의 6단계에 더하여 시범사업(pilot projects)의 개발 및 실행, 자료의 수집과 효과측정을 통한 스마트 시티 사업효과의 평가 등이 추가되기도 한다.

2) 바로셀로나의 스마트 시티 도입 5단계

바로셀로나시는 스마트 시티 사업을 도입, 시행하면서 얻은 경험을 토대로 시작 − 계획 − 프로젝트의 개발 − 모니터링과 평가 − 소통 등 5개의 국면(phase)으로 분류하여 각 국면에 따른 사업내용을 정리하였다. 각 국면별 내용은 다음과 같다.[3]

① 제1국면: 시작

스마트 시티의 시작은 스마트 시티로의 전환 분위기가 성숙되어야 한다는 것이다. 이러한 분위기가 뒷받침되면 스마트 시티에 대한 동기를 정의하고 리더십을 발휘할 수 있다. 나아가 어느 부서가 스마트 시티 전략개발을 담당할 것인지 파악하고 계획팀을 구성할 수 있다.

② 제2국면: 계획

스마트 시티 전환 두 번째 국면은 도시 발전전략을 분석하고 이를 재구축하는 것이다. 이에 맞춰 도시의 장기비전을 설정하고, 이를 실현시킬 목표, 접근방법, 행동순서를 파악한다. 그리고 모든 분야에서 동시다발적으로 전략을 실행하기보다는 어떤 분야부터 실행할 것인지 먼저 선정하도록 권장된다. 그 이후 전략을 실행할 전담팀을 설립하고 역할과 책임을 정한다. 또 계획단계에서 프로젝트 관련 아이디어의 생성방법과 선정기준을 설정하고, 프로젝트를 실행할 경우 요구되는 모니터링과 평가방식을 결정한다.

③ 제3국면: 프로젝트의 개발

실행팀을 출범시켜 프로젝트를 실행시키기 위한 제반 행동을 시작한다. 목표달

---

3) Mora, L. & Bolici, R. (2016). The development process of smart city strategies: the case of Barcelona. In Rajaniemi, J.(Ed.). Re−city: future city−combining disciplines, 155−181. Tampere, Finland: Tampere University of Technology, School of Architecture. ISBN 978−952−15−3624−3.

성을 위하여 프로젝트 관련 아이디어를 생성, 선정하고 조직한다. 프로젝트에 대한 재정지원을 확인하고 프로젝트를 실행한다.

④ 제4국면: 모니터링과 평가

프로젝트 진전상황을 모니터링하고 결과를 평가한다. 이를 토대로 필요한 조정과 조절을 한다.

⑤ 제5국면: 소통

스마트 시티 전략을 홍보하고 촉진한다.

3. 스마트 시티 전략 성공요소

1) 협력

① 민간정보업체와의 협력

스마트 시티는 빅데이터를 기초로 작동된다. 빅데이터는 매 순간 다방면에서 대량으로 생산되므로 이를 적절한 통로를 통하여 취합하고 이를 기술적으로 활용하는 것이 핵심이다. 이 데이터를 공공기관 홀로 관리할 수 없다. 정책을 창출하는 데 요구되는 투입자료를 모으는 데도 민간정보업체가 필요하고 이 자료를 분석하여 유용한 정책정보를 생산하는 데도 민간정보회사를 비롯한 민간부문의 협력이 필수적이다. 따라서 스마트 시티는 민간정보업체와 공공기관의 파트너십이 불가피하다.

② 중앙정부와 지방정부와의 협력

오늘날은 "정보가 곧 힘"이 되는 정보화시대이며, 빅데이터로부터 수많은 정보가 창출되는데 이를 누가 장악하고 관리하느냐는 매우 첨예한 관심사이다. 스마트 시티는 도시의 거의 모든 분야를 대상으로 하는데 이 중에는 중앙정부의 관할이거나 중복되는 부문도 존재한다. 그리고 대부분의 자료의 수집과 사업의 운용은 기술력을 보유한 민간정보업체가 담당한다. 이러한 여건하에서는 누가 정보통제의 주도권을 갖느냐를 두고 마찰이 발생하고 사업진전을 방해할 수 있다. 그러므로 중앙정부-지방정부-민간업체와의 긴밀한 협력은 필수적이다. 스마트 시티 사업의 성공여부는 이 파트너십이 얼마나 효과적으로 작동하는가에 달려 있다 해도 과언이 아니다.

③ 외부와의 협력

앞선 기술을 창출하는 혁신중심지, 유사한 사업경험을 가진 타도시와의 긴밀한 협력도 매우 중요하다. 혁신중심지와의 연계는 보다 효율적인 기술을 도입하는 통로가 되고 선행도시와의 협력은 값비싼 시행착오의 대가를 치르지 않도록 한다.

2) 리더십

스마트 시티 사업의 성공여부는 민간부문뿐 아니라 도시정부(공공기관)가 도시를 스마트하게 만들고자 최선의 노력을 한다는 전제하에서 논할 수 있다. 이것은 용기를 북돋아 주는 리더십을 요구한다. 리더십은 앞을 내다보는 효과적인 정책, 융통성 있는 규제와 더불어 투자와 성장의 원동력으로 작용한다. 종합적인 안목이 없는 의사결정, 재원조달의 난관, 경직된 규제는 사업성공의 방해요인임에 말할 나위도 없다.

3) 사회적 자산에 대한 관심

포용성장을 강조하는 오늘날의 도시관리는 시민참여를 중시한다. 이를 통틀어 사회적 인프라로 간주할 수 있다. 민관협력의 강화, 사생활 보호, 자료 및 정보의 공유는 가치 높은 사회적 인프라이며 이에 대한 도시관리자의 관심이 필수적이다. 이것이 바탕이 되어 빠르게 발전하는 기술과 보조를 맞출수 있는 융통성 있는 정책과 계획이 가능하기 때문이다.

4) 기타

이외에도 자료의 효과적인 활용, 통합된 ICT 인프라, 안전한 보안기술 등 다양한 성공요소가 제시되고 있다.

4. 스마트 시티의 장단점

세계의 도시들이 스마트 시티를 지향하는 것은 자원의 효율적 사용, 주거생활의 향상 등 기술발달의 혜택을 받을 수 있기 때문이다. 그러나 혜택의 이면에는 여러 가지 문제점도 제기된다. 스마트 시티 전략은 이러한 이점과 문제점을 고려하여 실정에 맞는 전략을 선택해야 하는데 그 장단점을 서술하면 다음과 같다.

1) 스마트 시티의 혜택

① **교통서비스 개선**: 버스 및 전철의 도착정보, 대중교통 환승 및 요금결제, 교통량 및 교통흐름, 주차공간 정보, 충전장치의 가용성 및 입지 등의 정보를 보다 빠르고 편리하고 실시간으로 제공함으로써 대기시간 및 시간낭비를 줄이는 등 교통서비스를 획기적으로 개선시킬 수 있다.

② **안전성 향상**: 범죄가 자주 발생하는 장소와 시간을 예측하여 순찰을 강화하거나 보안등을 설치하는 등 범죄를 사전에 예방하고, 예측을 통하여 각종 사고도 예방할 수 있다. 또 번호판 식별장치, CCTV를 통한 단속, 긴급출동서비스, 구급차서비스 등을 통하여 시민들이 보다 안전하게 생활할 수 있도록 한다. 또한 스마트 시티 사업에 의한 일자리의 증가 등으로 소득이 향상되면 범죄가 감소하는 효과도 있다.

③ **공공서비스의 효율성 증진**: 품질높은 공공서비스를 신속, 정확, 안전, 편리하게 공급함으로써 비용을 줄이고 효과를 높일 수 있다.

④ **환경보호**: 건축물의 성능개선과 효율성 제고로 에너지 사용을 줄이고, 이동의 효율화와 이동수요의 감소 등을 통한 에너지 사용감소로 탄소배출 등 오염물질의 배출을 감소시킨다.

⑤ **디지털공평성 제고**: 디지털 시대에서는 모든 사람들이 쉽게 또 저렴한 가격으로 디지털장비를 사용할 수 있어야 한다. 스마트 시티는 공공 WiFi, 고속인터넷,

등 각종 디지털기반 공공서비스를 통하여 이러한 요구에 부응하여 디지털 시대의 혜택을 공평하게 누리도록 하는 데 기여한다.

⑥ **경제발전 기회 확충**: 스마트 시티는 도시의 경쟁력을 높인다. 그리하여 사업체와 투자, 그리고 인구를 유입시키는 작용을 한다.

⑦ **도시기반시설 개선**: 도시 내의 도로, 전철, 교량, 터널, 육교, 지하도 등의 기반시설들에 센서를 통하여 획득한 축적된 자료를 기반으로, 이들의 현 상태와 미래상태를 예측하고 필요한 보수, 개량사업을 미리 시행함으로써, 비용을 줄이고 성능을 유지할 뿐 아니라 발생가능한 사고를 미리 방지할 수 있다.

⑧ **일자리 증가**: 스마트 시티를 건설하는 목적을 달성하기 위해서는 교통, 통신, 등 다방면에 걸쳐 수많은 기술이 요구되는데 이것은 새로운 사업기회와 일자리를 창출한다.

2) 스마트 시티의 문제점

① **사생활 침해**: 디지털시대의 최대이슈는 개인의 사생활을 침해한다는 문제이다. 생체인식기술이 고도로 발달된 상황에서 하루에도 수십번 카메라에 노출되고 통화와 문자교환 기록이 서버에 고스란히 남는다. 이것은 도시민들이 익명성을 유지하기 어렵게 만든다.

② **사회적 통제 부족**: 공공기관이나 정보업체 등 개인정보에 접근권한을 가진 주체들은 이전보다 더욱 강력한 권한을 갖게 된다. 이들은 정보를 조작할 수 있으므로 여론을 왜곡할 수 있다. 그러므로 이들에 대한 사회적 통제가 적절하지 못하면 많은 문제를 유발한다.

③ **네트워크에 대한 지나친 신뢰**: 스마트 시티는 도시정부로 하여금 디지털 네트워크에 전적으로 의존하게 만든다. 이것은 도시정부가 스스로 의사결정을 하는 자주성을 낮추는 요인이 된다. 특히 네트워크에 문제가 발생하거나, 네트워크 망이 미치지 못하는 분야에는 제대로 대응하지 못하게 된다.

④ **사업화 이전단계의 어려움**: 스마트 시티 개념이 비교적 최근에 도입되었기 때문에 이에 활용되는 기술 중에는 아직 상업화되지 못한 기술도 있다. 사업체들도 신생기업이 대다수이며 관련기술을 축적한 전문인력이 부족할 수 있고, 수익구조도 탄탄하지 못한 경우가 있다. 이러한 취약성이 있는 스마트 시티 사업영역은 향후의 사업영속성을 저해하는 요인으로 작용한다. 사업화하기에는 미숙한 단계의 기술이 활용되는 사업영역은 도시정부로 하여금 재정적 부담을 주거나 도입을 주저하게 만든다.

⑤ **사전훈련이 요구됨**: 아무리 좋은 기술이라도 수혜자인 시민들이 사용하기 어려우면 효과가 현저하게 낮아진다. 그러므로 일상생활에서 기술의 혜택을 누리기 위해서는 그 기술을 쉽게 사용할 수 있도록 사전훈련이 되어 있어야 한다.

⑥ **투자비용**: 도시정부가 보유하거나 운영중인 건물을 비롯한 도시기반시설들에 스마트 기술을 접합시키고 이로부터 자료를 창출하고, 취합하여 분석, 예측, 활용에 이르기까지 하기 위해서는 막대한 사전투자가 요구되는 경우가 많다. 그러므로 스마트 기술의 도입이 바람직하더라도 투자로부터 얻어지는 혜택이 확인되어야 한다.

지금까지 논의한 스마트 시티의 장단점을 요약하면 <표 3-1>과 같다.

표 3-1 스마트 시티의 장단점

장점/혜택	단점/문제점
교통서비스 개선	정보독점력에 대한 사회적 통제 부재
안전성 향상	개발중인 경우 기술적 한계 및 문제
공공서비스 효율성 증진	사업화하기에는 미숙한 단계
환경보호	안전문제 및 개인정보 보호
디지털 공평성 제고	네트워크에 대한 지나친 신뢰
경제발전 기회 확충	사생활 보호 미흡
도시기반시설 개선	디지털기술에 대한 훈련이 필요
일자리 증가	

5. 스마트 시티 측정지표

스마트 시티의 수준을 측정하는 다양한 지표가 있다. 한 도시가 얼마나 스마트한 가를 측정하는 지표의 핵심은 정보통신기술을 얼마나 적절하고 효율적으로 활용하고 있는가에 초점을 둔다. 대표적인 스마트 시티 측정기준은 다음과 같은 분야로 요약된다.

- 도시기반시설의 공급과 관리
- 환경보호
- 효율적이면서 잘 운영되는 대중교통시스템
- 달성 가능하면서 진취적인 도시계획
- 도시 내에서의 일자리와 주거지의 확보

6. 스마트 시티와 도시인프라

스마트 시티는 도시인프라와 직접 혹은 간접적으로 연관되어 있다. 여기서 도시인프라란 공항, 항만을 비롯하여 도로, 상하수도, 교량, 교통신호 및 표지, 가로수, 중앙분리대 등 도시생활에 필수적인 도시기반시설과 재난안전시설들로 구성된다. 도시인프라는 고용증대, 대외공급망과의 연결, 효율적 인적 물적이동, 등 도시경제 활동을 가능케하는 중요한 기능을 담당한다.

그러나 현실적으로 도시인프라를 제 기능을 못하도록 하는 요소가 많다. 여기에는 재원의 부족 및 부재, 인프라 자체의 부족, 보유자원의 비효율적 운용, 허술한 유지관리 등이 포함된다. 더구나 인구의 감소 및 고령화 등으로 인한 도시 경제활동 구조의 변동을 포착하여 이에 맞는 인프라를 공급하지 못하면 투자유치가 어려워지고 도시의 경쟁력 그 자체가 심각한 악영향을 받는다. 또한 도시인프라를 제대로 갖추고 이를 유지관리하지 못하면 자연 및 인공재난에도 취약할 수밖에 없다.

스마트 시티는 이러한 문제를 효율적으로 극복하는 수단이 된다. 우리나라뿐 아니라 세계의 스마트 시티를 살펴 보면, 도시기반시설을 효과적으로 공급, 유지하는 데 정보통신기술을 적극적으로 활용하는 것을 알 수 있다. 특히 스마트 시티는 지리정보시스템, 도시정보시스템, 원격탐사 등 공간정보기술을 활용하여 도시인프라의 상태를 점검하고 문제를 신속히 극복하거나 방지하는 적극적인 대응수단으로써 매우 유용하고 그 활용도도 높다.

Ⅲ 스마트 시티 정책 추이

스마트 시티는 날로 발전하면서 지속적으로 변모하고 있다. 민간기업이 보유한 정보통신기술을 바탕으로 발전한 '스마트 시티 1.0', 중앙정부가 지원하고 지방정부가 주도적으로 실행한 '스마트 시티 2.0', 지방정부와 시민이 참여하는 '스마트 시티 3.0' 등으로 진화하고 있다. 스마트 시티 정책의 현황을 간단하게 살펴보면 다음과 같다.

1. 한국

우리나라는 스마트 시티의 가능성을 파악하고 일찍부터 스마트 시티 건설을 위한 사업을 실행하고 있다. 우리나라는 과거 U-City라는 명칭으로 신도시에 스마트한 기반시설을 구축하고 공공인프라를 확대시키는 등 기술주도형 스마트시티를 선도한 바 있다. 그러나 그 사업이 신도시에만 국한되고 기존 노후지역까지 적용되지 못했다. 그러나 최근에는 새로운 형태의 도시문제에 대하여 능동적으로 대응하면서 리빙랩, 플랫폼시티, 공유도시 등 스마트시티 조성을 위한 솔루션 혹은 시스템을 선보이고 있다(김태경 외, 2018). 국토교통부는 스마트 시티 국가정책 정보포털인 SMART CITY KOREA(https://smartcity.go.kr)를 구축하고 스마트 시티 정책 추진과정에서 생산된 정보를 한 곳에 모아 서비스하는 온라인 플랫폼으로 활용하고 있다. 지방정부의 차원에서는 서울시뿐 아니라 세종시, 부산시를 비롯한 많은 도시들도 스마트 시티를 지향하면서 다양한 프로젝트를 실행하고 있다.

학술적으로 스마트시티에 대한 연구는 도시 계획 및 설계를 비롯하여 도시경쟁력,

ICT 플랫폼, 서비스, 시민의 삶의 질, 시민 참여를 통한 혁신, 법률, 제도, 거버넌스 등 매우 다양한 관점에서 진행되고 있다(주윤창 외, 2020; 국토도시계획학회, 2021).

물론 스마트시티는 아직 성숙단계에 이르지 않아 문제점도 지적된다. 특히 스마트 시티 사업을 추진하는 도시는 많지만 그 사업의 타당성을 면밀히 따지고 우선순위를 설정하고 이에 맞춰 사업을 추진하는 도시는 많지 않다. 더구나 도시정책 결정의 합법성을 가진 도시관리자가 최신의 정보통신기술이 워낙 다양하여 이를 제대로 이해하지 못하고 도시계획 및 도시관리에 실제 적용하지 못하는 경우도 지적된다. 물론 기술발전의 속도에 비하여 관련 법과 제도, 행정 등이 보조를 맞추지 못하여 스마트 시티 사업의 장점을 높이되 단점을 줄이지 못하는 경우도 있다. 그럼에도 불구하고 스마트 시티 사업은 디지털강국으로서 사업의 장점을 최대한 발휘하고 문제점을 줄이는 방향으로 계속 추진될 것으로 전망된다.

2. 외국의 경우

세계 주요 도시의 대부분이 스마트 시티 관련 기술에 투자하고 있다. 영국 런던의 Smart London 2.0, 네덜란드 암스테르담의 암스테르담 스마트 시티(ASC: Amsterdam Smart City), 싱가포르(Singapore Smart Nation), 두바이(Smart Dubai Initiative) 등을 비롯하여 수많은 세계의 도시들이 도시의 특성에 맞게 스마트 시티 사업을 적극적으로 추진하고 있다.

이러한 도시들은 대중교통, IT – 연결, 상하수도 관리, 전력 공급, 폐수처리, 폐기물관리, 이동성 증진, 전자정부, 시민참여 등 다양한 분야에서 발달된 정보통신기술을 적용하고 있다.

Ⅳ 스마트 시티 관련이론

도시정부는 공공서비스를 공급함에 있어 서비스의 질은 높이고 비용을 낮춤으로써 시민의 삶의 질을 높이고 도시경제를 성장시키고자 노력한다. 스마트 시티는 이러한 노력을 이전과 다른 차원에서 보다 빠르고 정확하며, 또 안전하고 편리하게 성취하고자 도입된 것이다. 그러므로 스마트 시티는 학문의 한 분야로써 발전된 개념이라기보다는 정보통신기술이 발달함에 따라 그 기술을 실생활에 직접 효과적으로 활용하고자 하는 노력의 소산이라고 할 수 있다.

그렇다고 해서 이론적 기반이 필요없다는 의미는 아니다. 단순히 통계에 기초하여 세상이 돌아가는 것을 이해하는 수준에 그치기보다는 각 분야의 발전이 어떻게 도시관리의 목적 달성에 기여하는지 파악하는 든든한 이론적 기초는 반드시 필요한 것이다. 스마트 시티 관련 이론은 다수의 학자들이 노력하였음에도 불구하고 아직 정립되지 않은 단계에 있고 이론정립을 위해 다양한 시도가 진행되고 있다. 몇 가지 이론적 접근방법을 간략하게 소개하면 다음과 같다.

1. 분야별 접근방법

도시계획을 구성하는 토지이용, 주거, 교통, 환경 등 다양한 분야들이 각자의 이론을 갖듯이 스마트 시티 이론도 스마트빌딩, 스마트 교통 등과 같이 그 기능과 작동원리의 근거가 되는 이론을 기초로 하는 접근방법이다.

2. 인식론적 접근방법

스마트 시티를 인식론적 혹은 형이상학적 관점으로 해석하는 이론이다. 전통적인 도시관련 이론으로부터 출발을 하되, 도시의 개념을 이론화하기 위해서는 도시의 의미를 정확히 이해하는 철학적 및 인식론적 이해가 선행되어야 한다는 접근방법이다. 결국 스마트 시티이론은 각자의 특성을 갖는 도시의 형이상학적 표현 내지 개념화라는 것이다.

3. 도시시스템 접근방법

도시를 계층화된 시스템의 집합체로 보는 접근방법이다. 가장 도시의 근저를 이루는 정보 네트워크로부터 최상위 사회시스템으로 구성되는 정보 네트워크가 있는데 이를 종합하여 도시정보모형(Urban Information Model)이라 하고, 그 계층은 자연환경(지형, 자원, 환경) − 인프라(토지이용, 도로, 건축물, 가스전력 등) − 자원(물, 공기, 오일, 광물 등) − 서비스(에너지, 용수, 교통, 건물관리서비스 등) − 사회시스템(사람, 사업, 문화, 정책) 등으로 구성된다.[4]

4. 복합이론(complex theory)

도시를 복합적인 시스템으로 보는 관점이다. 도시의 형성, 성장, 작동, 쇠퇴 등을 생물체의 기관이 상호연결, 피드백, 적응 등의 과정을 거치는 것과 유사하게 설명하는 접근방법이다.

5. 생물학적 접근방법

도시를 구성하는 건조환경구조가 생물의 시스템과 유사하게 작동하고 이들은 인체의 신경망과 순환구조와 같이 상호 연관된 네트워크에 의해 작동한다는 접근방법이다.

스마트 시티 이론의 핵심은 과연 새로운 정보통신기술이 도시에 대한 관점을 얼마나 바꿀 것인가, 혹은 스마트 시티는 전혀 새로운 관점에서 도시현상을 접근해야 하는가에 달려 있다. 이런 의미에서 스마트 시티 이론은 기존의 이론을 배제하는 매우 파괴적인 동시에 새로운 이론을 도입해야 하는 혁신적인 성격을 갖고 있다. 그러면서 스마트 시티를 어떻게 인식하고 접근해야 하는지 합의된 이론은 없다. 스마트 시티이론은 아직 형성단계에 있기 때문이다.

 맺는말

스마트 시티는 시민들에게 다양한 혜택을 제공하고 도시경제에 활력을 더해 준다. 그래서 세계의 도시들은 날이 갈수록 점점 더 스마트해 지고 있다. 빅데이터가

---

4) Harrison and Donnelly, 2011.

축적됨에 따라 그 실시간 활용도가 더욱 확장되고 있다. 정보통신기술의 발달은 제기되는 문제들을 사용자친화적으로 진화시켜 저렴한 비용으로 혜택을 누리도록 만드는 등 축차적으로 극복하고 있다. 그럼에도 불구하고 아직 기술이 완벽하지 못하거나 부담이 큰 분야도 있다.

도시관리자는 스마트 시티의 혜택을 누리면서 문제점을 최소화하는 데 노력하여야 한다. 예컨대 도시관리자는 민감한 개인정보가 철저히 안전하게 관리되고 있도록 하고, 나아가 어떠한 외부의 헤킹 등 사이버공격에도 문제없이 대비할 수 있는지 확인하여야 한다. 또한 제한된 재원으로 과연 어떤 분야부터 스마트 기술에 투자하는 것이 시민들에게 가장 큰 혜택을 주는지 면밀히 검토하고 사업의 우선권을 설정하는 것이 바람직하다.

제3장 참고문헌

국토도시계획학회. (2021). 스마트시티 특집, 도시정보. (468), 1 – 28.

김태경·봉인식·이상대·이성룡·황금회·김성하·남지현·옥진아·권대한·정지이·정천용·
박성호·이혜령·최혜진·장용혁·조희은·황선아·정효진. (2018). 4차 산업혁명 시대
의 스마트시티 전략. 경기연구원 정책연구, 1 – 235.

주윤창·이은욱·서우종. (2020). 스마트시티 연구동향 분석. 한국지역정보화학회지, 23(2),
147 – 170.

Batty, M. (2010), Visualizing Space – Time Dynamics in Scaling Systems, Complexity.

Gil, Karla García. (2021). Advantages and disadvantages of Smart Cities, SMART CITIES,
17 May, 2021. https://www.bbva.ch/en/news/advantages – and – disadvantages – of
– smart – cities/

Harrison, Collin and Ian A. Donnelly. (2011). *A Theory of smart cities*, IBM.

Hong, Andy. Towards a Theory of Smart Cities, Blog, Retrieved from https://www.and
yhong.org/single – post/theory – of – smart – cities, accessed in Oct. 15, 2022.

IMD. Smart City: Six steps to successfully transform your city, Retrieved April 21, 2017.

Kosowatz, John. 2020, Top 10 Growing Smart Cities, Feb 3, 2020. Retrieved from
https://www.asme.org/topics – resources/content/top – 10 – growing – smart – cities/

Mora, L. & Bolici, R. (2016). The development process of smart city strategies: the case
of Barcelona. In Rajaniemi, J. (Ed.). Re – city: future city – combining disciplines,
155 – 181. Tampere, Finland: Tampere University of Technology, School of
Architecture. ISBN 978 – 952 – 15 – 3624 – 3.

O'Malley, Michael. (2020), Six steps for securing smart cities, Retrieved August 20,
2020.

Portugali, J. (2000), *Self – organization and Cities*, Springer – Verlag, Heidelberg.

Smart City Hub. (2021). What Is A Smart City? Three Examples, March 2, 2021 by Gavin,
Retrieved from https://smartcityhub.com/governance – economy/what – is – a – smart – city/

Szyngiel, Robert. (2018). "7 steps to becoming a smart city," *American City and
County*, November 7, 2018.

제4장

도시인구 관리하기

도시인구 관리하기

I 서론

UN의 세계인구예측에 의하면 세계인구 중 도시인구는 증가하는 반면 비도시인구는 감소하고 있으며 이 추세는 앞으로도 계속될 것으로 전망된다. 즉, 도시화는 앞으로도 계속되기 때문에 비도시지역의 인구감소는 불가피한 상황이다. 우리나라도 예외는 아니지만 특히 지역별 인구추세가 문제가 되고 있다. 도시화 추세는 안정되고 있으나, 수도권에 대한 인구집중이 지속되면서 비수도권 지역의 인구는 빠른 속도로 감소하고 있다. 더구나 통계청의 예측에 따르면 우리나라 인구 자체가 감소할 것이며 중소도시뿐 아니라 서울, 부산 등 대도시 인구도 크게 감소할 것으로 예상되고 있다. 특히 울산, 포항, 거제 등 산업도시는 주력산업이 침체하거나 사양화되면 급격한 인구감소가 불가피할 것으로 예상된다. 이러한 상황을 종합하면 도시의 인구관리는 도시의 생존과 직결되는 과제임을 알 수 있다.

Ⅱ 도시인구관리

1. 도시인구의 의미

도시를 인구측면으로 정의하면 일정 인구 이상의 사람들이 밀집되어 거주하는 공간이다. 거주이전의 자유가 보장된 사회에서 인구유출입은 한 도시가 갖는 입지경쟁력를 반영하기도 한다. 대부분의 경우 도시인구가 증가하는 것은 그 도시가 갖는 힘, 자신감, 장래에 대한 보장 등의 의미를 갖는다. 반면 인구감소는 실패와 허약함의 상징적 현상으로 받아 들여진다. 이러한 상징성으로 말미암아 우리나라뿐 아니라 세계의 거의 모든 도시들은 인구감소를 반기지 않는다. 특히 인구감소는 정치적 금기사항으로서 정치인들은 이 문제를 애써 외면하거나 논하기를 거부하는 경향이 강하다. 이에 따라 대부분의 도시들은 인구증가를 염두에 두고 도시 정책과 계획이 실행되고 있다. 그러나 우리나라를 포함한 많은 국가와 도시에서 인구감소는 현실이다. 이에 세계의 여러 도시들은 도시계획가, 기업, 정부가 공동전선을 형성하고 인구감소에 맞서고 있다.

2. 인구수의 증감효과

1) 도시인구 증가의 효과

도시인구의 증가를 반기는 이유는 다음과 같은 혜택을 기대할 수 있기 때문이다.

- 기존 자원이용의 효율화
- 규모의 경제
- 출산율 증가 및 외부로부터 인구유입 증가
- 산업확장을 통한 노동력 유입. 숙련노동력의 유입은 지역기업의 훈련비용 절감
- 고용기회 창출: 인구증가는 추가적 수요를 창출하고 이는 투자촉진 요인이며 기업유치, 신기술 및 혁신의 유인.

한편 도시인구의 증가는 다음과 같은 문제점도 동반한다.

- 인구증가를 지원할 자원이 부족하면 삶의 질 향상에 걸림돌
- 혼잡
- 환경적 압박(토지훼손, 물부족, 자원고갈 등)
- 일자리 부족
- 빈곤

2) 도시인구 감소의 효과

한 도시에서 낮은 출산율, 타 지역(대도시)로의 이주 등으로 인구가 줄어들면 다음과 같은 문제가 발생한다.

- 일자리, 학교, 상점 및 기타 시설의 수가 감소하거나 사라짐
- 주택가격 하락 및 빈집 증가
- 주택건설 감소
- 주택임대수요 감소
- 보건, 의료시설 감소
- 소기업, 생계형 기업의 수익감소
- 문화활동 수요 감소
- 지역민 이동성 저하
- 도시활력의 저하

이러한 문제점들이 여러 개 나타나면서 도시침체의 악순환에 휩쓸릴 가능성이 높아진다.

3. 축소도시

세계적 도시화추세속에서 인구가 증가하는 도시가 있는 반면 인구가 감소하는 도시도 있는데 문제는 그 수가 급속하게 증가하는 추세를 보이는 점이다. 인구가 감소하는 도시, 특히 과거 성장하던 도시가 급격하게 인구가 감소하는 도시를 축소도시(Shrinking city)라고 한다.[1]

축소도시의 개념은 도시가 처한 상황에 따라 의미가 다르다. 유럽의 경우는 사회주의 몰락 후 동유럽 국가의 산업도시들이 경쟁력을 상실하면서 인구와 고용이 급격하게 감소하는 현상을 지칭했다. 한편, 미국의 경우는 인구가 밀집된 대도시에서 가구들의 교외화로 인하여 교외지역은 성장하는 반면 중심도시의 인구가 급격하게 감소하는 현상을 이른다. 우리나라는 여기에다 수도권 집중이라는 또 다른 이유가 거론된다. 축소도시는 지식검색을 통해 그 분포를 알 수 있는데 어느 한 지역에 한정되지 않고, 북미, 유럽, 아시아, 아프리카 등 광범위하게 나타나고 있음을 알 수 있다.

▌**그림 4-1** The location of shrinking cities
자료: www.shrinkingcities.com.

4. 도시인구감소의 원인

도시인구감소의 원인은 도시마다 차이가 있지만 일반적으로 고령화, 산업의 교대, 삶의 질 향상을 위한 의도적 인구감소 등으로 구분된다. 그리고 그 원인에 따라 인구감소에 대한 대응은 달라진다.

---

1) 일반적으로 인구밀도가 높은 도시가 짧은 시간 내에 급격한 인구감소를 나타내는 경우 축소도시라고 부른다. 영어로는 소멸도시(vanishing city), 반도시화(counter-urbanization), 대도시 탈집중화(metropolitan deconcentration), 도시선회(metropolitan turnaround) 등으로도 표현되기도 한다.

1) 도시인구 감소모형

세계 각국의 학자들이 도시인구가 감소하는 원인을 유형별로 구분하고 이를 분석하는 이른바 도시인구쇠퇴모형을 제시한 바 있다. 도시인구쇠퇴모형은 대체로 다음과 같이 구분된다(Bontje, 2005; Hollander, 2009).

먼저 Bontje(2005)는 도시인구를 쇠퇴시키는 세 가지 요인을 지목한 바 있다. 첫째, 도시개발모형(Urban development model)으로 설명한다. 이 모형은 대량생산을 핵심내용으로 하는 Fordism에 입각한 산업화모형이다. 이 모형은 인구의 도시집중 즉, 도시인구의 증가를 동반하는 도시화를 하나의 순환과정으로 인식한다. 그러므로 현재의 인구 감소는 도시화이후의 순환과정에서 발생하는 자연스러운 과정으로 인식한다. 이 관점에서 보면 현재의 도시인구감소는 결국 다시 증가로 반전될 것으로 예상되므로 별다른 정책이 요구되지 않는다. 두 번째 모형은 한기업모형(One company town/Monostructure model)이다. 이 모형은 도시경제가 한 산업에 지나치게 집중하여 그 산업의 쇠퇴에 따라 도시인구가 크게 영향을 받을 경우 적용된다. 전형적인 예로 미국 Flint의 자동차산업이 거론된다. 이 모형은 포항의 제철산업, 거제시의 조선산업 등 우리나라의 주요 산업도시에 적용될 수 있다. 셋째, 충격요법모형(Shock therapy model)이다. 이 모형은 주로 사회주의 몰락 이후 동구국가의 국영기업들이 경쟁력상실로 공장폐쇄와 대량실업으로 이어진 경우에 해당한다. Hollander(2009)는 이 세 가지 모형에 더하여 스마트쇠퇴모형(Smart decline model)을 제시한 바 있다. 이 모형은 계획가에 의한 의도적 인구감소를 의미한다. 즉, "보다 적은 인구, 보다 적은 건물, 보다 적은 토지이용을 위한 계획"을 핵심내용으로 하며, 기존 시민의 삶의 질 향상에 초점을 두되, 기존시민이 필요한 것을 고려하지 않음으로써 의도적으로 사람들을 중심도시로부터 떠나게 만들기도 한다.

2) 도시인구감소의 일반이론

도시의 인구감소의 배경을 이론적으로 규명한 연구를 종합하면 탈산업화(De-industrialization), 범지구화(Globalization), 그리고 교외화(suburbanization)로 요약된다. 여기에 우리나라가 처한 상황이 입증하듯 인구학적 요인도 고려할 수 있다.[2]

---

2) https://en.wikipedia.org/wiki/Shrinking_city.

① 탈산업화(Deindustrialization)

탈산업화는 도시의 주요 산업이 쇠퇴함에 따라 일자리를 잃은 노동자와 그 가족, 그리고 이들을 대상으로 하는 서비스 산업 등이 연쇄적으로 쇠퇴함으로써 도시인구가 감소하는 현상을 이른다. 이러한 경험을 한 대표적인 도시는 영국을 비롯하여, 독일의 라이프치히(Leipzig), 미국의 디트로이트(Detroit)를 들 수 있다.

영국은 19세기 산업혁명의 산실로서 세계경제의 주도권 장악했으나 제2차세계대전 이후 세계경제의 주도권이 미국으로 이전되면서 영국 제조업은 경쟁력을 상실하게 되었다. 국가경제를 주도하던 산업이 제조업에서 서비스업으로 이전되면서 제조업분야에서 대량실업이 발생하였다. 이에 따라 1960~1970대부터 도시인구가 감소하기 시작하였고 여기에 교외화와 탈도시화가 더해지면서 주요 산업도시의 인구는 크게 감소하였다.

동독의 라이프치히는 유럽중부에 있는 음악, 출판분야의 교육문화도시였으나 현재는 유럽의 대표적인 쇠퇴도시로 지목된다. 도시쇠퇴의 원인은 사회주의 몰락과 자본주의화로 인한 인구감소, 특히 금융, 출판산업의 서독탈출과 제조업의 고용 급감이라고 할 수 있다.

미국의 디트로이트도 대표적인 인구감소 산업도시이다. 1820년대 인구 1,400명의 촌락에서 1900년 Ford 자동차공장이 설립되고 특히 컨베이어시스템 도입으로 미숙련노동자가 대량 유입되면서 인구 466,000명(이중 노동자 215,000명)으로 급증한 바 있다. 급기야 1960년 인구 150만명을 달성, 한때 미국 제4위의 도시로 부상하였다. 그러나 자동차 산업의 경쟁력 상실, FTA로 인한 공장의 해외이전, sunbelt지역과 대비된 rustbelt지역의 약점, 교외화 등이 복합적으로 작용하면서 2010년 센서스결과 713,777명으로 100년 내 가장 적어졌고 2022년 추계에 따르면 이보다 적은 661,193명으로 감소하였다.

② 범지구화(Globalization)

글로벌화는 자본과 투자의 국제간 이동을 원활하게 만들었다. 이 효과는 Friedrichs의 제품생애주기이론(product life-cycle theory)으로 설명할 수 있다. 이 이론은 제품생애주기와 도시인구감소를 연계하여 분석한다. 먼저 글로벌화는 치열한 경쟁을 초래하며, 이 과정에서 경쟁력을 잃은 구식산업은 해외이전 등을 통하여 해당 도시에서의 투자를 감소시키고 이것은 결국 도시쇠퇴로 이어진다. 대부분의 경우 도시경제를 견인하는 산업이 다양하지 못할 경우 고용감소, 인구감소의 폭이 커진다. 더구나 소수의 기업이 정치적, 경제적 영향력을 장악하는 경우, 노동자들이 투자감소와 탈산업화에 대응할 능력을 약하게 만든다는 것이다. 전통적인 산업도시(St. Louis, Detroit 등)의 소수 엘리트들은 생산비용이 낮고 규제가 적은 제3국으로 투자를 이전함으로써 도시쇠퇴는 가속된다. 우리나라도 예외는 아닐 것이다.

③ 교외화(Suburbanization)

도시형성기부터 도심에 거주하던 상류층을 포함하여, 도시가 성장하면서 증가한 중류층 가구들이 여러 가지 이유로 도시주변의 교외지역으로 이전함에 따라 중심도시의 인구가 감소하는 경우이다. 교외화의 이유는 다양하지만 자동차의 보편화, 중심도시의 높은 땅값과 주거비용, 주거환경 악화 등이 원인으로 지목된다.[3] 교외화는 세계의 대도시들이 겪는 일반적 현상이며, 우리나라도 서울, 부산, 대구 등을 포함한 대도시들이 겪는 현상이기도 하다.

④ 인구학적 요인

도시인구는 도시 내 출산과 사망으로 인한 자연적 요인의 인구변동과 인구이동의 의한 사회적 요인의 인구변동에 의하여 전체인구가 변동된다. 인구학적으로 인구가 감소하는 전통적 요인은 감염병, 기근, 전쟁 등을 비롯하여 대량학살, 사고, 자연재해 등과 함께 사회적 요인으로서 타지로의 이주가 지목된다.

최근에 와서는 낮은 출산율이 인구감소 요인으로 부상하고 있다. 특히 여성들의 출산기피가 논란이 되고 있는데 생활수준이 높은 나라일수록 출산율이 낮아지는 현상이 나타난다. 그 배경은 여성의 높은 사회참여율과 낮은 유아사망률, 노후 생활 안정 도모 등으로 풀이되고 있다. 특히 우리나라는 만혼, 양육비용, 주거문제, YOLO 개념[4] 중시 등의 이유로 인구감소추세가 지속되고 있다. 이러한 국가적 인구감소는 국가를 구성하는 도시 및 지역의 인구감소 요인으로 작용한다.

---

3) 교외화에 관한 보다 자세한 설명은 본서 제8장 도시구조와 어울리는 도시관리 참조.

4) YOLO는 You Only Live Once의 약자로 한번 사는 인생을 미래를 걱정하기보다는 현재의 행복을 중시하며 최대한 즐거움을 누리겠다는 라이프 스타일을 의미한다.

5. 도시인구감소에 대한 대응방안

세계의 여러 도시들 중 인구가 감소하거나 감소가 예상되는 도시들은 다양한 수단과 방법으로 대응하고 있다. 우리나라 도시들도 상황에 따라 유사한 방식으로 인구증가를 도모하고 있다. 도시쇠퇴에 대한 대응방안은 그 원인에 따라 각각 다른 방안을 활용하고 있다. 이 방안 중에는 도시인구감소가 시작되기 이전에 사전대비책으로도 활용가능한 방안도 있다. 그 대응방안들을 소개하면 다음과 같다.[5]

1) 녹색은퇴도시(Green retirement city)

녹색은퇴도시정책은 주로 유럽도시들이 채택하는 방안이다. 인구감소로 발생한 빈집과 토지 등을 은퇴노년층을 위한 녹지공간으로 전환, 노령층 유입을 도모하는 것이다. 특히 노인들의 지식과 재산을 지역 내로 유입시켜 도시활성화를 도모하는 데 초점을 둔다. 소외받던 노인들을 도시정원 사업 등에 동참시킴으로서 사회적 소속감을 고취시키고 도시정부는 공공시설과 보건의료에 대한 접근성을 높인다. 녹색을 강조하는 이유는 폭염에 의한 노인피해 감소에 효과적이기 때문이다.

2) 인구감축(Right-sizing)

인구감축은 축소도시에서 도시기능을 보다 효율적으로 전환하기 위하여 의도적으로 도시인구를 감소시키는 방안으로서 유럽과 북미에서 최근에 등장한 도시계획 패러다임이다. 이 방안은 성장지향형 도시계획의 틀에서 벗어나 도시를 재구조화함으로써 난개발의 비효율을 방지하고 나아가 환경문제 극복, 공평, 기반시설의 효율화 등을 달성하는 데 초점을 둔다.[6] 실제로는 쇠퇴한 도시의 전 지역의 재생을 도모하기 보다는 조건에 맞는 특정지역을 지정하여 사업을 추진한다. 주거 및 상업기능이 타당성이 있다고 판단되는 곳은 고밀개발하고 그외 지역은 주거기능을 포기하고 녹지공간화하는 방안이다. 이때 주거기능을 포기한 지역의 주민은 고밀주거지역으로 이전시킨다. 그리고 고밀화된 재생지역으로 인구이전을 유도하는 한편 이

---

5) Wikipedia, https://en.wikipedia.org/wiki/Shrinking_city · Right-sizing.
6) Hackworth, J. (2015). Rightsizing as spatial austerity in the American Rust Belt. Environment and Planning A: Economy and Space, 47(4), 766-782.

지역에 치안확보, 대중교통 공급, 방치된 노후건물의 철거 등의 형태로 투자를 집중하고 공공서비스를 제공한다. 이러한 특성으로 인구축소정책은 도시재생사업과 성격이 다르다고 할 수 있다. 이 정책을 실행하는 대표적인 축소도시는 미국의 Detroit, Flint, Rochester 등을 들 수 있다.

3) 스마트 축소(Smart shrinkage)

스마트 축소는 성장지향적 도시관리에서 벗어나 경제력이나 인구를 어느 정도 잃더라도 도시를 압축적이고 다양성을 가진 살기 좋은 도시로 전환하고자 하는 것이 핵심목표이다. 이런 의미에서 스마트 쇠퇴(smart decline)라고도 부른다. 이 접근방법은 도시축소를 명시적으로 개념화하고 이를 기초로 한 도시관리 정책을 수립·실행한 비교적 최근의 정책방안이다.

이 방안은 도시의 지리적 경계와 기반시설은 그대로 두며 현실을 인정하고 전보다 훨씬 적은 인구를 수용하는 정책으로서 인구증가를 도모하지 않는다. 그러나 경우에 따라 행정조직을 재편하고 지역의 사회자본을 강화하면서 주민의 삶의 질은 유지하고자 한다. 이러한 접근방법으로 지속가능성과 저탄소성장, 나아가 포용성을 추구하고자 한다. 그러나 이동성이 제한된 저소득층 주민은 주거지 이전이 쉽지 않고 사회적 격리상태에 빠질 위험성도 존재하는 것으로 알려지고 있다. 대표적인 사례로 미국 오하이오주의 산업도시인 영스타운시의 "Youngstown 2010"을 들 수 있는데 주로 산업의 다양화를 촉진하는 조세혜택을 주된 수단으로 동원하였다.

인구감축이나 스마트 축소는 모두 성장을 추구하던 과거의 인구수준에 맞게 공급된 여분의 기반시설과 건물과 주택 등을 유지관리하는 데 많은 비용을 부담해야 하는데 인구가 줄면서 세수도 줄어드는 악순환으로부터 벗어나기 위한 정책방안이라고 할 수 있다. 특히 산업도시의 특성을 갖는 도시정부는 산업의 다양화와 인구와 지역사회의 재입지에 정책의 우선권을 둔다. 이런 의미에서 두 개념은 공통적으로 인구 감소와 경제 부문의 구조적 위기간의 상호 인과성을 강조하고 있다.

독일의 라이프치히시는 축소도시 모형에 입각하여 주택 및 기반시설 확보전략을 채택하였다. 수요가 없는 지역의 주택은 철거하고 공원이나 광장으로 전환하고, 주거환경의 개선을 통한 삶의 질 향상 및 인구유입을 도모하였다. 한편 자가소유촉진 정책을 추진하여 도시정부와 주민간의 유대 강화효과, 즉 주택확보와 공공공간확보에 초점을 둔 정책으로서 인구유입을 기대하였다. 이러한 노력이 결실을 얻기 위해서는 무엇보다 도시의 고용기회 증가가 관건이 된다는 점을 인식하였다.

미국의 디트로이트시도 유사한 스마트 축소 전략을 채택하였다. 토지총조사(1990)를 통하여 주민이 거주하는 지역을 고밀화하여 인구를 수용하는 반면 분산된 빈집지역을 녹지화하거나, 여가공간, 도시농업지역으로 전환하였다. 또 신도시주의(New Urbanism)에 입각한 도시디자인 및 도시재생으로 걷기 좋은 동네로 만들고자 하였다. 그러나 도시인구감소를 현실로 받아들이지 않고 정책/계획이 현실에 맞지 않아 효과가 크지 않았다는 비판을 받았다. 특히 관료의 상명하복방식(top-down approach)으로 주민의 반발을 초래하기도 하였다.

4) 토지은행(Land bank)

토지은행은 인구의 감소, 축소도시의 증가 등에 대한 대응방안으로 활용된다. 빈집이나 폐업한 상점이 다수 발생하면 상권위축, 인프라쇠퇴, 부동산가격하락, 주거 및 영업환경 악화 등 여러 가지 부(-)의 외부성을 유발한다. 토지은행은 방치되거나 저이용 상황의 토지자원을 수급조절용이나, 신속한 재점유와 판매를 통하여 지방세수 증가 등을 도모하기 위한 장치의 하나이다. 그 기능은 크게 토지비축기능, 토지공급기능, 지방정부 수입확충기능, 도시재생기능, 도시성장관리 기능 등 다양하게 작용한다. 미국의 경우 토지은행은 오랫동안 방치된 토지(특히 공장지대)를 관리하는 은행으로서 방치되거나 조세를 체납한 토지 및 건축물에 대해 지방정부가 판매, 철거, 재사용하도록 허용한다. 이 제도는 하자가 있는 부동산의 거래를 원활하게 하는 한편 투기를 방지하는 기능을 한다(Alexander, 2005). 우리나라도 2009년 2월 제정된 「공공토지의 비축에 관한 법률」에 기반하여 토지은행이 출범하였다. 미국과는 달리 지방정부가 주도하지 않고 중앙정부 산하기관인 토지주택공사가 토지은행을 운영하고 있으나 그 역사가 일천하고 기능도 제한적이라는 평가를 받고 있다(토지주택연구원, 2020). 그러므로 우리나라의 토지은행이 앞으로 인구감소로 인한 유휴토지를 효율적으로 활용할 수 있는 기능을 다할 수 있도록 법적 기반이 마련되고 대상범위 및 운영기법도 개발되고 확충되어야 할 것이다.

6. 한국의 도시인구관리

우리나라 도시들의 인구감소 현상은 복합적 원인을 갖지만, 앞서 설명한 인구감소모형들이 산업도시, 비수도권, 농어촌 지역 등에도 적용가능함을 알 수 있다. 우리나라의 인구감소는 저출산으로 인한 국가적 인구감소도 한몫을 한다.

1) 우리나라의 도시인구감소 원인

우리나라는 산업화 이후 급격한 도시화를 경험하면서 한때 도시화가 모든 도시문제의 근원으로 지목되기도 하였다. 그러나 도시화율이 90%를 상회하면서 인구의 도시집중현상은 포화점에 달한 것으로 판단된다. 이 추세와 함께 일부 도시를 제외하면 대도시, 중소도시, 농어촌 지역을 막론하고 인구가 감소하는 현상이 관측되고 있다.

더구나 국가적으로도 인구를 유지하기 위한 최소한의 합계출산율은 2.1로 설정되는데,[7] 우리나라는 합계출산율이 0.78(2022년)로써 세계에서 가장 낮은 것으로 알려지고 있다.[8] 그러므로 앞으로도 국가적 인구감소는 물론 소수의 예외적 도시를 제외하고는 인구감소가 불가피한 실정이다. 그럼에도 불구하고 도시인구감소를 지향하는 도시나, 인구감소를 현실로 받아 들이고 대응책을 강구하는 도시도 아직까지는 찾아보기 어렵다.

지난 1970대 이후 국토종합계획과 수도권정비계획을 통하여 수도권 인구집중억제정책을 추진했고, 또 최근에도 혁신도시, 세종특별시 등의 정책을 통하여 지방으로의 인구분산을 도모해 왔으나 본래의 정책효과를 거두지 못한 것으로 평가되고 있다. 한편 지방 대도시의 인구감소는 교외화의 영향이 큰 것으로 관측되는 가운데 일부 지방중소도시 및 농어촌지역은 앞으로 그 존재가 사라지는 소멸도시가 될 것이라는 예측도 나오고 있다.

---

7) Craig. (1994). "Replacement level fertility and future population growth". Population Trends(78), 20-22. PMID 7834459.

8) "South Korea's fertility rate falls to lowest in the world". Reuters. February 24, 2021.

2) 소멸도시

소멸도시도 축소도시의 한 부류이지만 단순한 인구감소가 아니라 지역 자체가 사라지는 생존의 문제에 직면하게 되는 심각성을 내포한다. 지방소멸을 논할 때 흔히 등장하는 것이 소멸위험지수이다. 소멸위험지수는 65살 이상 고령인구 대비 20~39세의 여성인구 비율로 소멸위험도를 측정한다. 이 지수는 일본 도쿄대 마스다 히로야 교수가 2014년 펴낸 <지방소멸>에서 처음 제시한 바 있다. 우리나라에서 이 지수를 사용하여 지역별 소멸위험지수를 계산하고 있다.[9]

표 4-1 소멸위험지수

단계	소멸위험지수	소멸수준	해당 광역자치단체
1단계	1.5 이상	소멸위험 매우 낮음	–
2단계	1.0~1.5	소멸위험 보통	세종(1.39)
3단계	0.5~1.0	소멸주의	경기(0.98), 서울(0.95), 인천(0.91), 광주(0.91), 대전(0.89), 울산(0.89), 제주(0.74), 대구(0.70), 부산(0.61), 충북(0.60), 경남(0.59), 충남(0.56)
4단계	0.2~0.5	소멸위험	강원(0.48), 전북(0.47), 경북(0.44), 전남(0.39)
5단계	0.2 미만	소멸 고위험	–

자료: 이상호 외 4인(2021), '지방소멸위기 극복을 위한 지역일자리 사례와 모델', 한국고용정보원.

한국고용정보원이 발표한 2022년 기준 우리나라(전국) 전체 평균 소멸위험지수는 0.75로 3단계, 즉 소멸주의 수준을 보였다. <표 4-1>에서 분류된 광역자치단체의 소멸위험지수는 세종시가 가장 높고 전남이 가장 낮은 가운데 1단계와 5단계에 속하는 시도는 없다. 시군구 수준의 소멸위험지수는 광역자치단체의 지수보다 큰 편차를 보인다. 이 중 지수가 0.2 이하인 소멸고위험지역이 2020년 23개 시군

---

9) 이상호 외 4인, '지방소멸위기 극복을 위한 지역일자리 사례와 모델', 한국고용정보원, 2021년.

에서 2022년 45개 시군으로 급증하는 추세를 보였다.

우리나라의 축소도시 중 특히 농어촌지역의 축소도시들은 젊은이들이 떠나고 일자리가 줄어들고 고령화가 진행되는 3중고에 처해 있는 실정이다(마강래, 2021). 그러면서 앞으로 나아질 기미가 없어 미래가 어두운 것도 사실이다. 그러므로 농어촌지역은 인구손실을 현실로 받아들이되 그 속도를 늦추고 오히려 회생의 기회로 삼을 현명한 인구감축방안이 필요하다. 정부의 재정지원과 일자리 창출 등 경제적 측면도 중요하지만 주민의 삶의 질을 높이는 지역사회의 공공서비스와 사회자본에 대한 투자를 증가시키는 것도 강조되어야 할 대응방안이기도 하다(Zarecor et al., 2021).

 ## 결론: 시사점 및 정책과제

우리나라 도시의 인구추이를 보면 서울을 비롯한 부산, 대구 등 전통적인 대도시들이 교외화현상으로 인구가 감소하고 울산, 포항, 구미 등 산업도시들도 산업의 부침에 따라 인구감소가 목격되고 있다. 또한 축소도시 혹은 소멸도시화 되는 지방도시 들이 암울한 미래에 대한 대응을 요구하고 있다.

이처럼 도시인구의 증감여부는 도시의 특성에 따라 다르게 나타난다. 그러므로 각 도시들은 도시의 특성에 부합되는 보다 구체적인 도시인구관련 대응방안이 발굴/제시되어야 할 것이다. 특히 실행가능한 구체적인 인구증가 방안의 발굴, 아니면 비록 인구는 잃더라도 주민의 삶의 질을 높이는 스마트 쇠퇴방안을 마련하는 것도 시급한 과제가 되고 있다.

물론 도시정부가 지역의 활력을 유지하고 인구감소와 노령화에 대응하기 위해서는 중앙정부의 지원이 요구될 뿐 아니라 도시정부의 정책적 노력만으로는 효과를 기대하기 어려우므로 지역내 주택건설업체, 보건의료기관, 지역사회 대표(주민), 사업체 등과 함께 대응하여야 할 것이다.

마강래. (2021). 지방도시 살생부, 개마공원.

비르기트 글록. (2013). 쇠퇴하는 도시들의 도시정책, 박문숙 옮김, 국토연구원.

이상호 외 4인. (2021), "지방소멸위기 극복을 위한 지역일자리 사례와 모델", 한국고용정보원.

한국토지주택연구원. (2022). 토지은행의 운영평가와 기능 강화 방안. 토지주택연구원.

Alexander, F. S. (2005). Land Bank Strategies for Renewing Urban Land. *Journal of Affordable Housing & Community Development Law*, 14(2), 140－169.

Bontje, M. (2005). "Facing the challenge of shrinking cities in East Germany: The case of Leipzig". *GeoJournal*, 61(1), 13-21. doi:10.1007/sgejo－004－0843－7.

Craig, J. (1994). "Replacement level fertility and future population growth." *Population Trends*. (78), 20-22. PMID 7834459.

Global Carbon Project. (2021). Supplemental data of Global Carbon Budget 2021 (Version 1.0) Dataset. Global Carbon Project. Available at https://icos－cp.eu/science－andŧ impact/global－carbon－budget/2021.

Hackworth, J. (2015). "Rightsizing as spatial austerity in the American Rust Belt." *Environment and Planning A: Economy and Space*, 47(4), 766－782.

Hollander, J. and J. Németh. (2011). "The bounds of smart decline: a foundational theory for planning shrinking cities". *Housing and Policy Debate*. 21(3), 349-367. doi:10.1080/10511482.2011.585164. S2CID 153694059.

Ritchie, Hannah, and others. (2021). Our World in Data. CO2 and Greenhouse Gas Emissions dataset. Available at https://github.com/owid/co2－data. Accessed on 7 November 2021.

United Nations. (2019). World Population Prospects 2019, Online Edition. Available at https://population.un.org/wpp/. Accessed on 15 October 2020.

＿＿＿＿＿＿＿. (2022). Why population growth matters for sustainable development, Future of the world, Policy Brief No.130, Feb. 2022.

Wikipedia. (2023). https://en.wikipedia.org/wiki/Shrinking_city · Right－sizing

Zarecor, K.E., Peters, D.J., Hamideh, S. (2021). Rural Smart Shrinkage and Perceptions of Quality of Life in the American Midwest. In: Martinez, J., Mikkelsen, C.A., Phillips, R. (eds) *Handbook of Quality of Life and Sustainability*. International Handbooks of Quality－of－Life. Springer, Cham. https://doi.org/10.1007/978－3－030－50540－0_20.

제5장

도시를 혁신하기

도시를 혁신하기

글로벌시대를 맞이하여 지역간·국가간 경쟁이 갈수록 치열해지고 있다. 경쟁력이 약화되었거나 예상되는 도시는 혁신을 통하여 새로운 경쟁력을 갖추어야만 생존할 수 있다. 사실 혁신의 중요성은 오래전부터 강조되어 왔고, 어느 나라나 정책의 최우선 순위를 차지하고 있다. 그러나 현실은 혁신을 당연시하고 고분고분 받아주지 않는다. 본 장은 도시혁신과 관련된 이론과 사례를 소개함으로써, 우리나라의 도시 및 지역의 혁신에 참고가 되고자 하며, 특히 산업도시에 초점을 맞추어 적용할 가능성을 모색하고자 한다.

서론

1. 도시혁신의 필요성

서구의 산업도시들은 값싼 노동력을 기반으로 한 개발도상국들의 거센 도전에 큰 어려움을 겪었다. 대표적으로 조선, 철강, 기계, 자동차, 목재 등을 기반으로 한 산업도시들이다. 이러한 산업 중에는 현재 우리나라가 주도하는 산업도 포함된다. 이에 Glaeser(2011)는 "적어도 서구에서는 산업도시의 시대는 끝났다"라고 단언한 바 있다. 제조업은 중국, 인도, 동남아 국가 등 신흥공업국이 경쟁력을 강화하고 있는 반면, 서구는 더 이상 전통적 제조업에 대한 경쟁력을 가질 수 없음을 강조한 것이다. 물론 우리나라의 산업들도 이들의 도전으로부터 예외일 수 없다.

그러나 여기서 다시 주목할 것은 4차산업혁명의 시대를 맞이하여 서구산업도시들이 전통적 제조업에서 탈피하여 첨단기술(정보통신기술 융합 등) 기반의 제조업으로 전환하는 노력을 기울이고 또 상당한 성과를 거두고 있다는 사실이다. 여기서 전환이란 융합, 연결, 네트워크 등으로 특징 지워진다.

제조업 기반의 산업구조를 가진 나라와 도시는 생존을 위해 불가피하게 혁신을 통하여 경쟁력을 확보하고자 노력하고 있다. 독일의 'Industry 4.0', 미국의 '제조업 혁신네트워크', 프랑스의 '새로운 프랑스 제조업' 등이 대표적인 국가주도형 제조업 혁신정책이다. 또한 이러한 국가의 주요 산업도시들은 도시차원 혹은 지역차원에서 혁신생태계를 구축하여 새로운 산업을 개발하거나 기존산업과 발전적으로 연계함으로써 자칫 사양화될 기존 산업의 경쟁력을 높이기도 한다. 여기서 혁신생태계(Innovation ecosystem)란 연구개발(R&D)과 산업의 혁신을 포괄하는 개념으로 고위험·고가치의 연구개발을 바탕으로 새로운 상품, 플랫폼, 산업을 끊임없이 창출하도록 연구자, 기업가, 투자가, 공무원 등이 지속적으로 경쟁하고 협력하도록 진화하는 체계를 의미한다(이주호·최창용 편, 2017).

2. 한국 산업도시의 혁신

우리나라의 산업도시들도 서구 산업도시와 유사한 상황이 예상되어 미래가 밝지 않아 국가뿐 아니라 지역의 큰 걱정거리가 되고 있다. 우리나라는 국가주도로 산업화가 진행되어 왔는데 그 핵심정책은 성장거점정책으로 요약된다. 산업화는 중화학공업 위주로 추진되었으며 성장거점으로 선정된 산업도시들은 급성장하였다. 그러나 21세기에 들어 산업도시들은 대내적으로 저출산 등 생산가능인구 감소가 불가피한 상황에서 제조업 기피현상이 두드러지고 있고 대외적으로는 노동력이 풍부한 신흥공업국들의 도전을 받고 있다. 이러한 상황이지만 과거와 같은 정부주도의 제조업 성장정책은 기대하기 어렵다. 4차산업혁명시대의 해결책은 첨단기술과 우수인재를 확보하여, 네트워크 구축-연결-융합을 통한 혁신이 지속될 수 있는 혁신생태계를 구축하는 것으로 요약된다.[1]

혁신생태계는 지역의 특성, 경쟁력, 잠재력에 기반을 두기 때문에 모든 지역이 같을 수 없다. 따라서 본 장에서는 제조업, 특히 특정 기업 혹은 산업의 비중이 높으면서 위기를 극복한 경험이 있는 산업도시에 초점을 맞추어 사례를 분석하고, 적용가능성 및 정책의 시사점을 제시하고자 한다.

Ⅱ 도시혁신 관련이론

1. 혁신관련 초기이론

혁신은 슘페터의 혁신이론을 출발점으로 한다. 산업지구론과 신산업지구론을 필두로 하는 과거의 혁신이론들은 공통적으로 공간적 집중을 통한 혁신을 강조하였다.특정 지역에 집중함으로써 혁신을 기대하는 대표적 이론은 Porter(1998)의 클러스터이론이다. 이에 비해 Cooke(1992)의 지역혁신체계론은 공간적 집중보다는 해당지역의 시스템 구축을 강조하는 차이가 있다.

1) 산업지구론

산업지구론은 공간혁신모형으로서 전문화된 중소기업들이 공간적으로 집적되어 형성된 산업지구에서 대기업에 의한 대량생산의 이점과 비슷한 현상이 발생한다는 주장을 바탕으로 한다. A. Marshall은 산업지구와 3각 외부경제, 즉 내부경제 (intenal economy), 외부경제(external economy), 지역화(localization) 등이 연결되면서 나타나는 이점이 있다고 주장하였다. 여기에는 지역 내 전문화된 노동 풀(pool), 지역자원의 거래의 근접성, 지역 내 기업간 노동분업 등이 포함된다. 이 이론은 유럽에서 전문화된 소기업들이 상호 유기적인 관계유지 및 협력으로 지역발전을 이룩한 점에서 비롯되었다고 할 수 있다.

---

1) 우리나라의 지역혁신협의회는 「국가균형발전특별법」 제28조 및 동법 시행령에 근거해 시·도 균형발전과 국가혁신클러스터 육성계획, 중앙부처 공모사업 등 지역주도 균형발전 사업에 대한 심의 및 자문역할을 수행하기 위해 구성 및 운영되는 법정위원회의 역할을 하고 있다. 그러나 지역혁신협의회의 역할은 매우 제한적이며, 특정 사업에 대한 내용의 심의 및 자문에 그치고 있는 실정이다.

2) 신산업공간론

신산업공간론은 1980년대 후반부터 스콧(Scott, 1988)의 환경적 요인과 행태에 따라 구분한 조직이론과 신고전학적 제도주의학파의 거래비용이론이 결합하여, 독창적인 관점에서 공간의 변화와 지역발전을 설명한 이론이다. 특히 Fordism 이후의 유연한 생산체계에 기반하여 지역의 성장과 쇠퇴를 파악하고자 하였다. 그 특징은 첫째, 연구개발의 결과 및 적용, 새로운 생산 공정의 적용 등을 혁신의 동력으로 보는 점, 둘째, 공간적으로 집적된 생산체계와 사업조절 기능간 상호작용을 지역발전으로 보는 점, 셋째, 네트워킹과 사회적 상호작용의 문화를 가지고 있고, 기업간 거래를 혁신주체들 간의 관계유형으로 보는 점, 마지막으로 공동체 형성과 사회적 재생산의 역동성을 환경과의 관계유형으로 간주하는 점을 들 수 있다.

3) 산업클러스터이론: M. Porter(1998)

포터(Porter)는 산업클러스터론을 통하여 국가경제의 경쟁력은 전통적 투입요소(토지, 자본, 노동)에 한정되는 것이 아니라, 투입요소의 조건, 즉 인력을 양성하는 교육 시스템, 연구개발 활동 등 사회 전반적인 여건이나 환경에도 크게 영향을 받는다고 주장하였다. 클러스터는 특정 분야에서의 경쟁, 또는 협력관계에 있는 기업, 전문 공급업체, 용역업체, 관련 산업의 기관들이 공간적으로 밀집되어 있는 집합체를 의미한다. Chinitz(1961)의 인큐베이터 이론도 이를 뒷받침하고 있다. 이 이론은 우리나라에서도 채택되어 국가 및 지역차원에서 각종 클러스터가 조성되고 지금도 조성되고 있는 현재진행형 이론이다.

4) 지역혁신체계론: Cooke(1992)

Cooke의 혁신체계론은 1990년대 중반 이후 유럽에서 지역혁신은 물리적 하부구조뿐만 아니라 기업, 대학, 지방정부, 연구소 등 지역 내 관련 주체 사이의 협력 네트워크, 기술개발과 혁신을 촉진하는 사회문화적 제도·조직·규범 등이 중요하다는 인식을 바탕으로 한다. 유럽에서는 기술지향적 지역개발정책을 실행하기 위한 이론적 기초로서 지역혁신 시스템(Regional Innovation System)과 관련된 다수의 연구가 있었는데 Cooke은 혁신의 환경을 강조하였다. 그는 혁신체계를 "제품과 생산

공정, 그리고 지식의 상업화에 기여하는 기업과 제도들의 네트워크"라고 정의하면서 슘페터의 국가혁신론에 '공간' '지역'의 개념을 접목시켰다.

산업클러스터이론과 지역혁신체제론은 유사한 성격을 갖지만 차이는 존재한다. 두 이론의 차이를 두 가지만 소개하면 다음과 같다. 첫째, 산업클러스터전략은 기업과 관련 조직간 연계를 통해 클러스터를 구축하여 경쟁력을 유지할 수 있도록 강조하고, 지역혁신 전략은 기술진보와 그를 위해 필요한 혁신환경을 강조한다는 차이가 있다. 둘째, 지역혁신전략은 유럽에서 발달하여 유럽과 아시아 전역으로 확산된 데 비해, 산업 클러스터 전략은 미국에서 출발하여 미국 전역과 유럽, 아시아 등으로 확산된 차이가 있다.

5) 지역협력과 거버넌스이론

거버넌스이론은 범지구화, 지방화, 분권화, 지속가능성 등이 대두되면서 이를 효율적으로 관장할 필요성에 의해 제시된 이론이다. 거버넌스(governance)란 공공의사 결정과 집행이 이루어지는 다양한 형태를 나타내는 개념이다. 따라서 지역 거버넌스(regional governance)는 "지역의 사회경제적 목적 달성을 위해 다양한 이해집단간의 교류, 협의, 합의 등 교호작용을 촉진하는 추진체계"로 정의되기도 하고 "지역정책을 결정함에 있어서 정부 주도의 통제와 관리방식에서 벗어나 지역 내 이해당사자가 주체적인 참여자로 협의과정을 통해 정책을 결정하고 집행해 나가는 사회적 통합시스템"으로 정의되기도 한다.

6) 혁신환경론

유럽의 GREMI(Groupe de Recherche Europeen sur Milieux Innovatens)학파가 제시한 이론으로서 혁신의 지역 네트워크 형성을 이해하는 데 초점을 둔 이론이다. 혁신환경론자의 환경이란 일반 환경과 달리 국가혁신체제론에서의 공식적인 제도를 이른다. 동일한 환경내에서 다른 주체와의 관계를 통해 혁신을 이루는 기업의 역량을 혁신의 동력으로 간주한다. 이에 따라 대학, 기업, 연구기관의 역할이 강조된다.

2. 최근의 혁신생태계 관련 이론

앞에서 살펴본 혁신이론들은 제기된 지 한 세대가 지났지만, 여전히 기능을 하고 있다. 최신의 혁신생태계 구축도 이 이론들을 기반으로 하는데 그 특성을 간략하게 소개하면 다음과 같다.

1) 4차, 5차 산업혁명과 지역혁신

제4차 산업혁명은 위키백과사전에 따르면 "정보통신기술(ICT)의 융합으로 이루어낸 혁명 시대를 말한다. 18세기 초기 산업 혁명 이후 네 번째로 중요한 산업 시대이다. 이 혁명의 핵심은 빅 데이터 분석, 인공지능, 로봇공학, 사물인터넷, 무인 운송 수단(무인 항공기, 무인 자동차), 3D 인쇄, 나노 기술과 같은 6대 분야에서 새로운 기술 혁신이다"라고 정의하고 있다. 또한 제5차산업혁명은 생명과 행복 등과 관련된 취미나 여가 생활(오락, 패션 등)으로 분류된 산업의 혁명적 변화를 일컫는다. 새로운 산업혁명의 시대는 <그림 5-1>에서 보는 바와 같이 언제 어디서나 누구와도 연결되는 것을 핵심으로 한다.

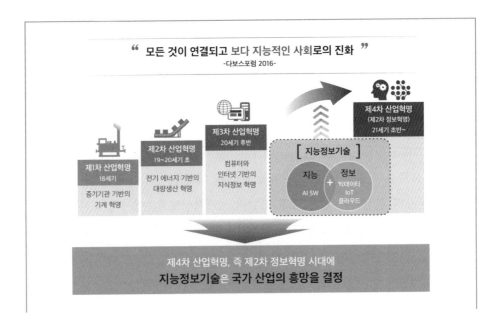

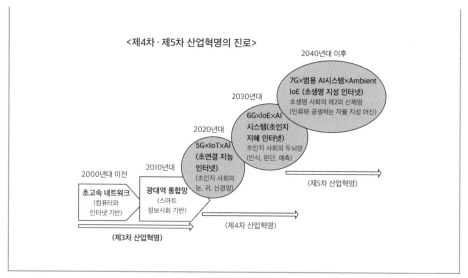

┃ 그림 5-1 4차, 5차 산업혁명의 내용

자료: Google Image

2) 혁신생태계 이론

지역혁신생태계에 관한 정형화된 이론체계는 구축되지 않은 상태이다. 그러나 거의 모든 정의에는 "새로운 제품과 서비스를 창출하는 관련 당사자들간의 기술과 지식의 네트워크"라는 공통점을 갖는다(Moore, 1993; Granstrand and Holgersson, 2020). 우리나라에서도 유사한 정의를 내린다. 김선배(2017)는 "지역혁신생태계는 일정지역을 적정단위로 지식 생태계와 비즈니스 생태계를 유기적으로 연계, 운영하는 효율적인 혁신생태계 구축을 의미한다"고 정의하였다. 김영수(2016)는 4, 5차 산업혁명시대는 초연결사회로써 "구성요소간 연결성, 상호작용, 구성요소와 구조의 착근성, 주변환경 및 경쟁생태계와의 관계속에서의 지속적 진화"를 강조하면서 지역혁신생태계는 "지역자체의 능력으로 지속가능한 혁신의 창출, 확산, 활용시스템을 갖추는 것"을 의미한다고 하였다.

최근의 혁신생태계 관련 연구와 해외사례를 종합하여 보면 하나의 뚜렷한 경향이 나타난다. 그것은 과거에는 지역의 산·학·연이 공간적으로 집중하여 혁신의 산실로 기능하도록 한 곳에 모아 조성하는 방식이었으나, 최근에는 해당지역뿐 아니라 외부지역 혹은 해외 관련당사자까지를 포함하는 네트워크를 구축하고 서로 연계시키는 것을 더욱 중시하고 있다. 즉, 공간적 집중을 통한 혁신으로부터 연결과 융합을 통한 혁신으로 대체되고 있다. 그리고 이것은 5차 산업혁명의 특징이기도 하다.

3) 경로의존성(path dependence)과 잠금효과(lock-in)

제4차, 5차산업혁명의 시대에는 사회, 기술, 환경은 급변하지만 조직문화에 젖은 사고방식은 극복되지 않는 경우가 많다. 특히 성장지향형 사고로 무장된 기득권층의 방어논리가 매우 강하게 나타나기도 한다. 이에 따라 변화와 혁신의 가장 큰 장애물은 반혁신 조직문화로 지목하고 있다. 이것은 외국의 사례연구에서 한결같이 지목되는 문제이며 우리나라도 예외가 아닐 것이다.

도시 산업이 성숙할수록 과거의 관행이 강력하게 뿌리를 잡는다. 이러한 관행은 경로의존성으로 표현되며 새로운 흐름에 대한 거부로 나타난다. 이러한 기존 생산방식, 의사결정방식, 특히 과거의 영광에 취한 변화의 거부 등은 잠금효과로 나타난다. 잠금효과는 기존의 생산방식을 사용하다가 더 좋은 생산방식이 나오더라도 계속해서 기존 생산방식을 이용하는 효과를 말한다. '고착 효과', '자물쇠 효과', 혹은 '락인(lock-in)효과'라고도 한다(Frenken et al., 2007). 지역혁신을 위해서는 이와 같은 경로의존성을 탈피하여야 하고, 또 잠금효과에서도 벗어나야 한다.

Ⅲ 해외 지역혁신생태계 구축 사례 및 평가

지역혁신생태계 구축과 관련된 해외의 성공사례를 주로 도시 및 지역차원의 사례를 중심으로 살펴보고자 한다. 특히, 우리나라의 산업도시와 유사한 성격을 갖는 산업도시인 독일의 바덴-뷔텐베르크(BW: Baden-Wurttemberg)지역, 미국의 Detroit시, 스웨덴의 위른스쾰드스빅과 우메아지역(Örnsköldsvik and Umeå)지역의 혁신 성공사례를 살펴보고 우리가 참고할만한 정책적 시사점을 도출하고자 한다.

이 세도시를 선정한 이유는 먼저 바덴-뷔텐베르크지역은 자동차산업의 도시로서 산업이 쇠퇴국면에 접어들 때보다는 오히려 성장기에 장기적 관점에서 혁신을 추구한 특징이 있기 때문이다. 또 디트로이트시는 한때 세계적 자동차산업도시이었지만, 급격한 산업쇠퇴로 도시가 파산에 이르렀고 그 이후 비교적 짧은 기간 내에 새로운 산업을 창출하여 도시를 재건한 특징이 있기 때문이다. 마지막으로 위른스퀼드스빅과 우메아지역은 산림자원 기반의 목재산업도시로서 제지산업이 사양화추세를 보이자 관련성이 있는 산업들과 접목시켜 새로운 경쟁력을 창출한 특징이 있기 때문이다. 물론 이 도시/지역들은 여건은 다르지만 지역혁신생태계를 구축하고 이를 통하여 어려움을 극복한 공통점이 있다.

1. 독일: 바덴-뷔텐베르크 지역

1) 세계적 명성의 자동차도시

바덴－뷔텐베르크(BW: Baden－Wurttemberg)주는 독일의 서남부에 있으며, Stuttgart시가 포함된 인구 1천만 명 이상의 산업도시이다. 이 지역에 입지한 Daimler－Benz, Porsche, Borsch, IBM 등은 세계 굴지의 제조업회사들이다. 독일이 통일되기 전인 1990년까지는 낮은 실업률, 높은 자본투자율, 높은 수출비율, 품질에 대한 명성, 수준 높은 제품 등으로 비교우위를 창출하고 확보한 대표적인 성공사례로 꼽혔다. 이 도시는 고도로 전문화된 수출지향형 자본재 생산자의 비율이 높고, 중소기업이 지역산업을 주도하는 점, 그리고 기업내의 높은 기술혁신력을 특징으로 한다.

이러한 특징에 더하여 숙련된 노동력, 협조적 산업관계, 잘 발달된 연구구조, 정부의 산업정책, 기업과 금융기관간의 긴밀한 오랜 유대관계 등으로 경쟁력을 강화하고 경제적 번영을 구가하였다. 특히 정부, 대기업, 금융기관, 연구기관, 대학간의 성공적인 파트너쉽이 성공의 비결로 지목된 바 있다(Wallace, 1994). 바덴－뷔텐베르크는 유럽의 4대 자동차도시중의 하나로서 1999년 기준 독일과 EU지역 대비 GDP, 고용률, 특허건수 등에서 압도적으로 앞서 나갔다.

2) 문제의 발생

많은 학자들뿐 아니라 세계의 여러 도시들이 성공사례로 바덴－뷔텐베르크를 거론하여 왔으나 1990년대초부터 서서히 문제가 드러나기 시작하였다. 그중 두드러지는 문제는 실제로 그 도시의 사례를 현실에 적용하려고 할 때 제기되는 의문들이다. 특히 신화 같은 스토리는 있으나 이를 입증할 구체적인 증거가 없다는 비판이 부각되었는데 이를 바덴-뷔텐베르크의 장점으로 손꼽히는 몇가지 요인들을 기초로 따져보면 다음과 같다.

① 협력

유관기관간의 협력체계는 굳건하다. 신축적 전문화의 개념에 의하면 협력과 소통은 산업지구의 성공의 전제조건이면서 시너지 효과를 내어야 한다. 실제로는 협력패턴중 공급자와 구매자간의 수직적 협력은 원활한 편이었다. 특히 지역의 3대 산업인 자동차, 전기, 기계산업간의 연계는 지역클러스터 내에서 매우 강력했다. 그러나 잠재적 경쟁상대와의 수평적 협력은 예외이었다. 이론적으로 제시되는 신축적 경쟁력 제고에 요구되는 협력은 독일의 다른 지역보다 낮아 실제로 협력은 되지 않다고 볼 수 있다.

② 중소기업의 역할

지역기업의 평균규모는 독일의 다른 지역과 별 차이가 없다. 바덴-뷔텐베르크 경제의 성패는 중소기업보다는 DaimlerChysler, Porsche, Borsch, IBM 등으로 대표되는 소수의 대기업의 성공여부에 달려 있는 현실이었다.

③ 기술이전

지역의 연구기관(연구중심대학, 일반대학)이 지역산업의 기술수요에 부응하는 방향으로 기여해 왔다는 인식도 의문의 대상이 되었다. 일반적으로 대기업은 연구중심대학과, 중소기업은 일반대학과 기술적으로 연계되었다고 하지만, 실제 기술과 지식이전간의 연계성은 낮은 것으로 판명되었다. 대기업은 소기업 기술이전센터(Steinbeis)의 이용도가 높아 소기업과 가술이전에 협조적이지만, 소기업의 관점에서는 대기업보다는 은행, 상공회의소, 예술가협회, 무역협회 등의 도움에 의존하는 것으로 드러났다.

④ 핵심산업의 혁신

과거의 성공적 산업정책과 경제개발이 아이러니하게도 바로 신산업의 출현을 막는 이유가 되었다(Grabher, 1993). 예컨대 일본의 도전에 대해 과거의 확신에 사로잡힌 인식잠금(cognitive lock-in)으로 발빠르게 대응하지 못하였고, 지역 핵심산업에 대한 기술정책의 효과를 확신한 나머지 혁신에 무뎌졌고, 또 고도로 연계된 지역경제의 통합성만을 신뢰하는 등 여러 요인들이 총체적으로 작용하면서 지역경제를 경제위기에 취약하도록 만들었다. 이에 더하여 외부의 공급자와의 연계성이 낮은 자급자족 형태의 구조를 강화하면서 외부와의 소통과 협력이 결여 되었다. 바덴-뷔텐베르크지역의 기술이전은 3대 산업에만 집중되어 있고 또 기술발전 수준은 높지만 문제는 "가장 앞선 기술"은 아니었다는 점이다.

3) 결과

바덴-뷔텐베르크의 문제들이 누적되는 가운데 1992-1994년 사이 발생한 독일의 경제위기는 지역경제에 심대한 타격을 주었다. GDP는 4.7% 감소하였고 실업률은 91년 3.7%에서 97년 8.7%로 상승하였다. 특히 경제위기는 지역의 3대 산업에 심대한 악영향을 미쳤다. 바덴-뷔텐베르크에 속한 대표적인 도시 Stuttgart는 성장 잠재력이 높은 새로운 분야인 정보 및 커뮤니케이션기술, 신소재, 바이오테크, 환경 및 에너지 기술, 나노기술, 생산관련 서비스 등의 비중을 높이려는 노력을 하지 않았다(Faust et al., 1995). 새로운 산업은 지역의 산업구조 및 정치경제적 구조, 제도적 조건 등과 어울리지 않다는 것은 어느 정도 인정하더라도, 이 모든 문제는 결국 기존의 생산구조에 기반한 타성에 의한 것이라는 결론에 이르렀다.

4) 대응방안

혁신은 외부지역과의 소통과 협력의 결과인데 Stuttgart에는 이것이 없었다. 이 문제는 새로운 혁신기반의 산업발전전략에 장애물로 작용하였다. 그러나 1990년대 초의 경제위기는 상황을 바꿔놓았다. 경로의존 관행이 계속되어서는 생존할 수 없음을 깨닫고, 기존의 장점을 되돌아 보는 계기가 된 것이다. 결국 지역경제의 성패는 갇히는가(lock-in)? 아니면 돌파(breakthrough)하는가? 여기에 달린 것이다.

B-W지역의 대응은 다음과 같다.

먼저 가장 근본적인 요소로써 잠재적 잠금(lock-in) 상황을 인지하는 것이다. 지역경제가 혁신을 소홀히 하고 기존의 경쟁력을 과신함으로써 변화에 둔감하고 지역의 경쟁력이 점차 낮아짐을 공감해야만 해결방안을 위한 다음 단계로 갈 수 있었던 것이다. Stuttgart의 행정수반(minister president)인 스페드(Lother Späth)는 전문가위원회(expert commission)를 구성하여 상황을 파악하고 대응방안을 모색하였다. 주요 업무 및 실적은 첫째, 잠금현상을 극복할 대응방안과 구체적 활동, 둘째, 새로운 산업과 서비스분야의 개발, 그리고 셋째, 과학기술분야의 새로운 기관의 설립. 특히 바이오테크, 멀티미디어 및 생산자 서비스 분야에 집중하는 것 등이다.

이 과정에서 많은 어려움이 있었지만 위험을 감수할 충분한 가치가 있음을 확신하고 변화의 기회로 삼았다. 이러한 주도적 역할에 힘입어 이해당사자들이 지역의 장래를 걱정하기 시작하였고, 이는 일시적 문제가 아닌 명확한 구조적 문제로 받아들였다. 그들이 인식한 구조적 문제는 시장의 글로벌화, 전통산업의 사양화 등으로 말미암아 기존의 전통산업에 집중된 산업구조로는 외부의 도전을 극복할 수 없다는 점과 혁신과 지식집약적 서비스 기반형 신산업이 필요하다는 점이었다. 이에 대한 광범위한 공감대가 형성되고 이를 기반으로 다음과 같은 지역경제의 재구조화, 혁신을 위한 발 빠른 대응책이 수립되고 또 시행되었다.

① 글로벌화 추진

Stuttgart지역 내에 집중된 산업의 글로벌화를 추진하였다. 예컨대 지역의 자동차산업은 경쟁력을 갖고 성장중이었지만 Daimler-Benz는 글로벌화를 위하여 미국의 Chrysler사와 합병하여 DaimlerChrysler로 변신하였다. 이에 따라 경영관리, 생산, 연구, 인프라 등 관련 요소들을 완비하여 전세계 자동차산업이 어려움에 처해도 성장을 지속할 수 있었다.

② 전담기관의 설립

지역의 면모를 쇄신할 정체성을 새로 설정하고, 기관과 기술개발간의 시너지효과 창출을 목표로 기관을 설립하였다. 이는 자칫 전통산업의 안정에 재원, 훈련, 연구 등이 쏠리도록 하여 오히려 문제를 고착화시킬 수 있는 위험이 있었다. B-W

지방정부는 이러한 기관의 타성에 의한 문제들을 충분히 인식하고 여러 각도에서 다양한 연구를 진행한 결과, 새로운 산업을 육성하는 데 걸림돌이 되는 가장 근본적 기관의 타성은 전통산업에 집중되어 있음을 알았다.

이러한 문제를 극복하기 위하여 1산업 1기관 제도(parallel institution building)를 시행하였다. 즉, 멀티미디어 산업에 대해서는 멀티미디어 산업을 전담하는 기관을, 바이오 산업도 마찬가지로 바이오 산업을 전담하는 기관을 각각 설립한 것이다. 이 전담기관들은 전문가위원회, 지역기술이전기관간의 긴밀한 네트워크, 산업정책 등과 연결시켜 새로운 생산물과 생산개념을 창출하는 역할을 담당하였다. 단, 기관설립 초기에는 기관의 타성을 벗어나기 위하여 기존의 어떠한 기관과도 연계시키지 않았다. 이때 탄생한 대표적인 기관은 Stuttgart 지역연합(Association of Region of Stuttgart), 미래경제위원회(The First Commission Economy 2000) 등이다. 이 기관들은 확고한 프로젝트를 기반으로 기관의 목표를 향하여 작동하기 시작하였다. 물론 이러한 지역구조조정, 지역클러스터의 지정 및 안정화 등은 반드시 혁신지향적인 지역정책과 네트워크를 통하여 수행되었다. 이러한 노력이 결과 자동차산업을 비롯하여 바이오, 의료, 약품산업 등, 다양한 전문화 영역이 뿌리를 내렸다.

5) 요약

B－W지역의 혁신의 특징은 경로의존성(path－dependency), 즉 새로운 것이나 변화에 저항하여 과거의 관행이 계속되는 현상을 벗어나기 위한 노력이 부각되는 점이다. 변화를 급작스럽게 밀어붙이기보다는 관련 당사자들의 협의와 합의를 바탕으로 기존의 구조와 새로운 구조를 결합하는 방식으로 점진적으로 이러한 관행을 타파한 특징이 있다. 여기에는 사회적 규범의 변화를 주도하는 자, 즉 규범사업가(norm entrepreneur)의 역할이 컸다(Cox, 2001). B－W지역은 정치 지도자가 이 역할을 수행하였다. 지역 내 각종 기관들은 상호보완적 관계라는 인식하에서 비공식 기관(조직)의 변화는 공식기관의 변화로 연결되었다. 이것이 지역혁신체계의 앞날을 보여준다.

이러한 혁신마인드를 기반으로 기존의 기관들과 새로운 기관들이 통합되고 이것이 지역발전의 실현으로 나타나게 된 것이다. 또한 기존 산업이 침체하거나 사양화되는 시점에서 이를 탈출하기 위한 것이라기보다 오히려 성장추세를 보임에도 불구하고 능동적으로 혁신을 도모했다는 점이 부각된다. 한편 신산업이라고 모두 성공하는 것은 아니라는 점도 눈여겨 보아야 할 대목이다. 이것은 역으로 기존 산업을 모두 '낡은 산업'으로만 볼 것이 아니라 그 산업에도 밝은 미래를 찾을 수 있다는 희망도 동시에 제공한다. Stuttgart의 경험은 지역혁신체계의 구축의 핵심 전제 조건은 지역내 관련 당사자들이 소통하고 협력하는 것으로 요약된다.

2. 미국: 디트로이트시

1) 도시의 개요

디트로이트시는 세계적 자동차 도시로 인식된 바 있다. 그러나 1967년 디트로이트 인종폭동이후 지역경제를 주도하던 백인들이 떠나기 시작하였다. 더구나 도심을 떠나 교외지역으로 이전하는 경우, 백인들에게만 융자를 해 주는 편향된 금융정책으로 백인의 도시탈출은 가속되었다. 이 결과 1940~1950년대 90%이던 백인비중이 2017년에는 8%로 급감한 반면 흑인이 82%를 차지하고 나머지는 히스페닉과 동양인이 차지하는 인구구조로 변하였다.

2) 문제의 발생

인구구조의 변화 결과 디트로이트는 Durham, Cleveland, New Orleans 등과 함께 다음과 같은 공통의 문제를 안게 되었다. 첫째, 흑인, 히스페닉 등 유색인종은 도시의 원동력인 기업생태계와 단절되어 지역경제 분야에서 그들의 재능을 활용하지 못하였고, 둘째, 이들은 새로운 기업의 성장, 조세수입, 고용창출의 잠재력에도 불구하고 이들에게 기회를 부여하고 삶의 질을 향상시킴으로써 번영을 공유하고자 하는 포용적 지역경제성장에 소홀했다는 점이다. 여기에 2007년에서 2009년에 닥친 경제위기로 제조업의 일자리는 더욱 감소하였다. 특히 주력산업인 자동차 산업의 일자리 감소가 두드러졌다. 도시의 인구는 급감하고 범죄는 크게 증가하여 미국에서 가장 위험한 도시로 지목되었다. 결국 도시의 활력을 잃은 디트로이트시는 2013년 7월 파산에 이르렀다.

3) 회복

디트로이트시는 파산에서 벗어나기 위하여 다방면의 노력을 기울였다. 특히 자동차산업 위주의 경제에서 하이텍 혁신경제로의 전환을 도모하면서 다양한 혁신전략을 실시하였다. 특히 지역혁신생태계와 깊은 관련이 있는 내용을 핵심전략으로 채택하였다. 즉, 도시정부는 40개의 공공기관, 주요기업, 시민단체 등이 참여하는 지역혁신위원회(Local Innovation Council)를 조직하고 여기서 새로운 지역경제추진단(the New Economy Initiative)를 구성하였다. 지역경제추진단은 Smart zone technology cluster를 설정하여 기술기반의 기업, 사업체, 연구자 등을 한곳에 집결시켰다. 이 클러스터는 대학, 산업, 연구소, 정부 및 기타 지역단체 등과 기술기반기업 등과 함께 일자리 창출에 노력하였는데 그 핵심내용을 간추리면 다음과 같다.

① **혁신지구(Innovation district)**: 도시의 파산에도 불구하고 건재한 도시기반시설을 활용하여 기술중심의 도심지역을 조성하기 위하여 혁신지구를 지정하였다. 도심에 일자리 창출과 소상공인 성장의 허브로서 혁신지구를 지정, 보건의료사업, 대학, 사업서비스업 등 집중시키는 전략이다. 그 결과 디트로이트의 일자리 중 절반이상이 4.3 mile2 도심권 내에 입지하게 되었으며, 특히 Microsoft사를 비롯한 Fortune 500대기업 중 다수가 유입되는 성과를 거두었다.

② **창업생태계(Startup ecosystem)**: Techstars Detroit라는 이름으로 창업생태계를 구축하였다. 이를 성공하기 위한 열쇠는 첫째, 기업이 주도해야 하고, 둘째, 사업의 지속성이 있어야 하며, 셋째, 가치를 창출하는 자금의 조달과 사업운영 경력이 있는 멘토(mentors)가 있어야 한다는 점이다.

③ 창업생태계와 기존 사업생태계와의 접목에 노력하였다. 이를 통하여 두 시스템이 시너지효과를 창출하도록 하였으며, 도심의 소상공인과 대기업간의 네트워크도 형성되었다.

④ **자산지도(Asset mapping)의 활용**: 정책수립에 필요한 자료를 구역별로 구축함으로써 편향되지 않은 객관적 사실을 기반으로 예산배정, 프로젝트 우선권 부여 등에 활용하고 있다.

이러한 노력의 결과 2013년 7월에 파산한 도시를 불과 18개월후인 2014년 12월 파산을 종료시키고, 실업률감소, 일인당 실질소득의 증가 등에 힘입어 2019년에는 "comeback city"라는 별명을 얻을 정도로 빠른 회복을 과시하였다.

4) 장기적으로 지속가능한 도시경제의 구축

디트로이트시뿐 아니라 많은 도시들이 추구하는 기술경제(Tech economy)는 아무 문제없이 지역경제의 고민을 해결해 주는 요술램프는 아니다. 도시정부가 전략적으로 육성하고자 하는 식품, 건강, 교육, 에너지기술 등의 기술기반 경제는 자동차 산업에 비해 일자리수가 적다는 문제를 안고 있었다. 그러므로 기술기반 산업에만 집중하면 불가피하게 도시전체의 일자리수가 감소하게 되는 애로사항에 직면하게 되는 것이다. 디트로이트시 당국은 지역경제회복의 열쇠는 기업가정신에 더하여 시민 스스로의 일자리 창출 능력이라는 사실을 깨닫게 되었다.

3. 스웨덴: 위른스퀼드스빅과 우아메지역(Örnsköldsvik and Umeå)

1) 도시의 개요

위른스퀼드스빅과 우아메지역은 스웨덴의 북부에 있는 오래된 제조업 지역이다. 이 지역은 전통적으로 풍부한 산림자원을 활용한 목재산업이 발달하여 왔다.

2) 문제의 발생

범세계적으로 종이제품의 수요가 감소하는 가운데 경쟁은 치열해지고, 점차 원재료의 물량 확보가 어려워지고 또 가격도 높아지는 데다 생산과정상 환경규제도 심해짐에 따라 산림자원기반의 산업이 쇠퇴하기 시작하였다. 이에 지방정부는 중앙정부의 지원하에 목재산업의 경쟁력을 유지하기 위한 혁신환경을 조성하는데 나선 것이다.

3) 회복

이 지역 산업의 혁신은 산업재생(industrial renewal)으로 표현되며 혁신전략의 특징은 기존산업과는 상이하지만 보완관계에 있는 타 산업지식을 접합하는, 소위 기관진화 결합 접근방법(combined institutional evolutionary approach)을 채택하였다.

① 중앙정부의 지원

이 지역의 목재산업은 정부의 혁신지원부서(VINOVAs: The Swedish Agency for Innovation Systems)의 지원을 받아 해당분야의 지속가능한 발전을 도모하는 혁신을 미래의 바이오리파너리(BioF: Biorefinery of the Future) 프로그램을 추진하였다. 이 프로그램은 지역의 산림자원에서 추출되는 원재료를 기반으로 바이오리파이너리산업을 발전시키는 것을 목적으로 한다.

바이오리파이너리 산업은 바이오매스(biomass)를 유용한 물질로 변환시키는 과정과 환경친화적인 연료, 에너지, 열, 고부가가치 화학물질 등을 생산하는 장비를 통합시켜주는 프렛폼 기술의 역할을 담당하였다. 이러한 새로운 기술은 산림산업을 과거와 같이 나무에서 펄프를 추출하고 이를 가공하는 단순한 산업에서 고부가가치의 그린케미컬, 에탄올, 건축자재, 옷감, 심품 및 제약산업의 원료 등을 제공하는 첨단산업으로 전환시켰다.

② 잠금효과의 극복

이 과정에서 기존산업의 재생과 신산업의 도입간의 잠금효과로 인한 마찰도 있었다. 바이오테크와 같은 신산업의 도입은 기존 산업에게 위협이 될 수 있었다. 기존산업의 경로의존성과 보수적 자세를 기반한 위험회피행위로 새로운 기술과 지식을 기존 산업과 접목시키기 어려웠던 것이다, 그러나 상황이 갈수록 악화되면서 제지기술자를 비롯한 기존산업의 주도자들이 변화가 불가피함을 인식하고 또 중앙정부와 지방정부가 새로운 기술의 도입을 용이하게 하도록 지원함으로써 점차 신산업이 확장, 정착되기 시작하였다. 결국 스웨덴의 목재산업의 혁신생태계도 경로의존성과 잠금효과의 타파로부터 시작되었다고 해도 과언이 아닐 것이다.

4) 시사점

스웨덴 산림기반 산업의 혁신적 변화는 울산광역시의 조선업과 자동차산업을 연상할 유사한 상황을 떠올리게 한다. 우리나라 조선업도 과거와 같은 대형컨테이너

선박제조에서 벗어나 보다 기술집약적인 LNG선박제조 등으로 활로를 찾고 있다. 그러나 이 부분도 지금 중국을 비롯한 경쟁국가들의 도전에 직면하고 있다. 또한 자동차산업도 자율주행 자동차, 사용연료도 수소차, 전기차 등 새로운 개념의 자동차로 이행토록 하고 있다. 이에 4차산업혁명의 기술이 융합된 보다 고부가가치를 창출할 수 있는 혁신기반의 조선업과 자동차산업으로 전환해야 할 당위성이 있다.

4. 중앙정부의 역할

지금까지 살펴본 지역혁신생태계 조성과 관련된 사례들은 지방정부를 중심으로 하였다. 그러나 중앙정부의 역할도 매우 중요하다. 이러한 의미에서 대표적인 나라들을 사례로 중앙정부가 어떤 역할을 수행하여 왔는지 간략하게 살펴보고자 한다.

1) 미국

먼저 제조업의 위기를 겪은 바 있는 미국의 경우를 살펴 보자. 미국 연방정부의 제조업정책은 혁신생태계 구축을 통하여 제조업의 위기를 극복하는 데 초점이 맞춰져 있다. 먼저 주력 제조업의 쇠퇴로 인하여 지역경제가 침체되는 현실을 극복하고자 제조혁신연구소(IMIs: Institutes for Manufacturing Innovation)를 설립하였다. 제조혁신연구소는 산업, 대학, 정부기관, 주, 지역관계자 등 15개 관련기관으로 구성된다. 이 기관은 지속가능한 제조업 혁신의 허브로서 기능하며, 최첨단기초과학과 사업성간의 간격을 좁히는 데 노력한다. 첨단기술을 갖춘 클러스터를 창출하고 제조업체들이 첨단기술을 활용하여 혁신제품을 개발하도록 도와준다.

이 목적을 달성하기 위하여 산학연을 연계시키는 역할을 담당하는 네트워크 거점조직인 제조업혁신네트워크(NNMI: National Networt for Manufacturing Innovation)을 구축하였다. 미국 연방정부의 제조업혁신정책은 간단히 요약할 수 있다. 즉, 연방정부가 먼저 첨단기술 중심의 제조혁신연구소에 투자를 한다. 투자대상지역은 첫째 기존 제조업이 쇠퇴하는 지역, 즉 러스트벨트이며 둘째 대학, 연구소 등이 있어 혁신역량이 집중된 지역으로 한다. 이를 기초로 주정부, 민간부문 등도 대응자금을 확보하여 새로운 전문인력을 양성하고 일자리를 창출하는 메카니즘을 창출하고자 한다.

2) 프랑스

유럽의 여러 나라에서도 제조업의 경쟁력 강화를 위해 다양한 프로그램을 마련하고 실행하고 있다. 프랑스는 중앙정부의 주도로 제조업 기업의 경쟁력을 높이기 위하여 단계별 접근방법을 택하고 있다. 즉 제1단계로서 2013년 "새로운 프랑스 제조업"로 시작하여, 제2단계로써 2015년에는 "미래산업" 프로그램 등으로 전환하는 등 혁신을 위한 정책을 지속적으로 실행하고 있다.

3) EU

유럽은 EU 전체를 단위로 지역혁신체계의 구축과 실행을 위한 경험을 담은 지역혁신보고서(Regional Innovation Report)를 작성하여 회원국들에게 정보를 제공하고 있다. 이를 위하여 회원국들은 정해진 양식에 따라 매년 혁신에 대한 보고서를 제출하고 있다.

Ⅳ 한국의 지역혁신생태계 구축 현황 및 문제점

1. 지역혁신생태계 구축현황

우리나라에서도 혁신이 강조된지는 오래되었다. 예컨대 2004년 제정된 국가균형발전특별법에 근거하여 지역균형개발정책의 일환으로 실시된 신활력지역은 "산업쇠퇴, 인구감소 등으로 소외되고 낙후된 지역이 지역혁신을 통하여 새롭게 활력을 회복하는 곳"으로 정의하고 있다. 즉 혁신을 기반으로한 지역간 균형발전을 도모한 것이다.

최근의 지역혁신생태계와 관련된 정부의 정책방향은 첫째 누가 중심이 되며, 둘째 어떻게 유지관리할 것인가하는 거버넌스 등 두가지 측면을 강조하고 있다. 먼저 혁신의 주도는 지방정부가 바람직하다는 견해를 보인다. 국가적 과제로서의 혁신은 과거의 효율성 우선의 패러다임으로부터 혁신을 우선하는 패러다임의 전환을 전제로 하며, 중앙정부보다는 지역이 중심이 되어야 함을 강조한다. 즉, 오랜 동안 지역정책의 이슈가 되어 온 "국가가 잘되어야 지방도 잘 된다"라는 관점과 국가는 지방으로 구성되어 있으므로 "지방이 잘 되어야 국가도 잘 된다"는 두 가지 관점이 있다. 우리나라는 전자의 성격이 강하고 서구유럽은 후자가 강하다는 평가가 있다. 즉, 우리나라는 지방 중심의 국가 혁신을 확신하기 어려운 상황이라서 국가가 주도하고 있는데 반해 EU에서는 지방정부가 혁신을 주도하면서 성장을 도모하고 그 성장이 결국 국가 발전으로 이어지는 유형을 보인다.

2. 지역혁신생태계 관련 문제점

우리나라의 지역혁신생태계와 관련된 문제는 여러 학자들과 정책관련기관에서 다양하게 지적되고 있다. 그 대표적인 문제들과 개선방향을 개략적으로 살펴보자.

우리나라의 지역혁신생태계는 R&D투자, 산업기술인력 등이 수도권에 집중되어 있어 비수도권은 생산의 현장에 불과하고 지역의 혁신역량이 부족하다는 지적을 받고 있다(김영수, 2018). 우리나라의 지역혁신생태계는 Porter(1998)의 산업클러스터이론을 기반으로 하기 때문에 공간적 집중(클러스터)을 기본으로 한다. 그러면서 산학연 등 관련기관간 연결되는 특성이 있다. 그러면 경제활동이 공간적으로 집중하면 발생하는 외부성인 집적경제(Agglomeration economies)까지 작용하는 것을 기대한다. 이러한 속성들이 기술투자와 인재가 집중되는 클러스터들을 수도권에 편중되게 만들고 있다. 또 혁신을 위한 지리적 집중을 강조하다보니 정작 최근이론이 강조하는 연결 및 촉진 기능이 상대적으로 소홀하게 다루고 있다는 점이다.

혁신환경이 지역별로 차이가 나는데 실제 특성화 되지 못한 혁신생태계로 지역정착이 미흡하다는 비판도 받고 있다(김선배, 2017). 또한 R&D의 성과가 사업으로 연계되지 못하고 있는 문제점도 있다. 혁신은 창출-확산-활용의 순환시스템이 갖추어야 혁신생태계를 완성하고 지속가능하게 만드는데 이러한 시스템의 구축이 부족하다는 점이다.

혁신생태계는 혁신과 관련된 제반 구성요소들간 연결되어야 하며 서로 소통을 통하여 상호작용이 되어야 하며, 일회성이 아니라 구조적으로 기반을 갖춰 지속성이 확보되어야 하며, 주변 환경 및 외부지역과도 연계되고 소통되어야 한다. 이것은 4차, 5차 산업혁명시대의 특징이기도 하다. 이에 따라 혁신의 목표는 혁신의 구성원들이 생태계의 관점에서 유기적으로 잘 연계되도록 중개 및 촉진기능을 강화하고 지속적으로 진화할 수 있어야 할 것이다.

 ## 지역혁신체계의 적용 방안 및 정책적 시사점

지금까지의 외국의 제조업 기반 산업도시들의 사례분석결과를 기초로 할 때 지역혁신생태계 구축과 관련하여 다양한 정책적 시사점을 얻을 수 있다. 아래의 <그림 5-2>는 지역혁신생태계의 구축과 작동을 위한 단계들이다.

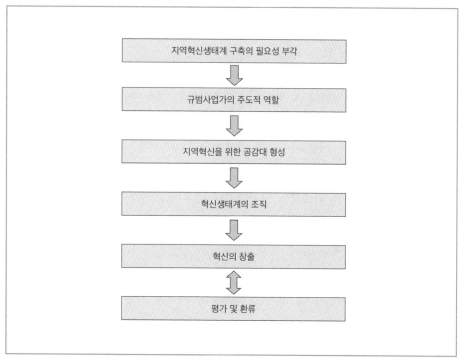

┃ 그림 5-2 지역혁신생태계의 구축과 혁신

범세계적으로 4차 산업혁명이 진행되고 또 생명과 행복을 중심으로 한 제5차 산업혁명이 시작된 지금, 과거의 영광에 젖어 변화에 적응하지 못하면 자칫 가열되는 냄비속 개구리와 같이 파멸을 면치 못하게 될 것이다. 이에 많은 산업도시들은 주력산업의 위기로 인하여 혁신의 필요성을 인식하고 있다. 그러나 이를 실제로 혁신과 연결하는 데는 바덴-뷔텐베르크의 사례에서 보았듯이 규범사업가(Norm entrepreneur) 혹은 이에 상응하는 역할을 수행할 주도자가 필요하다. 새로운 산업에 대한 기존 산업의 반발은 어느 나라나 겪는 성장통인데 누군가가 확신을 갖고 관련 당사자를 연결시키고 협력토록 만드는 중개 및 촉진기능 수행자가 요구된다.

지역혁신은 기존 산업과 기득권층의 잠금효과 혹은 경로의존성을 벗어나야 가능하다. 그러나 현실은 외국의 사례에서 볼 수 있듯이 대내외의 환경변화에 따른 기존산업의 위기의식이 심화되면서 점차 실현가능성이 높아지는 경향이 있다. 즉, 무엇인가 변화하지 않으면 생존 그 자체가 불가능할 것이라는 인식이 팽배해지면서 미래에 대한 새로운 돌파구를 찾지 않을 수 없기 때문이다. 기존 산업뿐 아니라 지역의 산업구조를 다양화할 신산업 등 관련 이해당사자들이 혁신을 위한 기회의 장을 마련하고 경로의존적 조직문화를 혁신지향적 문화로 전환되어야 지역혁신생태계가 작동되기 시작한다.

이때 중요한 것은 지역혁신 네트워크를 형성하는 것이다. 지역혁신체계는 과거의 공간적 집중에서 벗어나 지역의 산업, 연구기관, 대학 등이 대내외적으로 네트워크를 형성하고 서로 연결하는 것이 핵심전략이다. 지역혁신은 관련 당사자간 소통과 협력이 요구되며, 이를 바탕으로 지역경제의 지속가능성을 지원할 수 있기 때문이다.

지역혁신을 창출하기 위해서는 산업전략도 매우 중요하다. 디트로이트시의 경험이 시사하듯이 새로운 산업특구를 지정하고 신산업들을 유치하는 노력도 도시경제를 되살리는 좋은 사례가 될 수 있다. 그렇다고 신산업이 모든 도시에서 추구해야 할 문제의 해결책은 아니다. 국내외의 많은 도시들이 4차혁명시대를 맞이하여 생명과학분야, 정보통신분야, 화학 및 신소재분야 등 새로운 산업의 도입 및 육성을 위해 경쟁하고 있다. 이 모든 도시가 신산업 분야에서 성공할 것으로 기대하기는 어려울 것이다. 혁신생태계를 기반으로한 산업전략의 선택은 전적으로 소통과 합의, 비전의 공유, 그리고 가능성을 향한 노력의 여하에 달려 있을 것이다. 마지막으로 지역혁신체계는 일시에 형성되고 즉시 효과를 나타내는 것이 아니다. 평가를 하고 진척상황을 점검하고 문제점을 개선해 나가는 환류과정이 확보되어야 한다.

Ⅵ 맺는말

지역혁신생태계를 조성하고 제 기능을 발휘토록 하면 이 시대의 선두도시가 되는 첩경으로 받아들여 질 수 있다. 그리고 지방의 열악한 혁신환경을 냉철하게 평가하면 중앙정부의 지원과 협력이 절실하기도 한 실정이다. 그러나 지나친 국가 및 지방정부의 개입은 창의적 혁신을 방해하는 요인이 되기도 한다. 지역혁신 클러스터이론을 제창한 Cooke(2001)은 "유럽의 혁신이 미국보다 뒤지는 것은 지나친 공공부문의 개입 때문"이라고 평가한 바 있다.

제4차 산업혁명의 시대에서 제조업의 혁신은 정보통신기술의 혁명적 발전에 근거하는 경우가 많다. 이러한 경우 전산화, 자동화, 인공지능화는 상당한 인력을 대체한다. 이같은 첨단제조업의 발전은 제조업의 고용감소뿐 아니라, 저출산 고령화로 제조업 고용자도 고령화되는 산업도시의 입장에서는 인구 및 고용감소를 동반하므로 선뜻 받아들이기 어려운 모순된 점도 있다. 그러나 한편으로는 인구증감 그 자체가 지역의 성장 혹은 쇠퇴의 지표가 아니라 어떤 인구가 어떠한 형태의 공간에 배치되어 있는가가 지역경제의 핵심이라면 재고할 여지가 생긴다.

지역경쟁력은 변화하는 환경에 얼마나 신속하게 지역이 적용하느냐에 달려있다. 변화와 적응을 위한 혁신의 가장 큰 장애물은 정책의 잘못이 아니라 문화(culture)이다. 피터 드러커(Peter Drucker)는 "기업문화가 혁신을 쌈 싸 먹는다(Culture eats innovation for lunch)"라고 비판한 바 있다. 그러나 이를 역으로 해석하면 혁신의 열쇠는 혁신문화를 정착시키는 것으로부터 시작된다고도 할 수 있다.

혁신문화의 정착은 결코 쉽지 않다. 현재 상태에서 이득을 보는 기득권 계층은 자신의 이득이 위협받지 않는 한 혁신을 통한 변화를 환영하지 않는다. 그만큼 자신의 이해득실을 넘어선 혁신은 쉽지 않은 과제이다. 이 과제는 미래에 대한 의견의 공유가 있어야 하며 이를 기반으로 경로의존성을 탈피하고 새로운 진로를 개척할 수 있다.

김선배. (2017). 새로운 지역산업 발전전략, 스마트 지역혁신생태계 구축, 산업경제분석, 2017−04, 65−73.

김영수. (2018). 지역의 산업기술 혁신생태계 구축 전략, 산업경제분석, 2018−01, 46−56.

이주호·최창용 편. (2017). 혁신생태계 조성을 위한 정부 개혁, KDI 연구보고서, 2017−02.

장 영. (2013). 제조업 혁신 네트워크: NNMI(National Network for Manufacturing Innovation: A Preliminary Design), 한국산업기술진흥원 산업기술정책 브리프, 2013−31.

장은교. (2019), 제조업 위기극복을 위한 혁신생태계 조성방안: 미국 제조혁신연구소 사례를 중심으로, 국토정책Brief, No. 697.

Asheim, B., Isaksen, A., Nauwelaers, C. and F. Tötdling. (2003). *Regional innovation policy for small−medium enterprises*, Cheltenham, UK and Lyme, US : Edward Elgar.

Asheim, Bjorn T., Helen Lawton Smith & Christine Oughton. (2011). "Regional Innovation Systems: Theory, Empirics and Policy," *Regional Studies*, 45(7), 875–891.

Chinitz, B. (1961). Contrasts in agglomeration: New York and Pittsburgh. *American Economic Review: Papers and Proceedings,* 51(2), 279–89.

Cooke, P. (1992). Regional Innovation Systems: Competitive Regulation in the New Eur ope. *Geoforum,* 23, 365−382. http://dx.doi.org/10.1016/0016−7185(92)90048−9.

_____. (2001). "Regional innovation systems, clusters, and the knowledge economy," *Industrial and Corporate Change,* 10(4), 945–974.

Cooke, P., Boekholt, P., Tödtling, F. (2000). The governance of innovation in Europe. London: Pinter. Cooke, P., Uranga, M.G., Etxebarria, G. 1998 Regional Systems of Innovation: an Evolutionary Perspective. *Environment and Planning A*, 30, 1563−1584.

Cox, R. H. (2001). The Social Construction of an Imperative. Why Welfare Reform Happened in Denmark and the Netherlands but not in Germany. *World Politics* 53, 463−498.

D'Allura, Giorgia M. and Marco Galvagno. (2012). "Regional Innovation Systems: A Literature Review," *Business Systems Review*, 1(1).

Doloreux, David and Parto Saeed. (2005). "Regional Innovation Systems: Current Discourse and Unresolved Issues." *Technology in Society*, 27(2), 133–153.

Faust, M., Griupp, H., Hummel, H., Klee, G., Laube, T., Münzenmaier, W., Saul, C., Schmoch, U., Waldkircher–Heyne, C. (1995). Der Wirtschafts–und Forschungsstandort Baden–Württemberg. Potentiale und Perspektiven. Studien zur Strukturforschung 19, Ifo Institut für Wirtschaftsforschung, Munich.

Frenken K., Van Oort F. G. and Vergurg T. (2007). Related variety, unrelated variety and regional economic growth, *Regional Studies*, 41(5), 685–697.

Fuchs, Gerhard and Sandra Wassermann. (2004). The Regional Innovation System of Baden–Württemberg: Lock–In or Breakthrough? *Unpublished Report*, Institute for Social Sciences, University of Stuttgart.

Glaeser, Edward. (2011). *Triumph of the City: How Our Greatest Invention Makes Us Richer, Smarter, Greener, Healthier, and Happier*, Penguin Books.

Grabher, G. (1993)."The Weakness of Strong Ties. The Lock–in of Regional Development in the Ruhr Area." In The Embedded Firm. *On the Socioeconomics of Industrial Networks*, G. Grabher ed. London, New York: Routledge.

Granstrand, Ove and Marcus Holgersson. (2020). "Innovation ecosystems: A conceptual review and a new definition," *Technovation*, 90–91.

Herou, Snöfrid, Börjesson. (2013). A Comparative Study of Two Regional Innovation Systems–The Case of Skåne and Västra Götaland, Master of Science Thesis, Chalmers University of Technology.

Jandova, Michaela. (2014). "Comparative analysis of Regional Innovation System in different types of regions: Evidence of Madrid, Basque country and Andalucia," Unpublished master thesis, LUND University. Lund, Sweden.

OECD. (2001). *Innovative clusters: drivers of national innovation systems*. Paris: OECD publication.

_____. (2013). Regions and innovation: Collaborating across borders, *Reviews of Regional innovation*.

Porter, M. (1990). *The Competitive Advantage of Nations*, The Free Press, New York.

_____. (1998). Cluster and the New Economics of Competition, *Harvard Business Review*, November–December, 77–90.

Scott A. (1988)."Flexible production systems and regional development : the rise of new industrial spaces in North America and Western Europe", Research Paper 168, Centre for Urban and Community Studies, University of Toronto.

Scott A. Brave and Paul Traub. (2017). "Tracking Detroit's Economic Recovery After Bankruptcy with a New Index."Federal Reserve Bank of Chicago, *Chicago Fed Letter*, No. 376.

Sternberg, R. (2000). Innovation networks and regional development – evidence from the European Regional Innovation Survey (ERIS). *European Planning Studies*, 8(4), 389−407.

Tödtling, F., Kaufmann, A. (2001). The role of the region for innovation activities of SMEs. *European Urban and Regional Studies*, 8(3), 203−215.

Wolfe, D. (2003). *Clusters Old and New: The Transition to a Knowledge Economy in Canada's Regions*. Kingston: Queen's School of Policy Studies.

제6장

도시재생과 젠트리피케이션

도시재생과 젠트리피케이션

I 서론: 도시재생의 개념과 목적

한국의 도시재생(regeneration) 개념은 "도시재생 활성화 및 지원에 관한 특별법 제2조(정의)"에 잘 기술되어 있다. 이 법에서 "도시재생"이란 인구의 감소, 산업구조의 변화, 도시의 무분별한 확장, 주거환경의 노후화 등으로 쇠퇴하는 도시를 지역역량의 강화, 새로운 기능의 도입·창출 및 지역자원의 활용을 통하여 경제적·사회적·물리적·환경적으로 활성화시키는 것을 말한다.

서구 국가들의 경우 도시를 재생 혹은 부활하고자 하는 노력과 관심은 오래전부터 시작되었다. 도시 재생의 목표를 지향하는 다양한 정책 프로그램은 이미 존재하였으나 시대에 따라 상이한 목표설정과 접근방법에 있어 차이를 발견할 수 있다. 세계 여러 나라 도시들의 도시재생정책을 바탕으로 도시재생이 추구하는 목표는 아래와 같이 정리된다(Roberts and Sykes, 2000; Lees, Shin, and Ernesto López-Morales (eds), 2015; 한국도시연구소, 2018).

첫째, 도시재생은 기성 시가지 및 도심의 인프라와 시설물의 노후화, 불량화를 예방하는 데 초점을 맞추고 있다. 기존 도시재개발사업이 추구한 물리적 환경정비 위주로 진행되어온 것에 비하면 1990년대 이후부터는 하드(hard)한 것(물리적 환경정비, 재건, 인프라 공급확대 등)뿐만 아니라 소프트(soft)한 측면(문화적, 사회경제적 요소 등)까지를 포괄하는 종합적 접근이라는 특징과 목표를 지닌다.

둘째, 도시재생은 도시 기능회복뿐 아니라 새로운 기능을 부여한다. 해당 도시의 경쟁력 확보 및 도시 마케팅(marketing) 노력의 일환으로 도시재생사업을 추진하기도 한다. 사회, 교육, 복지, 문화 서비스 수준의 개선과 동시 도시 산업구조 및 인구변화 추세에 걸맞은 다양한 재생 프로그램을 운영한다.

셋째, 도시재생은 기존 시가지 및 도심에서 번성했던 산업이 쇠퇴하고 인구 및 산업의 감소를 방지하고 보다 더 경제적으로 활성화 된 지역을 창출하고자 하는 것이다. 서구 도시들, 특히 영국 런던 등의 도시재생은 고용확대, 소득 증가, 지역 산업육성 등 도시경제의 활성화를 강조한다.

넷째, 도시 재생 사업은 다양한 주체(정부, 공공기관, 기업, 시민단체 등)가 참여하며 주민 및 커뮤니티 중심적 접근이 주류를 형성하고 있다. 2000년대에 와서 포용도시의 중요성을 인식하여 다민족 사회에서는 다양한 인종이 서로 어울려 공동체적 유대를 유지발전 할 수 있도록 한다. 도시에서 발생하는 계층간, 인종간 반목질시하는 사회적 배제를 최소화 하고 "사회적 통합"을 이룰 수 있도록 하는 것이다.

즉 도시재생이란 물리적 환경 정비(hard한 측면)만이 아닌 산업－경제, 사회－문화적 부문(soft한 측면)까지를 포괄하는 종합적 접근으로서 도시공간구조의 재편, 새로운 도시기능 창출, 사회적 포용을 추구하는 사업이라 정의된다. 그리고 도시재생사업단[1] 사전기획연구에 따르면 "도시재생이란 쇠퇴한 도시지역을 물리 환경적, 경제적, 생활－문화적으로 개선하여 활력이 저하된 기능을 회복함과 동시에 경쟁력 있는 정주환경으로 재창조하는 과정"이라고 정의하였다(한국건설교통기술평가원, 2006)[2]

도시재생의 개념을 이해하기 위해서는 기존 도시정비사업(재개발, 재건축)과의 차이점을 확인하는 것이 필요하다. 먼저 사업주체 측면에서 도시재생사업은 정부(중앙과 지방정부)가 주도적이며, 재개발·재건축사업은 민간이 중심으로 추진되어 왔다. 재개발과 재건축사업은 주택 및 지역사회 인프라 등 물리적 환경개선에 중점을

---

1) 건설교통 R&D 혁신 로드맵 「Value Creator－10」의 일환인 건설교통기술연구개발사업에서 시행한 "도시 재생사업단"의 사전기획연구 최종보고서.
2) 한국은 정부차원의 도시재생사업 관련정책연구는 2007년 한국건설교통기술평가원의 VC－10 기획연구과제가 최초이다. 당시 국토부는 10개의 국토교통 관련 대규모 기획연구과제를 추진하였고 그 중 하나가 도시재생이었다. 이 정책연구는 당시 대한주택공사(현 한국토지주택공사) 도시재생사업단에서 2007년 하반기부터 본격적으로 시작하게 된다.

두었으나 도시재생사업은 사회 · 경제, 문화 분야 등 종합적인 특성을 지닌다. 추진 방식 면에서도 재개발 재건축은 전면철거방식을, 반면에 도시재생은 점진적이고 종합적인 개량방식이라는 차이점을 찾을 수 있다(표 6-1 참조).

최근의 도시재생사업은 몇 가지 형태로 분류된다. 도시재생사업 지원대상은 경제기반형, 일반근린 재생형, 소규모 근린재생형, 중심시가지 근린 재생형 등으로 구분되고 있다. 2000년대 초반부터 인구 감소와 도시쇠퇴, 그리고 산업 구조의 급격한 재편이라는 구조적 환경 변화 속에서 공공성을 우선가치에 둔 도시재생 사업이 성공을 거두기 위해서는 정부와 지역공동체, 주민의 협력적 관계설정이 무엇보다 중요한 요소로 등장하고 있다. 서유럽국가들이 선호하는 접근 방식으로 지역사회 발전전략의 틀로 자리 잡은, "커뮤니티 선도 지역발전(CLLD: Community-led Local Development)"이 한국의 도시재생사업에 시사하는 바가 크다.[3]

우리나라 도시재생사업의 배경과 목표를 살며보면 다음과 같다.

• 도시외곽지의 신개발 등 무분별한 도시 확장으로 인한 신시가지와 구도심과의 불균형 시정
• 저출산 · 고령화로 도시인구유입이 정체되고 원도심의 인구감소 예방 및 치유
• 기성시가지 및 구도심의 생활환경이 열악하여 사회-경제적 문제 해결
• 구도심 및 기성시가지 주거환경 개선 및 삶의 질 향상을 위한 생활밀착형 도시 재생정책 요구가 증대되었고 이에 정책적 대응의 필요성

---

3) 지역사회 주도 지역 개발(CLLD)은 지역 주민들이 지역별 통합 개발 전략을 설계하고 구현하는 파트너십인 LAG(Local Action Group)를 구성하도록 장려하는 정책 개발에 대한 상향식 접근 방식이다. CLLD 접근법은 1990년대 유럽농촌개발기금(EAFRD)의 공동 자금 조달로 농촌 지역의 개발을 장려하기 위해 EU 리더 프로그램에 의해 처음 사용되었다.

표 6-1 도시재생과 도시정비사업(재개발 · 재건축)의 차이점

구분	도시재생	재개발, 재건축
사업주도	정부주도형 (중앙 및 지방정부)	민간주도형 (주민, 건설회사)
추진방향 및 핵심 사업	사회, 경제, 문화 등 종합적 접근	주택, 인프라 등 물리적 환경개선 중점
사업 방식/절차	점진적, 종합적 개량방식	전면철거방식
추진목표	공공성 확보우선	민간 수익성 및 주민수요 부응
사업범위 및 규모	다양한 사업규모	상대적으로 작은 규모
정부 재정지원	정부지원 있음	정부지원 없거나 제한적
관련법	도시재생 활성화 및 지원에 관한 특별법(약칭: 도시재생법)	도시 및 주거환경 정비법 (약칭: 도시정비법)

Ⅱ 원도심 쇠퇴와 도시재생 당면과제

원도심이란 해당 도시의 오래된 중심 지역이다. 도시가 생성되고 발전하는 과정에서 최초로 도심지 역할을 한 지역으로 흔히 '구도심', '기성시가지' 등으로 불리며 다른 도심지가 생겨나기 전에 형성된 곳을 말한다. 원도심이란 신도심(신도시)과 대비되는 용어이기도 하다. 과거에는 부흥했던 도심지의 인구가 빠져나가 공동화현상이 발생하는 등 원도심은 도시재생의 핵심적 대상지역이기도 하다.

도시 외곽지의 신도시개발과 부도심이 발달하면서 원도심의 쇠퇴문제가 더욱 심화되고 있다. 이에 따라 도시 내부의 불균등발전이라는 도시 관리적 과제에 직면한 도시가 많다. 이러한 도심지역의 활력 저하현상이 전국에 걸쳐 발생하면서 사회경제적 그리고 정치적 문제로 대두하였고, 이에 많은 도시에서는 도심지역의 활성화

를 위한 정책적 노력. 즉 도시재생정책이 확대 성행하게 되었다(김경천 외, 2015; 정삼석 외, 2016; 김영 외, 2008; 박병호·김준용, 2009).

도시재생 대상지역은 인구감소, 사업체 수 감소, 생활환경 악화와 관련된 5개 법정지표를 기준으로 선정한다.[4] 인구감소는 지난 30년 중 가장 많았던 시기에서 20% 이상 감소, 최근 5년간 3년 연속 감소한 지역이다. 그리고 사업체 수 감소는 지난 10년 중 가장 많았던 시기에서 5% 이상 감소, 최근 5년간 3년 연속 감소한 지역을, 생활환경 악화는 20년 이상 노후건축물이 있는 곳을 선정한다.[5]

1. 한국 도시재생의 배경과 과제

1) 물리적 노후 및 쇠퇴

모든 생명체(유기체)는 탄생하여 죽음을 맞이하는 일련의 과정을 겪는 것과 같이 도시도 영원히 존재하기보다는 일정 기간 존재하다 사라지거나, 쇠퇴하기도 하는 등 유기체와 매우 흡사하다.

특히 도심지역의 건축물과 다양한 시설물은 시간이 경과하면 그 기능이 저하되거나 쇠퇴하게 된다. 이러한 노후, 쇠퇴, 기능저하라는 현상에 대하여 예방하거나 기능회복적 노력은 넓은 의미의 도시관리 혹은 도시재생사업으로 나타나고 있다.

2) 상주인구감소 및 인구이동

서울 등 큰 도시의 경우 도심부의 상주인구가 감소하는 추세를 보이고 있다. 한편 지방도시의 경우도 유사한 특징을 보이고 있다. 이러한 도심부 상주인구의 감소 추세는 해당 도시의 경제 구조적 영향, 도시공간 및 토지이용 패턴의 변화, 그리고 인구학적 특징 등의 변화와 밀접한 관련을 지닌다. 대도시 주변의 신도시나 신개발지로 도심 인구가 빠져 나가는 현상도 경험하게 된다. 1995년 이후 서울, 부산, 대구 등 주요 대도시의 도심인구가 지속적으로 감소 추세이며 대도시의 도심인구는 감소하는 반면, 도시 외곽인구가 증가하는 광역화 현상(metropolitan spillover)이 심

---

4) 도시재생 활성화 및 지원에 관한 특별법 제13조 및 시행령 제17조 참조.
5) 토지주택연구원(2013) 참조. https://www.city.go.kr/portal/policyInfo/urban/contents02/link.do(2022.07.04 방문)

화되고 있다. 특히 최근 서울의 주거비용 상승 및 인접 수도권 신도시 개발에 따른 외연적 성장은 인구유출을 유발하여 직장은 서울에 있지만, 주거지는 인접 수도권으로 이주하는 인구가 늘어나면서 직주 불균형을 더욱 심화시키고 있다(이원도·여효성, 2023).

3) 경제적 쇠퇴

원도심은 도시가 형성 발전되면서 축적된 다양한 역사·문화자원을 지니며, 양호한 접근성, 다양한 인적·물적 자원 및 기반시설 등 보유하고 있다. 그럼에도 불구하고 도심지는 인구의 감소뿐 아니라 산업부문에서도 종사자의 감소추세를 보인다. 서울의 제조업 종사자 수는 2007부터 2017년 기간중 지속적으로 감소 추세이다(김선영, 2019). 그리고 6개 광역시(부산 대구 울산 인천 대전 광주)의 경우 원도심에 해당하는 총 8개 구(24개 동)를 대상으로 쇠퇴 수준을 진단한 결과 24개 동 모두 쇠퇴가 진행되고 있는 것으로 나타났다(정소양·유재윤·김태영·김용환, 2014)

2. 도시재생 유형 변화

문재인 정부가 추진하는 도시재생 사업으로 우리동네살리기, 주거정비지원형, 일반근린형, 중심시가지형, 경제기반형 등 다섯 가지 유형으로 분류된다. 가장 소규모인 우리동네살리기는 면적 5만㎡ 미만 소규모 저층 주거밀집지역에서 추진하며 거주민 1000가구 이하 마을이 해당된다. 이곳에는 주택 개량과 함께 CCTV, 무인택배함 등 생활밀착형 소규모 생활편의시설이 설치된다.

주거정비지원형은 5만~10만㎡ 저층 단독주택지역을 대상으로 하며 도로 정비, 주택 정비, 공공 임대주택 공급 등이 이뤄진다. 일반근린형은 10만~15만㎡ 주거지와 골목 상권 혼재 지역이다. 여기에는 노인·청소년 등 지역민을 위한 문화 서비스 공간 등이 설치된다. 중심시가지형은 주로 상업지역(20만㎡)에서 이뤄지며 노후 시장 개선, 빈 점포 리모델링을 통한 창업 공간 지원 등이 이뤄진다. 그리고 경제기반형은 역세권, 산업단지, 항만 등 대규모 사업지(50만㎡ 산업 지역)가 해당된다. 여기에는 복합지식산업센터 건립, 국유지 활용 개발 등이 이뤄진다.

표 6-2 도시재생 뉴딜사업 유형 및 내용

사업유형	사업의 내용
우리동네살리기(1) (소규모 주거)	생활권 내에 도로 등 기초 기반시설은 갖추고 있으나 인구유출, 주거지 노후화로 활력을 상실한 지역에 대해 소규모 주택 정비 사업 및 생활편의시설 공급 등으로 마을공동체 회복
주거지지원형(2) (주거)	원활한 주택개량을 위해 골목길 정비 등 소규모 주택정비의 기반을 마련하고, 소규모주택 정비사업 및 생활편의시설 공급 등으로 주거지 전반의 여건 개선
일반근린형 (준주거)	주거지와 골목상권이 혼재된 지역을 대상으로 주민공동체 활성화와 골목상권 활력 증진을 목표로 주민 공동체 거점 조성, 마을가게 운영, 보행환경 개선 등을 지원하는 사업
중심시가지형 (상업)	원도심의 공공서비스 저하와 상권의 쇠퇴가 심각한 지역을 대상으로 공공기능 회복과 역사·문화·관광과의 연계를 통한 상권의 활력 증진 등을 지원하는 사업
경제기반형 (산업)	국가·도시 차원의 경제적 쇠퇴가 심각한 지역을 대상으로 복합 앵커시설 구축 등 新경제거점을 형성하고 일자리를 창출하는 사업

자료: 도시재생정보체계, https://www.city.go.kr/portal/policyInfo/urban/contents01/link.do.

　　문재인 정부는 2018년 8월 31일 '2018년도 도시재생 뉴딜사업 선정안'에 따라 전국 99곳을 도시재생 뉴딜사업지로 선정했다. 유형별로 우리동네살리기 17곳, 주거지지원형 28곳, 일반근린형 34곳, 중심시가지형 17곳, 경제기반형 3곳이다. 그리고 시도별로는 경기가 9곳, 전남·경북·경남이 각 8곳, 서울과 부산·대구·강원·전북이 각 7곳, 충남 6곳, 인천과 광주 각 5곳, 울산과 충북 각 4곳, 대전 3곳, 제주와 세종 각 2곳 등이다. 정권 출범 직후인 2017년 68곳을 시작으로 2018년 99곳, 2019년 116곳, 2020년 117곳 등 현재 전국 500여 곳에서 도시재생 사업을 진행하고 있다. 재정, 기금, 공기업 투자 등 5년간 쓰이는 예산만 50조원에 이른다.

　　야심찬 사업계획과 엄청난 예산에도 불구하고 도시재생사업이 주거환경 개선 및 도시정비라는 목적을 충분히 달성하지 못하면서 문제점이 드러나고 있다. 지난날 재건축·재개발 사업은 원주민을 대거 이주시키고 부지 정비를 통해 아파트 등 대규모로 주택을 공급하는 전면철거방식이었다. 막대한 비용과 시간이 투입될 뿐만 아니라 일부 주민들이 강제 퇴거당하는 일이 반복되면서 주요 사회적 갈등으로 지적됐다.

문재인 정부의 도시재생은 전면철거 재개발을 지양하면서 등장한 도시정책이다. 기존 마을 '원형 보존', '보존 위주'에 초점을 둔 재생사업으로 좁은 골목과 구불구불한 계단 길은 그대로 남겨 둔 채 주택 수리와 환경 미화 개선 수준에서 사업이라는 특징을 발견할 수 있다. 도시재생사업이 순조롭게 잘 진행되면서 상당한 효과를 경험하는 곳도 있지만 정부의 예상과 달리 다양한 문제점과 장애요소가 나타나고 있다.

국토교통부는 2022년 7월 27일 '새 정부 도시재생 추진방안'을 마련해 발표했다.6) 문재인 정부가 역점 사업으로 추진했던 도시재생사업이 전면 수정되고 사업 규모도 절반 미만으로 축소된다. 기존에 인정하지 않던 재개발 방식도 도시재생사업으로 인정하고, 기존에 선정된 사업지도 매년 실적을 평가해 부진하다고 판단되면 지원 예산을 깎는다.

새 계획에서는 기존 5개 도시재생 사업 유형이 2가지 유형으로 되었다. 기존에는 경제기반형, 중심시가지형, 일반근린형, 주거지지원형, 혁신지구 등 5가지 방식의 다양한 도시재생 사업 추진이 가능했지만 윤석열정부에서는 경제재생, 지역특화재생 등 2가지 방식의 사업만 가능하다. 경제재생형은 국토부가 직접 사업지를 선정하는 방식이고, 지역특화재생형은 기초지방자치단체가 사업을 신청해 광역지자체가 평가하면 국토부가 국비 예산 범위 내에서 사업지를 확정하는 방식이다.

평가방식도 변경되었다. 기존에는 광역지자체 실현가능성·타당성평가를 진행한 후에 국토부가 다시 같은 평가를 진행했지만, 앞으로는 지자체 자율성을 보장하기 위해 국토부 평가는 생략한다. 사업 규모도 축소된다. 정부는 매년 100곳의 도시재생 사업지 선정을 목표로 2017년 68곳, 2018년 100곳, 2019년 116곳, 2020년 117곳, 지난해 87곳을 사업지로 선정했다. 그러나 국토부는 2023년 사업지 선정 목표를 40여곳으로 낮춰 잡았다.

과거 공급 물량 목표에 치중해 소규모 사업을 확대했던 것에서 윤석열 정부에서는 규모 있는 사업에 선택과 집중을 통한 실효성 있는 지원으로 도시재생 효과를

---

6) 연합뉴스, 文정부 도시재생 정책 '전면수정'…사업규모도 절반으로 축소(종합), https://www.yna.co.kr/view/AKR20220727063451003?input=1179m, 2022.07.27.

높이겠다는 취지다. 쇠퇴지역에 국비 250억원을 지원하고 각종 건축 특례를 부여해 주거·업무·상업 등 도시기능을 복합 개발하는 '혁신지구' 사업은 적극 추진하기로 했다. 이는 윤석열 정부가 국정과제로 선정한 '메가시티·강소도시' 사업과 연결된 사업이다.

주택정비 활성화를 위해 도시재생사업 방식을 이용하는 것도 허용된다. 문재인 정부에서는 기존 주민들의 '젠트리피케이션'을 막기 위해 주택 등을 전면 철거하는 방식의 사업은 도시재생사업으로 지원하지 않았는데, 앞으로는 재개발 등 정비사업 방식도 도시재생사업으로 인정해 지원한다. 민간 참여도 확대한다. 기존 도시재생 사업은 공공이 주도하는 방식이었지만, 앞으로는 민관협력형 리츠(부동산투자회사) 등의 사업 확대를 적극 추진한다. 국토부는 기존에 선정된 사업에 대해서는 일단 계획대로 국비를 지원할 계획이지만, 매년 추진실적을 평가해 부진사업은 지원 규모 축소를 검토할 방침이다.

도시재생사업은 '쇠퇴도시 활성화'를 목표로 2013년 시작되었다 과거정부는 국정과제로 추진되며 상당한 공적 자원이 투입되었다. 그러나 도시재생사업(1세대 도시재생)은 전반적으로 정책목표를 달성하지 못했다는 평가를 받고 있다. 1세대 도시재생'의 한계로는; ▲ 정책 효과성 부족, ▲공공재원 투입 종료 후 지속성 부족, ▲민간부문(기업, 주민 등)의 참여와 투자 부족을 들 수 있다. 이 문제가 발생한 근본적인 원인으로는; ▲도시재생의 개념과 정책목표 혼란, ▲도시재생 전략과 접근 방식과 관련된 잘못된 제도설계, ▲잘못된 사업내용, ▲ 공공성과 수익성, 공공과 민간의 역할에 대한 잘못된 이해, ▲현실성이 부족한 주민참여 및 공동체 관련 제도설계를 꼽고 있다(이태희, 2023).

윤석열정부의 도시재생사업은 이러한 문제를 어느 정도 해소할 수 있을지는 두고 보아야 한다. 과거 정부에서 추진한 사업중 실패로 평가된 사업은 과감히 폐기해야 하지만 성공적이라 평가되는 사업은 지속적으로 추진할 필요가 있다. 이는 정책의 지속성과 주민의 정책 신뢰를 확보할 수 있기 때문이다.

Ⅲ 젠트리피케이션

1. 개념

"젠트리피케이션(gentrification)" 용어는 1964년 영국 런던대(UCL) 도시연구소(Centre for Urban Studeis) 소속의 루스 글래스(Ruth Glass) 교수가 본인의 저서 에서 처음 사용하였다(Glass, 1964). 영국의 상류 신분을 의미하는 '젠트리(gentry)'와 '~화(化)하다'는 의미의 접사 '-fication'이 결합한 파생어이다. 이 용어는 한국에서는 우리말로 번역하지 않고 원어 그대로 사용하고 있어 일반인들은 생소한 단어이기도 하다.

젠트리피케이션은 낙후되거나 저소득층이 밀집한 주거지역 및 영세 기업이 주를 이루던 지역이 재개발되는 과정에서 고급 주택과 대형 문화·상업 시설이 들어서게 된다. 이로 인해 지역사회 기반시설은 크게 개선되고 토지가격이 상승하여 저소득 원주민과 세입자들이 이를 감당하기 어려워 비자발적 이주, 즉 쫓겨나는 문제가 발생하게 된다. 일반적으로 한국에서는 '젠트리피케이션' 용어는 '내몰림', '축출' 등의 부정적 의미로 사용되기도 한다. 이 지역이 지대가 상승하면서 기존의 입주자는 상대적으로 부유한 입주자로 교체되는 현상을 설명한 것이다.

젠트리피케이션의 배경은 무엇으로 설명할 수 있을까? 먼저 젠트리피케이션을 주도하는 집단은 누구인가(행위자)를 확인할 필요가 있다. 서구 도시의 경우 교외지역 중산층 거주자들로 알려져 있다(Smith, 1979). 교외지역에 거주했던 주민들이 도심의 접근성 등을 이유로 도심주거지역으로 이주해 오기도 한다. 이러한 교외 거주 중산층 이외에 또 하나의 집단은 젊은 고소득 독신가구와 전문직에 종사하는 중산층이다. 흔히 여비족(yuppie)들이라 칭하기도 한다.[7] 독신가구들은 도심의 편리한 교통과 서비스를 향유하기 위한 것이라고 알려져 있다. 특히 고학력 전문 직종 종사자들로서 문화, 금융, 서비스업에 일하는 사람들이 젠트리피케이션의 주도적 집단이라고 알려져 있다(Meligrana, & Skaburskis, 2005; Ley, 1980; Lovering, 2007).

---

7) 여피(yuppie)는 "젊은 도시 전문직(young urban professional"의 약자로서, 대학 수준의 학력을 갖추고 고소득 직업에 종사하는 젊은 성인으로 알려져 있다. 1980년대 미국을 비롯해 전 세계적으로 사용하던 신조어다(단비뉴스, http://www.danbinews.com).

표 6-3 젠트리피케이션 개념 정리

구분	특징
발생장소	도시 내 낙후 및 쇠퇴 지구, 저소득층밀집지역,
대상지역의 물리적 경제적 환경	오래된 건물, 낙후된 시설, 상대적으로 저렴한 임대료 (주택, 상가, 사무실 등)
재개발, 재생 사업 등과 연관성	재개발, 재건축, 도시재생사업 예정 혹은 진행되는 곳
이주	저소득 원주민, 세입자 등 사회경제적 낮은 집단의 비자발적 이주 발생
해당 커뮤니티의 사회경제적 변화	상대적으로 부유층, 중산층의 유입, 주택 및 상가 임대료 상승 고소득 집단에 의한 사회경제적 환경개선, 부동산 투자대상, 재산세 등 도시정부 재정에 도움

우리나라의 경우는 서구 도시와는 동일하다고 보기 어렵다. 경제적 여유가 있는 중산층 사람들과 투자 목적으로 도심지역 재개발사업으로 공급된 새 아파트를 차지하게 된다. 그리고 재개발지역에서 흔히 나타나는 현상으로 부동산 투기를 목적으로 재개발지구로 이주해 오는 사람들도 있다. 재개발 이전 노후 아파트나 단독주택을 미리 매입하여 재건축 혹은 재개발이 달성될 때까지 기다려 큰 수익을 얻기도 한다.

젠트리피케이션의 장점과 단점을 확인할 필요가 있다. 젠트리피케이션을 먼저 경험한 서구 도시들의 경우 장점으로는 기존 도심 저소득층 주거지 범죄의 감소, 낙후불량지구의 안정화, 주택공실률 감소, 지역세수 증대, 임대료 및 지가 상승, 발전가능성 증대 등이다. 그리고 도심의 재개발프로그램이 활성화됨으로서 교외지역의 무질서한 확산(sprawl) 예방에 도움이 된다(Lees and others, 2017; Roberts and Sykes, 2000)

위에 언급된 다양한 장점이 있음에도 불구하고 젠트리피케이션을 통한 사회경제적인 문제점이 발생하기도 한다. 거의 모든 재개발 혹은 재건축 지구에는 원주민 저소득층이 이 지구(커뮤니티)에 계속 거주하기 힘든 상태로 결국 쫓겨 나가는 결과를 초래한다.[8] 왜냐하면 재개발지구는 중산층이 거주하는 주거지로 변화되어 저소득층의 소득으로는 주택을 구입하거나 임대하기 힘들기 때문이다. 재개발지구 내 상가의 경우도 마찬가지다. 아울러 또 다른 문제점으로는 지역의 서비스 비용 증가, 사회적 다양성 감소, 일시적이지만 빈곤층과 중산층이 함께 거주함에 따라 커뮤니티 갈등과 이질성이 심화되기도 한다. 이러한 젠트리피케이션 현상은 서구도시와 한국도시에는 유사점과 상이점이 동시에 존재한다(Lees, eds. 2015; 하성규, 2018; 하성규·김태섭, 2002).

서구 각국의 젠트리피케이션 발생지역, 형태, 행위자 측면에서 한국 도시재개발과는 상이점이 적지 않다. 한국에서 뉴타운, 도시 재생, 합동재개발, 도시정비사업 이름으로 추진되어 온 도시개발사업은 일반적으로 전면철거라는 물리적 정비 위주로 시행된다. 이러한 재개발사업은 부동산 개발 이익 추구, 부동산 투기로 인해 양산되는 불균등한 부의 분배 과정이라는 특징을 지닌다(한국도시연구소, 2018; Ha, 2015). 특히 한국은 정부 정책에 의해 발생되는 젠트리피케이션(policy-driven gentrification)이라고 볼 수 있다(Shin, 2009). 정부가 재개발대상 지역, 건설될 주택 건설 호수, 주택 형태 등을 결정하고 토지용도를 변경해 줌으로서 지대격차가 발생한다. 이는 재개발사업은 고도로 자본을 축적할 수 있는 기회와 장소를 창출함으로서 젠트리피케이션이 나타날 수밖에 없다고 할 수 있다.

2. 도시재개발과 젠트리피케이션

젠트리피케이션을 이해하기 위해서는 도시재개발 혹은 도시재생사업을 살펴보는 것이 매우 중요하다(Ha, 2015). 도시재개발이란 기존 도시의 특정지역에 건축물이 노후되거나 불량한 상태라고 판단되면 물리적 환경을 개선, 보수, 혹은 구조물의 철거 등을 통하여 도시발전과 주민의 주거안전을 도모하는 것을 말한다. 우리나라의 경우 "도시 및 주거환경정비법"이 도시재개발과 재건축사업의 성격을 잘 설명하고 있다. 이 법은 도시 환경을 가꾸고 주거 생활의 질을 높이기 위하여, 도시 기능을 활성화할 필요가 있는 지역을 계획적으로 정리하고 낡거나 정비가 필요한 건

---

8) 젠트리피케이션으로 인해 쫓겨나는 이들에게 젠트리피케이션은 도시형 '재난'이라고 기술하기도 한다(신현방 외, 2017 참조).

축물을 효율적으로 보수하는 일과 관련된 사항을 명시한 법이다.

　재개발의 대상구역은 대부분 저소득층의 집단적 주거지인 불량주거지와 기존 도심부 상업지역 중 노후건축물이 밀집된 지구 등이 대표적인 예이다. 도시재개발의 협의의 개념으로는 '물리적인 도시공간개선을 위한 수단'로 이해되며, 광의적으로는 '도시발전과 시민생활에 불편과 불경제를 초래하는 지역에 비효율성(교통혼잡. 기반시설 노후 등)을 해결'하고자 하는 도시관리적 정책노력이라 할 수 있다.

　도시재개발은 물리적인 도시공간의 개선 및 도시의 성장과 발전 과정에서 발생하는 도시문제 해결 방안의 하나이다. 그리고 도시를 인구변화, 경제성장, 사회적 갈등 등 새로운 상황에 적응하도록 하는 도시재생의 한 수단이기도 하다. 재개발의 필요성은 크게 4가지 측면에서 검토될 수 있다(하성규·김태섭, 2003).

　첫째, 재개발 사업은 주택정책적 측면에서 주택의 재고를 증대시키는 효과를 가져 온다.[9] 재개발 해당 지구는 주택과 주거수준의 향상, 가구수의 증가, 주택점유형태의 다양화, 주택수요 패턴의 변화 등 많은 물리적 사회경제적 변화를 가져올 수 있다. 우리나라는 1980년대 이후 서울 등 대도시의 주택부족을 해소하고 재고를 확대하기 시행되어 왔다. 재개발 사업으로 주택공급이 증가하기 때문에 주택가격(전세가격) 안정에 도움이 된다. 도시 외곽이 아닌 기존 도시 내부에 신규주택공급을 증가시킴으로서 시민들의 출퇴근 시간, 교통비 지출을 감소시키는 효과 기대할 수 있다

　둘째, 도시재개발은 경제적 측면에서 다양한 장점을 지닌다. 도시 노후지역은 기존의 주택, 건물이나 시설물이 제 기능을 발휘하지 못하여 방치할 경우 경제적으로는 큰 손실을 가져올 수 있다. 도시재개발은 효율적인 토지 이용 극대화를 시도하게 된다. 재개발의 통해 노후된 건물의 경제적 수명을 고려하여 어느 시점에 해당 건물을 대체하거나 철거할 때 수익과 효용을 얻을 수 있는지를 결정해야 한다. 노후지구의 노후화가 지속되는 원리를 설명한 것으로 죄수의 번민(prisoner's dilemma)으로

---

9) 서울시의 경우 2000년에서 2005년까지 총 34만8,770호의 주택이 증가되었는데, 이 중 재개발, 재건축으로 증가된 주택은 총 25만3,536호이다. 이는 총 주택 증가수의 72.69%가 재건축, 재개발사업으로 공급된 것이다. 2005년부터 2010년까지 5년 동안에도 총 55.90%가 재건축, 재개발사업으로 주택이 공급되었다(서울시 연도별 서울시 서민주택 공급추이 및 위클리한국주택경제신문(http://www.arunews.com) 참고).

설명하기도 한다(Bourne, 1981, pp.190－188; 하성규·김태섭, 2003, p.30; 김형국, 1989).

셋째, 재개발의 또 하나의 역할은 사회적 문제에 대한 치유와 예방책이다. 서구 국가의 대도시의 경우 특정계층(이민자 등)이나 빈곤층 집단이 집중되어 거주하는 지역이 발생한다. 이 지구는 범죄, 폭력, 교육시설의 낙후, 실업의 만연 등 사회적 문제가 심각하게 나타나기도 한다. 그래서 재개발대상 커뮤니티의 인구 및 가구특성, 고용구조, 교육문제, 범죄, 문화적 특성, 보건, 인종 등 다양한 요인을 고려한 사회문화적 재개발사업을 시행해 왔다. 이러한 사회문화적 재개발사업은 집단적 정체성(collective indentity)과 공동체성을 유지 발전시키도록 지원하기도 한다.

우리나라 대도시 빈곤층이 집단으로 거주하는 커뮤니티는 이웃 간 친밀한 관계 유지 등 동병상련의 공동체적 유대관계를 형성한 곳이 많아 이들 문화를 지속시킬 수 있도록 재개발방식을 유연하게 고려하는 것이 필요하다.[10] 재개발지구에 거주했던 원주민(세입자 포함)은 그들이 원하면 해당지구에 재 정착할 수 있도록 배려함이 사회문화적 재개발의 핵심이라 할 수 있다(Gibson and Langstaff, 1992; Ha, 2001; 서울시정개발연구원·한국도시연구소. 2003).

넷째, 재개발대상지구(커뮤니티)는 도시관리(계획)적 관점에서 보면 도시공간상 도시의 일부에 지나지 않지만 인접한 지구(커뮤니티)와 교통, 교육, 환경, 보건 등 많은 것이 연계되어 있다. 재개발지구는 하나의 섬으로 존재하지 않기에 도시전체와 연계된 종합적·공간체계적인 개발이 이루어 져야 한다.

우리나라의 경우 젠트리피케이션과 도시재개발은 매우 연관성이 높다. 이러한 주장은 1980년대부터 시작된 합동재개발사업을 통해 확인된다. 1980년대 초부터 주택재개발사업을 촉진하기 위해 합동재개발사업이 시행되었다. 합동재개발사업은 주민조합과 민간 건설업체가 합동으로 사업을 추진하는 방식이다.

주택이나 토지 등 소유주들에게는 가능한 추가 부담이 없이 새 주택을 제공하도록 추진하였다. 그러나 시행 초기에는 세입자들에 대해서는 적절한 대책이 없었기 때문에 세입자들의 강력한 반발을 초래하였다. 합동재개발사업으로 서울의 불량(무허가)주택이 대부분 철거되고 신축아파트가 공급되었다. 이로 인해 저소득층이 오랜 세월동안 거주해오든 열악한 주거지역(예 달동네, 산동네 등)는 고층아파트로 탈

---

10) 재개발사업에 따른 원주민의 고통과 문제점, 재정착률 제고방안(서울시, 2007; 홍인옥, 2009. 참조).

바꿈하여 중산층 거주지로 변화되었다. 재개발 사업을 통해 저소득 가옥주나 세입자들은 새롭게 건설된 아파트 유지관리에 경제적 부담이 과다하여 결국 해당 지역을 떠나거나 또 다른 도시주변의 저렴한 주거지를 찾게 된다(Ha, 2007; Shin, 2009).

재개발로 인한 빈곤층 주거지가 철거되면서 저렴한 주택재고의 부족은 1980년대 말 주택가격 급등을 야기시켰다. 이를 해결하기 위한 방법으로 여러 가구가 함께 거주할 수 있는 다가구, 다세대 주택이 건설되기 시작했다. 참고로 다가구주택은 등기부상 건축물의 종류가 단독주택이다. 주택의 층수가 3개 층 이하여야 하며, 바닥면적은 660㎡ 이하, 거주 세대수는 19세대 이하여야 하며, 필로티와 주차장은 층수에서 제외된다. 소유자가 1명이기 때문에 분양 또는 구분등기가 불가능하다. 반면에 다세대 주택은 등기부상 건축물의 종류가 공동주택이다. 주택의 층수가 4개 층 이하여야 하며, 바닥면적은 660㎡ 이하, 거주 세대수는 제한이 없다. 개별세대가 매매 또는 소유가 가능하며, 세대가 분리되어 있기 때문에 구분등기 또한 가능하다. 따라서 소유자가 여러 명이 될 수 있다는 게 다가구주택과의 큰 차이점이라 할 수 있다.

서울시의 경우 오래된 다가구·다세대 주택이 밀집한 지구에 도시재개발 혹은 도시재생사업의 대상지가 많다. 서울시는 재건축·재개발 정책의 두 핵심 축으로 신속통합기획(신통기획)과 모아타운이라는 새로운 접근을 시도하고 있다.[11]

모아타운은 민간 도시정비사업에서 시 차원의 인허가 절차 및 기간을 간소화하는 정책이다. 2021년 12월 서울시는 중구·광진구·강남구를 제외한 21개 자치구에서 후보지 21곳을 선정해 발표했다. 모아타운은 가로주택정비 등 소규모 정비사업인 모아주택(다가구·다세대 주택 소유자들이 개별 필지를 블록 단위로 모아 중층 아파트 개발)을 확대한 개념으로, 10만㎡ 이내 면적의 지역을 하나로 묶어 노후 주택가를 정비하는 것이 핵심내용이다.

신축건물과 오래된 건물이 혼재돼 일괄 재개발이 어려운 노후 저층 주거지가 주된 사업 대상이다. 서울시는 2022년 1월 강북구 번동, 중랑구 면목동 두 곳을 모아타운 시범사업 대상지로 선정했다. 이러한 모아타운은 젠트리피케이션을 예방하면서 주거환경을 개선하고자 하는 의도로 시도되고 있다.

---

11) 신통기획&모아타운, 이전에 없던 새로운 재개발재건축,
https://mediahub.seoul.go.kr/archives/2005309?tr_code=snews, 2022.08.10.

3. 젠트리피케이션 극복사례

우리나라는 물론 외국의 젠트리피케이션 현상은 부정적 요소를 많이 담고 있다. 이러한 부정정인 면을 극복하고 성공적인 사례를 찾아보도록 한다.

1) 부산감천문화마을

부산시 감천문화마을은 대표적 달동네였으나 도시재생사업을 통하여 관광명소를 발전한 곳이다. 감천동은 한국전쟁 때 피란민들이 판잣집을 짓고 살았던 저소득층 주거지역이었다. 이 마을은 지난 2009년 문화체육관광부의 마을미술 프로젝트에 선정돼 학생과 작가, 주민들이 합심해 마을 담벼락에 그림을 그려 넣고 조형물 등을 설치했다. 감천문화마을 주민들과 예술가들은 그동안 문화·예술을 동네 전체에 전개되면서 그동안 방치된 저소득주거지역이 발전적 변화의 기반을 다졌다. 감천문화마을의 문화마케팅과 관광객들이 지각하는 브랜드 자산과 만족도 간에는 유의한 영향 관계가 있음을 알 수 있다. 감천문화마을의 지역 문화마케팅이 지역 브랜드 자산과 만족도에 영향을 미치고 있음이 확인되었다(최지영·김현지. 2017).

이 마을 주민들은 마을협의회를 기반으로 한 활발한 문화·예술활동을 통해 마을의 많은 새로운 아이디어작업이 주민공동체의 협력으로 도시재생의 발전적 패러다임을 창조한 것으로 평가된다. 감천문화마을 예술작가 레지던시(residency)는 2013년부터 시작됐다. 당시 마을에 조금씩 늘어나는 빈집을 리모델링해 문화예술인의 창작공간으로 활용하도록 했다. 단순한 예술가의 점유공간이 아니라 지역주민 및 방문객과 소통하는 예술공간을 지향하였다. 2013년 5개를 시작으로 해마다 점차 공간을 늘려갔다 현재 서양화, 카툰, 도자기 등 다양한 분야의 작가가 입주해 있다.

감천문화마을의 이색적인 계단식 마을 원형을 보존하면서 주민·예술가·행정이 협력해 전면철거 재개발·재건축이 아닌 보존과 재생을 바탕으로 마을 만들기의 모범사례라는 평가를 받았다. 낙후된 달동네에서 활기찬 문화마을로 창조적 재생사례라 할 수 있다. 낙후된 마을이 리질리언스(resilience)를 갖게 되는 것은 원래 회복력이 없는 마을이 외부와 내부의 물리적, 화합적 작용을 거쳐 리질리언스가 형성되는 것, 마을이 하나의 생태적, 공동체적 기능이 작동하며 내생적으로 복구력(recovery)

과 지속성(continuity)을 갖게 되었다는 것이다(예동근 외, 2020; 임희숙, 2016).

감천문화마을 주민들은 외부인에게 골목을 개방했다. 방문객들이 골목마다 스탬프를 찍을 수 있게 하는 등 흥미유발을 유도하였다. 감천문화마을은 도시재생의 성공적인 사례이다. 이러한 평가는 CNN이 '아시아에서 가장 예술적인 마을'이라고 소개했고, (사)한국지방정부학회 주최 '동계학술대회 겸 지방정부 정책대상 공모 시상식'에서 감천문화마을로 최고상인 대상을 수상하였다. '2016 대한민국 공간문화대상'의 영예의 대상(대통령상) 수상작으로 '감천문화마을'을 선정했다. IAEC(국제교육도시연합) 제1회 우수 교육시상도 수상하였다. 감천문화마을이 '유네스코 지속가능발전교육(ESD: Education for Sustainable Development) 공식 프로젝트' 인증을 받았다. 감천문화마을은 '지역개발 및 거버넌스'를 주제로 지역 주민과 지자체가 파트너십을 형성, 오랜 기간 동안 마을을 잘 가꿔온 점을 높이 평가받았다. 멕시코시티, 세계지방정부연합(UCLG) 공동 주관으로 개최된 '제3회 멕시코시티 국제문화상'에서 부산시 도시재생사업 사례인 '감천문화마을'이 특별상을 수상했다. 세계지방정부연합은 189개국 1000개 지방정부, 112개 지방정부연합체로 구성되어 지방자치단체로는 UN으로 불릴 정도로 그 규모를 자랑하는 회의 기구이다.

감천문화마을의 성공요인은 무엇인가? 첫째, 주민참여 활성화를 통한 주민공동체의 역할이다. 둘째, 해당지역이 지닌 역사적, 물리적, 공간적 자원을 유용하게 활용한 점이다. 셋째, 예술가 등 관련분야 전문가의 참여와 노력이다. 넷째, 행정의 적극적 지원이다. 부산시는 조례제정, 마스터플랜 작성 등 필요한 행정지원을 적극적으로 시행한 결과이다. 다섯째, 감천마을은 전면철거 재개발이 아닌 점진적 개량방식을 택했기 때문에 타 지역에서 볼 수 있는 저소득원주민의 축출, 즉 젠트리피케이션이 발생하지 않았다는 점이다. 원주민이 이주하지 않고 지속적으로 거주하면서 마을의 발전적인 개량과 업그레이드에 참여한 것이 큰 장점이며 시사점이라 할 수 있다.

▍그림 6-1 감천문화마을 전경
자료: 부산시 사하구청, 감천문화마을 전경, 2016.

2) 영국 런던 화이트채플(Whitechapel)

불과 수십 년 전으로 거슬러 올라가면 화이트채플은 한때 가난과 불미스러운 행동으로 유명했던 런던 이스트 엔드(East End)의 심장부였다. 인근 부두와 공장에서 하층 노동자들이 일자리를 구했던 곳이다. 화이트채플은 살인, 매춘, 폭력을 포함한 범죄의 온상이었다. 거리는 상상할 수 없을 정도로 더러웠고 런던에서 강력 범죄율과 주거침입 등 범죄율이 높은 곳으로 유명했다. 화이트채플은 19세기 런던에서 가장 가난한 지역 중 하나였고 갱단, 노숙자, 이민 및 범죄가 많은 문제지역으로 알려져 있었다.[12)]

화이트채플은 이스트런던(East London)에 있는 지구이자 미래의 타워 햄릿(Tower Hamlets) 런던 자치구의 행정 중심지다. Charing Cross에서 동쪽으로 5.5km 떨어진 London East End의 일부다.

2014년 의회는 화이트채플을 위한 새롭고 야심찬 비전을 만들어 향후 15년 동안 지역 및 자치구가 재생 기회를 활용할 수 있도록 하는 국가 수상 경력에 빛나는 화이트채플 마스터 계획을 시작했다. 여기에는 올드 로열 런던 병원의 재개발, 2018년 새로운 크로스 레일 역의 개장, 새로운 주택의 건설, 그리고 새롭게 떠오르는

---

12) Wikipedia. https://en.wikipedia.org/wiki/Whitechapel 참조.

런던 퀸 메리 대학(QMUL)의 라이프 사이언스 캠퍼스가 포함된다. 이 지역의 재생의 주요 목표는 다음과 같다.

- 2025년까지 저렴한 주택을 포함하여 3,500호 이상의 신규 주택 공급
- 약 5,000개의 신규 일자리 창출
- 화이트채플 로드를 런던을 위한 쇼핑지역으로 탈바꿈
- 7개의 새로운 공공 광장과 열린 공간을 건설.
- 런던 퀸메리대학(QMUL)의 세계적 수준 생명과학캠퍼스 조성

3,500채의 신규 주택 중 최소 35%가 저렴한 주택(affordable housing)이 될 것이며 따라서 지역 주민들은 현대적 신규주택 공급으로부터 상당한 혜택을 받을 것이다. 아울러 주택 개량 및 재건축 등을 통한 주택의 질과 수준을 향상시킴으로써 주민의 주거수준향상은 물론 교육 기회 및 교육시설의 확충, 직업 접근성, 그리고 더 나은 건강을 위한 환경을 조성한다.

그동안 런던의 젠트리피케이션은 원주민 강제이주, 저소득층 주민과 유색인종을 배제하는 부정적인 결과를 초래한다. 그러나 이곳 화이트채플 지구는 원주민이 지속적으로 거주할 수 있도록 충분한 저렴주택의 공급 및 일자리 창출로 젠트리피케이션의 부정적 요소를 근본적으로 해결하는 모범 사례로 주목받고 있다.[13)]

슬럼가와 다름없는 지역에 예술가들이 해당 지역만의 특색을 살려 이미지를 개선했고, 정부의 지원으로 지역재생사업이 진행되면서 문화적 명소로도 거듭나게 되었다.[14)] 아직도 완벽히 재생사업이 마무리 된 곳은 아니지만 젠트리피케이션의 어두운 면을 개선한 곳으로도 유명해 졌다.

---

13) Ben Campkin(2013), Remaking London: Decline and Regeneration in Urban Culture, London: I.B. Tauris, 참조.
14) 아시아경제, '문화 · 예술로 꽃피운 도시재생'… 슬럼가 꼬리표 뗀 런던 화이트채플, https://realestate.daum.net/news/detail/main/20221111060209754, 2022.11.11.; JURL(김정후 도시건축정책연구소), '[한국경제 특집] 런던 빈민가에서 찾은 젠트리피케이션, 해법은?', http://jhkurbanlab.co.uk/topics/profile/about−jurl, 2017.08.28.

Ⅳ 결론: 전망과 방향

한국에서 본격적으로 도시재생정책이 실행되고 다양한 도시재생 프로그램이 시행되어 왔다(2002년 도시재생특별조치법 제정, 2005년 도시재생법 제정). 그러나 도시재생사업은 본래의 목표를 달성하지 못하고 있으며 전면적인 재구조화가 필요하다. 어떤 영역에서 새로운 접근이 필요한가.

한국 도시환경 특성을 고려한 한국형 도시재생 모델개발이 필요하다, 급속한 도시화를 겪은 우리나라는 물리적 환경이 매우 불량하고 노후화한 곳이 많다. 특히 전통적 단독주택 밀집지역과 원도심 지역에는 물리적 환경개선이 시급하다. 경우에 따라서는 일률적으로 "통합적 접근방식"이 너무 많은 시간과 자금이 필요하기 때문에 우선적으로 물리적 개선사업부터 먼저 추진할 곳을 지정할 필요가 있다.

도시재생 사업에 있어 공공과 민간의 역할을 재설정할 필요가 있다. 공공은 공공성을 그리고 민간은 수익성을 추구하지만 양자 간의 적절한 역할분담을 찾아야 한다. 특히 공공은 '마중물' 역할에 치중하고 민간의 투자를 확대될 수 있도록 하는 접근이 필요하다. 공공의 자금만으로는 도시재생 사업 전반을 지원하기에는 한계가 있기에 민간의 자본과 기술을 최대한 활용하는 방식을 추구해야 할 것이다.

서울 등 한국도시에서 추진된 도시재개발사업은 긍정적인 면과 부정적인 면 양면을 다 보이고 있다. 먼저 긍정적인 영향을 보면, ▲재개발지구의 주택공급 확대를 통한 주택난 완화, ▲ 주택의 질적 개선 및 주거수준을 향상, ▲ 가옥주(토지소유자)의 재개발사업으로 인해 재산적 가치가 상승 등이다. 긍정적인 효과가 있음에도 불구하고 재개발사업의 부정적 측면이 많다. ▲ 재개발을 통해 저소득층의 주거공간 멸실로 인한 주거불안을 가중, ▲ 주거지는 물론 상업지 재개발사업지에도 젠트리피케이션 현상을 초래, ▲개발이익을 목적으로 한 투기자금이 유입되면서 주택가격이 상승 등이다(도시재생사업단, 2012, 신현방 외, 2017; 하성규, 2018).

젠트리피케이션의 부정적 문제점을 예방하기 위하여 서울시를 비롯한 지방정부는 대책을 마련하기도 했다. 핵심내용으로는 지역공동체 붕괴를 예방하고 해당 지역에서 축출위기에 몰린 임차인을 보호하기 위한 것들이다. 눈에 띄는 정책내용으로 임대인과 임차인의 "상생협약" 체결 유도이다. 지자체는 기반시설 개선 등을 통해 상권 활성화를 지원하고, 임대료 상승을 예방하는 노력이다. 아울러 재개발사업으로 인해 기존 주택에 거주하는 저소득임차인에 대한 정책프로그램으로 공공임대주택의 공급과 주민이 원하지 않는 재개발사업을 중단하게 하는 방안 등이다.

각 도시정부가 시도하는 젠트리피케이션의 문제점을 해결하고자 하는 정책은 긍정적 평가를 내릴 수 있다. 그러나 근본적인 젠트리피케이션의 원인과 과정 그리고 해결책을 강구하는 것이 중요하다. 현대도시가 직면한 도시경제구조의 변화와 도시 부흥을 기대하는 재생이라는 도시 정책적 과제를 중앙정부, 지방정부, 주민, 그리고 민간기업 등 연관된 주체별 역할 분담이 선행되어야 한다. 특히 중앙정부와 지방정부간의 긴밀한 협력관계가 설정되어야 하고 동시 민간부문(기업, 시민단체, 해당 주민)의 역할과 기능을 재정립할 필요가 있다. 임대인과 임차인이 상호 상생하면서 도시의 낙후지역을 발전의 원동력으로 키워 나가는 한국적 젠트리피케이션 성공사례가 더욱 확산 발전되어야 할 것이다.

김경천 · 김갑열 · 이재수. (2015). "도시재생 지역선정을 위한 평가지표 연구", 부동산학보, 한국부동산학회. (61), 36 – 38.

김선영. (2019). 중구 도심산업 특성화 방안 연구, 서울시 중구청.

김영 · 김기홍 · 박진호. (2008). "마산시 도심쇠퇴현상분석과 도시재생방향설정에 관한 연구", 국토계획, 43(7), 81 – 96.

김형국 편저. (1989). 불량촌과 재개발. 나남.

도시재생사업단 엮음. (2012). 새로운 도시재생의 구상, 한울.

박병호 · 김준용. (2009). "우리나라 중소도시의 쇠퇴유형 분석", 한국도시지리학회지, 한국 도시지리학회, 12(3), 125 – 137.

서울시. (2007). 뉴타운사업에 따른 원주민 재정착률 제고방안, 서울시.

서울시정개발연구원 · 한국도시연구소. (2003). 서울시 재개발지역 주민연구: 철거가 지역 주민들에게 미치는 영향. 서울시정개발연구원.

신현방 외. (2017). 안티 젠트리피케이션, 동녘.

예동근 · 리단(Li, Dan) · 조세현. (2020). 부산 감천문화마을의 리질리언스(resilience) 사례 연구지역사회학, 21(2), 31 – 53.

이원도 · 여효성. (2023). 서울시 인구영향평가 도입 및 제도화 방안, 정책연구, 2022 – 15. 한국지방행정연구원.

이태희. (2023). Reset 대한민국 도시재생. 건설산업연구원.

임희숙. (2016). 감천문화마을산책. 해피북미디어.

정삼석 · 신동훈 · 정상철. (2016). "도시 구시가지 쇠퇴현상에 따른 도시재생방안에 관한 연 구 – 구 마산 도심지를 중심으로 – ". 부동산학보, 64, 82 – 96.

정소양 · 유재윤 · 김태영 · 김용환. (2014), 원도심 쇠퇴현황 및 도시재생 추진방향, 국토정 책Brief, 국토연구원.

최지영 · 김현지. (2017). 감천문화마을의 지역 문화마케팅이 지역 브랜드 자산과 만족도에 미치는 영향, 관광연구, 32(1), 167 – 191.

토지주택연구원. (2013). 종합정보체계 구축을 위한 도시쇠퇴진단지표 및 잠재력 지표 개 발, 도시재생사업단.

하성규. (2018). 도시재개발과 젠트리피케이션: 한국적 배경과 특성, 한국도시연구소 엮음, 도시재생과 젠트리피케이션, 한울.

하성규 · 김태섭. (2002). 주민에 의한 주택재개발사업의 통합적 평가에 관한 연구, 국토계획, 37(5), 대한국토도시계획학회.

하성규·김태섭. (2003). 한국 도시재개발의 사회경제론, 박영사.

한국건설교통기술평가원. (2006), 도시재생사업단 사전기획연구.

한국도시연구소 엮음. (2018). 도시재생과 젠트리피케이션, 한울.

홍인옥. (2009). "우리나라 도시재개발사업의 성격과 문제점," 시민사회단체연대회의, 토지주택공공성네트워크 주최 용산참사를 통해 본 도시 재개발사업의 문제점과 대안 토론회, 발제자료.

Bourne, L.S. (1981). The *Geography of Housing,* London: Edward Arnold.

Campkin, B. (2013), Remaking London: Decline and Regeneration in Urban Culture, London: I.B. Tauris,

Gibson, M.S. and Langstaff, M.J. (1982). *An Introduction to Urban Renewal.* London: Hutchinson.

Glass, R. (1964). *London: aspects of change*, London: MacGibbon & Kee.

Ha, Seong−Kyu. (2001). Substandard settlements and joint redevelopment projects in Seoul, *Habitat International*, 25(3), 385−397.

_____. (2004). "Housing renewal and neighborhood change as a gentrification process in Seoul", *Cities*, 21(5), 381−389.

_____. (2007). Housing Regeneration and Building Sustainable Low−Income Communities in Korea, *Habitat Internatinal,* 31(1), 116−129.

_____. (2015). "The endogenous dynamics of urban renewal and gentrification in Seoul" in Lees (et al). Global Gentrifications: Uneven *Development and Displacement*, Bristol: Policy Press.

Lees, L., Shin, H. B. and Ernesto López−Morales (eds). (2015). *Global'Gentrifications: Uneven Development and Displacement,* Bristol: Policy Press.

Ley, D. (1980). Liberal ideology and the postindustrial city, *Annals of the Association of American Geographer,* 70(2), 238−258.

Lovering, J. (2007). The relationship between urban regeneration and neo−liberalism: two presumptuous theories and a research agenda, *International Planning Studies,* 12(4), 343−366.

Meligrana, J., & Skaburskis, A. (2005), Extent, location and profiles of continuing gentrification in Canadian metropolitan areas, 1981−2001. *Urban Studies*, 42(9), 1569−1592.

Roberts, P. and Sykes, H. (2000). *Urban Regeneration: A Handbook,* London: Sage

Rohe, W. M. and Gates, L. B. (1985). *Planning with Neighborhoods,* The University of North Carolina Press.

Shin, H. B. (2009). Property－based redevelopment and gentrification: The case of Seoul, South Korea. *Geoforum,* 40(5), 906－917.

Smith, N. (1979), Toward a Theory of Gentrification a Back to the City Movement by Capital, not People. *Journal of the American Planning Association.* 45(4), 538－548.

제7장

도시의 공간경쟁력 높이기

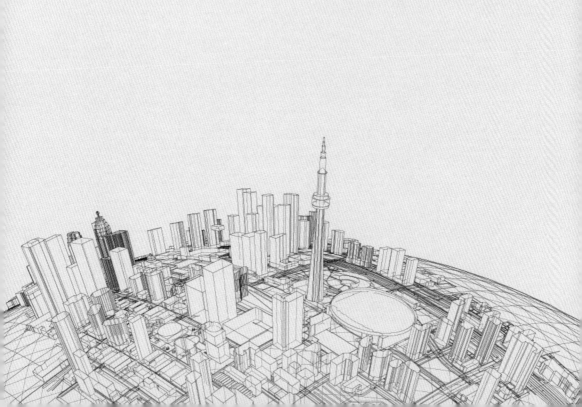

도시의 공간경쟁력 높이기

I 서론

도시공간은 도시경쟁력을 강화시키는 터전이다. 글로벌 시대를 맞아 도시공간은 과거의 공간개념과 달리 세계의 도시들과 경쟁하면서 새로운 물리적 공간적 필요를 충족시키는 역할을 수행하여야 한다. 도시의 경쟁력과 관련된 환경변화의 특징은 글로벌화, 포용경제, 지속가능성, 저탄소 경제, 4차산업혁명 등으로 요약될 수 있다. 이에 도시정책은 생동감(livability), 보행성(walkability), 회복성(resilience), 지속가능성(sustainability) 등의 키워드가 제시하는 바와 같이 다방면의 관점에서 시대적 과제를 부여받고 있다.

도시경쟁력은 미래의 도전에 대한 대응능력이 요체이며 이는 도시정부의 핵심과제이다. 치열한 경쟁시대에 있어 도시의 경쟁력을 높이기 위한 창의적이고 적극적인 방안을 찾고자 노력하지 않는 도시관리자는 없을 것이다. 그러나 모든 도시가 도시공간을 탈바꿈시키는 전략을 선택하고 노력한다고 해서 반드시 성공하는 것도 아니다. 본 장에서는 도시의 경쟁력을 공간의 대외경쟁력에 초점을 맞추어 이를 활용하거나 발전시키는 방안에 관하여 논의하고자 한다.

Ⅱ 도시의 공간경쟁력 높이기

1. 도시경쟁력의 의미

일반적으로 도시경쟁력이라 함은 주로 성장과 소득에 초점을 둔 개념이다. 즉 도시경쟁력은 도시 내 경제활동을 활성화시키고 생산성을 높여 실질소득을 증가시키고 사회적 결속력을 증진시키는 것이라는 시각이 지배적이다(Wenting et al., 2011). 또 도시경쟁력을 한 도시가 경쟁도시에 비해 비교우위를 창조함으로써 지속가능한 경제성장을 창출하는 능력으로 규정하기도 한다(D'Arcy and Keogh, 1999).

이와 같은 도시경쟁력에 관한 개념은 오늘날에도 여전히 유효하다. 그러나 도시의 경쟁력을 강화하는 관점에서는 경쟁관계에 있는 타도시 혹은 타지역의 상품(재화 및 서비스)보다 더 좋은 조건(가격)으로 생산할 수 있는 능력을 갖추어야 한다. 그러나 여기서 의미하는 상품이란 그 도시의 경제적 가치뿐 아니라, 문화적, 자연적 측면의 다양한 가치를 포함한다. 이에 따라 도시경쟁력을 강화하고 발전시키기 위해서는 경제적 측면뿐 아니라 문화, 예술, 마케팅 등 다방면의 종합적 노력과 협력이 요구되는 것이다. 이러한 관점에서 도시경쟁력은 많은 연구자들이 제시하는 바와 같이 외부로부터 지역 내로 투자, 기업, 창의성, 재능, 방문객 등을 유인하는 능력이라고 규정하고 있다(Sgambati and Gargiulo, 2022).

글로벌시대에는 해당도시의 특성화 내지 지방화가 가장 적합한 발전전략일 수 있다(김형국, 2002). 도시경쟁력을 높이기 위하여 도시공간을 변화시키는 요소들은 다양하게 제시되고 있다. 그중의 대표적인 요소들을 소개하면 다음과 같다(Ghahremani et al., 2021). 이들의 관점은 공공부문의 개입을 줄이고 시장기능을 강조하는 신자유주의에 입각한 제안이 포함되지만 전반적으로 충분히 참고할 가치가 있어 소개한다.

- 환경적, 사회적 지속가능성의 실현
- 예술, 문화 및 지역자산 강조
- 공간디자인과 서비스 공급에 있어서 국제적 협력
- 최신기술의 적용

- 자산시장의 민영화
- 세계시민의 개념
- 여가활동과 도시관광을 위한 계획
- 소비자에게 인상적인 경험을 주는 상품과 소비자운동의 권장
- 서비스기반 경제와 지식기반 산업

이처럼 도시경쟁력의 근원은 경제적 비교우위, 자연적 혜택, 정책과 계획의 적정성 등으로 요약될 수 있고, 이를 구체적으로 표출하는 방안으로써 도시마케팅, 도시브랜드 만들기, 장소마케팅 등 다양한 마케팅 기법이 동원된다. 각각의 특징을 간략하게 요약하면 다음과 같다.

2. 도시마케팅

도시마케팅은 도시를 대상으로 하는 장소마케팅으로써 도시를 관리하는 개인이나 조직에 의해 추구되는 다양한 방식의 노력들을 통칭한다. 이 노력에는 공간마케팅, 도시브랜드 만들기, 장소마케팅, 공공디자인, 지역관광 활성화 등 여러 가지 측면이 포함된다. 이러한 측면들은 독자적으로 기능하는 것이 아니라 복합적으로 작용하여 도시의 경쟁력을 형성한다.

1) 공간마케팅

① 공간마케팅의 개요

도시관리에 있어서 공간이란 도시의 하위공간뿐 아니라 도시전체를 의미한다. 도시내 공간은 물리적으로 한정되므로 공공부문과 민간부문이 공간, 특히 장소(place)를 두고 경쟁을 하기도 한다. 이런 의미에서 공공부문도 자생력과 경쟁력이 요구된다. 공간마케팅은 공간을 기반으로 이루어지는 마케팅이다. 마케팅은 제품의 기획, 가격책정, 생산, 사후서비스 등 모든 과정에 대한 전략적이면서 실질적인 접근이라는 할 수 있다. 그러므로 공간마케팅은 도시가 주택과 같은 사적공간으로부터 도시전체에 이르는 다양한 공간을 대상으로 한다. 대표적으로 프랑스 파리의 에펠탑, 미국 뉴욕의 자유의 여신상 등을 예로 들 수 있다.

공간마케팅은 특정 장소의 장소성을 기반으로 하여 도시브랜드를 형성하기도 한

다. 공간개발은 공공부문은 물론 민간부문도 함께 수행한다. 이때 민간부문은 이윤을 목표로 하지만 공공부문은 공공복리가 목표가 된다. 공공부문이 공간개발을 주도하면 이윤(손실)에 대한 부담이 크지 않기 때문에 가시적 성과를 중시하여 짓는 행위에 치중하는 경향이 강하다. 여기에 완공후 유지관리비용을 경시하면 '세금먹는 하마'가 된다. 특히 축제, 둘레길 조성 등과 같이 한 지방정부의 사례가 급속히 다른 지방정부로 확산되는 경향이 강하게 나타나는데 이때 베끼기, 흉내내기, 일회용 등에 그치지 않고 지역의 독창성을 반영할 수 있도록 공간개발에 유의해야 한다. 이러한 의미에서 공공부문이 주도하는 개발은 개발의 장소성을 부각하되 기능적 가치와 문화적 가치 등을 면밀히 검토하고 수익을 창출할 수 있어야 한다.

② 공간마케팅 성공사례

도시차원에서의 공간마케팅의 대표적인 성공사례는 빌바오 구겐하임 미술관을 꼽는다. 빌바오시는 문화시설을 단순한 문화공간에서 벗어나 지역경제를 활성화시키는 생산활동의 거점으로 인식하고 적극적으로 유치활동에 나섰다. 특히 시장, 공무원, 시민이 함께 노력하여 과감한 투자를 하여, 1997년 파격적인 외모의 빌바오 구겐하임미술관을 완공하였다. 개관 첫해 연간 방문객 45만명 예상했으나 실제로는 136만명이 방문했으며, 이후 3년간 300여만명이 방문하는 대성공을 거두었다. 이러한 방문객 증가는 호텔을 비롯한 관광산업의 호황을 불러 지역의 소득증가에 크게 이바지 하였다. 우리나라도 공간마케팅 성공사례가 다수 있다. 예컨대 부산의 감천문화마을, 함평의 나비축제, 화천의 산천어 축제 등도 성공적인 공간마케팅의 일환이라고 할 수 있다.

③ 공간마케팅 고려사항

특정장소가 장소성을 갖도록 공간마케팅을 수행함에 있어서 빠르게 변화하는 제반 요소들을 고려하지 않을 수 없다. 대표적인 고려사항을 정리하면 다음과 같다.

ⅰ) 연령별 선호지역의 차이

도시전체 혹은 일부의 장소가 모든 연령층을 불러 모으는 것은 아니다. 서울의 탑골공원, 대구의 경상감영공원 등은 노년층이 모이고 서울의 홍대앞, 대구의 동성로 등은 젊은 층이 모인다. 연령별 취향이 다르므로 목표계층을 파악하고 이에 맞게 장소성을 창조하여야 한다.

ⅱ) 가구의 핵분화로 인한 소비효과

우리나라는 가구구성 및 가구원수의 변화가 빠르게 진행되고 있다. 전통적 농업사회에서의 대가족제도를 대표하던 3세대가구가 쇠퇴한 지 오래되었고 부모와 자식이 동거하는 핵가족제도의 2세대가구로 전환되다가 급기야 1인가구의 급증이 초핵가족제도로의 전환을 부추기고 있다.

특히 만혼과 출산기피로 2022년 기준 합계출산율이 0.78에 불과하면서 자녀의 수가 급격히 줄어들고 가구에서의 자녀의 지위가 높아지고 어린 자녀가 갖는 권한과 영향력이 커졌다. 따라서 이들의 선호에 대한 분석이 마케팅의 필수가 되고 있다.

ⅲ) 디지털 기술의 활용

제4차산업혁명을 주도하는 정보기술의 발달을 활용하지 못하는 마케팅은 상상조차 하기 어려운 것이 현실이다. 모든 것이 접속을 통하여 빠르고, 적은 비용으로, 또 시공간을 초월하여 해결되고 있다. 온라인으로 대표되는 가상공간과 오프라인으로 대표되는 실제공간을 적절히 활용하는 것도 중요하다. 온라인 쇼핑, 뱅킹, 화상회의, 영상통화 등 이전과는 다른 생활과 업무형태가 확산되고 있다. 또한 온라인 재택근무 등이 일반화되면서 근무시간도 '9 to 5'의 개념이 점차 희박해 지고 있다. 특히 지구의 시차가 문제가 되지 않는 시공간을 초월한 글로벌 경영도 일반화되고 있다. 물론 실제 오프라인에서의 대면접촉(face-to-face contact)의 중요성은 무시할 수는 없다. 그러나 장소(place)와 공간(space)의 의미가 변화하고 있음은 부정할 수 없는 사실이다. 따라서 공간마케팅에 있어 가상공간을 활용한 홍보, 안내 및 해설, 쇼핑, 경험, 교육 등의 이점을 살리되, 전통적 오프라인 요소의 강점도 고려하여야 한다.

ⅳ) 사회경제적 지위

공간에 대한 선호는 연령별로 차이가 나는 것은 물론 소득, 학력, 성별 등 다양한 사회경제적 요인에 따라 선호차이가 두드러진다. 소득수준이 달라짐에 따라 예술과 디자인에 대해 관념이 달라지는데, 대체로 소득이 높아질수록 사실적이고 고전적인 미술로부터 모호한 추상적 미술로 바뀌는 것으로 알려지고 있다. 또한 교육수준에 따라 생활패턴, 소비패턴, 여가행위 등이 다르게 나타난다. 그러므로 어떤 공간을 명소로 바꾸기 위한 디자인을 함에 있어 이러한 사회적 계층에 따른 선호도의 차이를 반영해야 한다.

ⅴ) 유사 사회계층의 집락

소득수준에 의한 공간에 대한 선호의 차이는 주거지의 집락화를 유발한다. 주거지에 대한 지불능력의 차이는 도시공간을 소위 부촌과 빈촌을 형성토록 만든다.

ⅵ) 재방문

한번 왔던 곳을 다시 방문하도록 하기 위한 컨텐츠의 개발이 요구된다. 새로운 것이 계속 개발되면 한번 경험하면 더 이상 방문할 필요가 없어지는 장소가 아니라 익숙한 곳이라 마음 편히 다시 찾는 곳이 되는 것이다.

2) 도시 브랜드 만들기

도시브랜드 만들기는 도시를 단순한 장소(place)에서 명소(destination)로 바꾸는 일체의 행동을 의미한다. 도시브랜드 만들기는 도시, 지역 나아가서 국가가 다른 곳과 차별성을 갖도록 하며, 그 차별성으로부터 얻을 수 있는 혜택과 강점을 잠재적 투자자, 방문객, 주민들과 명확하게 소통하는 것이기도 하다. 그러므로 도시브랜드는 글로벌시대에서 요구되는 도시경쟁력을 높여주는 가치있는 자산이다.

도시브랜드 전략은 도시의 경제적, 사회적, 문화적 목적을 달성하는 데 도움을 주는 효과가 있다. 도시가 갖는 역사적, 문화적 특징, 랜드마크 등을 표현하는 아이콘을 통하여 가시적 이미지로 표현한다. 가장 대표적인 도시브랜드는 뉴욕시의 "I ♡ NY" 로고(logo)이며 세계의 주요 도시는 물론 우리나라도 서울의 "I SEOUL YOU"를 비롯하여 많은 도시들이 다양한 도시브랜드를 사용하고 있다. 물론 한번 결정된 브랜드가 문제가 있다면 적절한 과정을 거쳐 명칭, 상징물, 디자인 등을 수정할 수도 있다. 뉴욕시의 "I ♡ NY" 로고는 매우 큰 가치를 갖는 것으로 평가되지만 잘못 선정된 브랜드는 귀중한 세금을 낭비하는 결과를 초래하기도 한다. 대표적인 도시브랜드 실패사례로 대구시의 '섬유도시', 대전시의 'ITS 대전' 등이 거론되고 있다. 따라서 도시브랜드를 만들 때 도시의 특성과 그 특성이 활용되도록 하여야 한다. 즉, 도시브랜드의 개발은 그 도시가 가진 다양한 환경, 기능, 시설, 서비스 등의 측면에서 다른 도시와 구별되는 상태를 만드는 것이다. 여기에는 다음과 같은 방안이 포함된다.

- 랜드마크의 조성
- 특정 장소를 활용한 도시이미지 조성
- 지역고유의 문화시설 조성 및 지역특성의 보존
- 도시슬로건 개발
- 지역의 정체성에 기반한 도시축제 및 이벤트
- 자연경관, 역사문화경관, 시가지경관, 등 도시경관관리를 통한 도시이미지 조성
- 보행친화적 도시환경 조성
- 청정 환경도시 형성

이러한 방안들은 다양한 도시개발을 통하여 실현되는데 난개발 방지, 지속가능한 개발, 스마트 성장 등의 전략을 기반으로 한다.

도시브랜드를 통하여 도시의 이미지를 형성하기 위한 7가지 방안을 소개하면 다음과 같다.[1]

- 타도시와 확실하게 차별성을 갖는 지역자산 확인하기
- 사실에 충실하기. 꾸며서 그럴듯하게 포장하는 데 그치면 오래 가지 못함
- 메시지에 초점두기
- 장소성을 창조하기
- 브랜드가 공약하는 바를 체험토록 만들기
- 지역사회 포용하기
- 지속적으로 지원하기

3) Power of ten[2]

『Power of ten』은 장소만들기(placemaking)에서 매우 강조하는 내용으로서 "한

---

1) "7 Ways to Reinvent Your City's Image Through Branding," in Florida League of Cities' Quality Cities magazine, Jan/Feb 2015.
2) 10의 거듭제곱으로 해석되며, 10¹=10, 10²=100, 10³=1000 등으로 풀 수 있다. 여기서는 장소만들기 혹은 도시공간디자인 등과 관련된 개념이므로 10개의 명소를 기반으로한 여러 가지 파생된 10개의 볼거리, 먹거리, 체험거리 등이 구비되어야 함을 의미한다고 할 수 있다.

도시에는 적어도 10개의 명소 내지 관광지가 있어야 한다"는 것을 기반으로 도시 전체의 장소성을 형성하는 접근방법이다. 이를 기반으로 방문할 가치가 있는 명소에는 적어도 10가지 정도의 체험거리 혹은 10가지 방문할 이유가 있어야 한다는 발상이다. 이렇게 되면 10군데에서 10가지 체험거리가 있으므로 10의 거듭제곱 (power of ten: 10^n), 즉 $10^2 = 100$가지가 된다. 물론 반드시 10군데 혹은 10가지에 한정되는 것은 아니며 충분한 다양성을 갖추어야 함을 강조하는 것이다. 이를 보다 발전시켜서 한 도시에 10군데 이상의 관광지(destinations)가 있어야 하고 각 관광지에서 10군데 이상의 흥미로운 장소(places)가 있어야 하며, 또 각 장소에서는 10가지 이상의 체험거리(things to do)가 있으면 10^3으로서 1,000가지 흥밋거리가 존재하게 된다. 이때 다른 곳과 차별되면서 해당 장소에서만 얻을 수 있는 역사, 문화, 전통, 경관, 예술작품이라면 더욱 바람직하다.

도시의 활기를 창출하기 위해서는 도시내의 명소가 하나만으로는 부족하며, 도시내 여러 군데를 한데 묶어 지역사회의 시민과 방문자들에게 즐길거리를 제공해야 한다는 것이다. 여기에는 볼거리, 먹거리, 체험거리, 읽을 거리, 쇼핑 등 다양한 것들이 포함된다. 그리고 이들을 지속적으로 개선하여 재방문을 유도하여야 한다. 이것은 해당 도시의 시민들로 하여금 도시생활을 더욱 풍요롭게 만드는 요소가 된다.

장소만들기에서 가장 중요한 것은 사람이다. 사람과 공간이 함께 할 때 장소성이 발휘되기 때문이다. 그러므로 해당 장소 주변의 주민과 상인들은 물론 일반 시민들도 그 장소성의 개념을 이해할 수 있어야 한다. 그 장소는 시민의 삶의 일부이기 때문이다. 이런 의미에서 장소만들기는 전문가의 영역이라기보다 일반시민의 영역이라고 할 수 있다.

4) 지역관광활성화 방안

많은 도시에서는 관광객을 유치하여 지역경제를 활성화하고자 노력한다. 특히 지역의 독특한 역사와 전통을 기반으로 하거나, 자연 경관 및 기후 등에 기반하여 지역의 활기를 유지·확장하고자 할 때 관광객의 유치는 필수과제가 된다. 지역관광활성화 방안은 지역여건에 따라 다양한 전략이 동원된다. 여기에서는 관광객 유치를 위한 14가지 마케팅 전략(REVFINE, 2022)을 대표적인 참고로 삼아 그 전략을 열거하면 다음과 같다.

① 방문할 가치를 부여하는 타도시와 구분되는 차별성 파악

② 목표계층을 명확하게 구분: 어떤 계층이 무엇 때문에 우리 지역에 오나?

③ 과학적 자료 및 분석으로 입증근거 확보

④ 도시브랜드 만들기에 초점: 로고, 슬로건, 상징색 등

⑤ 모든 이해관계자의 요구에 대한 균형유지

⑥ 영향력있는 웹싸이트 제작

⑦ 온라인 검색 마케팅 전략을 고안하기

⑧ 사용자(방문객)가 창출하는 콘텐츠 촉진

⑨ 가상현실과 비디오 활용

⑩ 소셜미디어의 활용

⑪ 소셜미디어 인플루언서와의 협업

⑫ 여행전문 웹사이트 활용하기

⑬ 온라인 광고에도 투자하기

⑭ 신문, 여행잡지 등 오프라인 매체 활용하기

5) 공공디자인

공공디자인은 도시마케팅에서 중요한 요소중의 하나이다. 세계의 많은 도시들이 공공디자인을 통하여 도시의 경쟁력을 높이고 있기 때문이다.

공공디자인은 도시내 공공장소에 여러 가지 시설과 장치들을 보다 효과적으로 꾸미고 배치하는 것이다. 따라서 사적공간이 아닌 도시 내 거의 모든 공적공간이 공공디자인의 대상이 된다. 여기에는 건축물, 도로, 공원, 산책로 등이 포함된다. 공공시설은 물리적 기능도 중요하지만 시각적 환경의 한 요소로서도 그 기능이 발휘되어야 한다. 공공시설을 적절하게 디자인하고 배치하면 생활공간에 질서를 부여하지만 부적절한 배치는 혼란을 초래하기 때문이다.

일상생활에서 가장 자주 마주치는 공공시설물은 도로시설물들이다. 여기에는 교통표지판을 비롯하여 광고판, 정류장(버스, 지하철, 택시 등), 벤치, 지하철 입구, 공중화장실, 공중전화, 가로등, 자동판매기, 우체통, 소화전, 화분, 가로수 등 각종 시설물이 포함된다. 도로교통시설물은 신호등, 교통표지, 주차시설, 가드레일, 입체교

차로 등 도시의 경관을 구성하는 다양한 공공디자인 대상이 되는 시설들이 있다.

공공디자인의 기본개념은 공공디자인의 주인공은 주민이라는 점이다. 우리나라보다 공공디자인이 앞서 있다고 평가되는 서구에서는 사람, 자연, 문화를 기초로 양보다 질, 인공보다 자연스러움, 겉보다는 속, 주민참여 등을 강조하고 있다. 이때 정부는 공공디자인을 주도하기 보다는 중재자로써 그 역할을 수행하는 것이 바람직하다. 정부주도의 디자인은 때때로 재앙이 될 수 있기 때문이다(Fred Kent, President of Project for Public Space). 공공디자인도 10^n이 적용되는 주요 대상이 된다.

우리나라에서 공공디자인은 이전에 비해 그 중요성을 인식하고 다양한 시도를 하고 있지만 아직 그 수준이 높지 않은 것으로 보인다. 특히 벽화를 그리거나 간판 정리, 의자교체 등 외형에 주안점을 두고 짧은 기간 내에 성과를 내고자 밀어붙이기식으로 사업을 진행하는 경우도 있다. 그러므로 공공디자인의 개념을 명확히 하고 건축, 미술, 역사 등 각 분야의 전문가가 협력하여 의미있는 공간을 창출하고 시민참여율을 높여 사람들의 소통공간으로서 역할을 하도록 조성하여야 할 것이다.

Ⅲ 한국 도시의 공간경쟁력

세계의 여러 기관에서 다양한 지표를 사용하여 가고 싶은 도시, 투자하고 싶은 도시 등 도시경쟁력을 측정하고 있다. 우리나라의 도시들은 브랜드 순위 등 도시마케팅 분야에서 그리 높은 순위를 차지하지 못하고 있다.

대표적으로 매년 도시 브랜드의 순위를 발표하는 '안홀트－입소스 도시 브랜드 지표(Anholt－Ipsos City Brands Index)'를 보면 2022년 세계 1위 도시 브랜드는 영국의 런던이 선정되었다. 그 뒤로는 시드니, 파리, 뉴욕, 로마, 암스테르담 등이 잇고 있으며 10위까지는 모두가 서구 도시이고, 특히 유럽 도시가 많이 선정되었다.

도시브랜드의 대외경쟁력을 반영한다는 의미에서 이 지표의 성격과 대상을 간단히 소개한다. 이 지표는 6P로 구성된 6각형 모델에 의해 도시 브랜드를 평가하고 순위를 매기는데 그 내용은 다음과 같다.

- Presence(존재감) – 국제적 인지도와 문화적, 과학적, 정치적 위상
- Place(장소성) – 도시의 물리적 경관과 이미지
- People(사람) – 현지인의 친절함과 개방성 및 안정성
- Pre－requisite(기반시설) – 학교, 병원, 교통 등 생활 기반시설
- Pulse(생동감) – 도시에서 느낄 수 있는 생활, 여행의 매력과 재미
- Potential(잠재력) – 거주민과 외부인에게 제공되는 경제와 교육 기회

그러나 우리나라에서는 서울, 부산 등의 대도시 외에는 평가대상 도시가 몇 개 없는 지표인 셈이다. 그리고 6개의 지표들중에는 우리나라 도시의 브랜드를 평가하기에는 무리가 있는 것도 있다. 그러므로 우리나라의 도시들이 자신의 자연적, 역사적, 문화적, 사회경제적 특성에 비추어 적절한 브랜드 전략을 수립하고 효과적인 결실을 거두는 것이 더욱 중요하다고 할 수 있다.

맺는말

도시마케팅, 도시브랜딩, 공공디자인 등은 과거에는 소홀히 취급했지만 글로벌 시대에는 도시경쟁력을 강화시키는 필수요소로 간주되고 있다. 그러나 타 도시에서 성공한 이벤트나 장소만들기 등을 그대로 베끼거나 따라하는 것은 지양되어야 할 관행이다. 따라서 공간경쟁력을 높이기 위한 사업들을 수행함에 있어 유념해야 할 점은 사업 전에 반드시 합리적으로 수요를 예측하고 가용자원을 효율적으로 사용함을 전제로 한다는 것이다. 우리나라의 지방자치단체들이 체육공원, 문화공원, 농촌테마공원, 기념관 등을 무리하게 추진하다가 사용자와 방문객의 외면으로 세금낭비, 무능행정 등 사회적 비난의 대상이 된 경험을 타산지석으로 삼아야 할 것이다.

그러므로 지역의 특성을 바탕으로 다른 곳에 없는 것, 우리 지역에만 있는 것, 우리 지역에서만 할 수 있는 것들을 발굴하고 이를 토대로 장소성을 살려내는 것이 올바른 방향이다.

이처럼 도시관리자는 효율적인 도시공간관리를 통하여 도시로 하여금 다른 지역과 효과적으로 경쟁하고 글로벌경제에서 번영을 누릴 수 있도록 노력하여야 할 것이다.

김형국. (2002). 고장의 문화판촉: 세계화시대에 지방이 살길, 학고재, 서울.

Dastgerdi, Ahmadreza Shirvani and Giuseppe De Luca. (2019), "Strengthening the city's reputation in the age of cities: an insight in the city branding theory," *Territory and Architecture*, 6(2).

Florida League of Cities'Quality. (2015), *Cities magazine*, Jan/Feb 2015.

Ghahremani, Hooman, Sepideh Afsari Bajestani, Linda McCarthy, and Mahshid Jalalianhosseini. (2021). "Transformation of Urban Spaces within Cities in the Context of Globalization and Urban Competitiveness," *Journal of Urban Planning and Development*, 147(3).

Kresl, Peter and Daniele Ietri. (2014), *Urban Competitiveness: Theory and Practice*, Routledge, London. DOIhttps://doi.org/10.4324/9780203799086

Metropolitan Planning Council. (2022), Placemaking Chicago − A neighborhood guide to placemaking in Chicago. downloaded from http://www.placemakingchicago.com/about/power.asp. September 17, 2022,

Rehan, Reeman Mohammed. (2013). Urban branding as an effective sustainability tool in urban development, January, *HBRC Journal*, 10(2), DOI: 10.1016/j.hbrcj. 2013.11.07.

REVFINE. (2022). "14 Destination Marketing Strategies to Attract More Visitors," downloaded from https://www.revfine.com/destination−marketing/ in September 5, 2022.

Sgambati, Sabrina and Carmela Gargiulo. (2022). "The evolution of urban competitiveness studies over the past 30 years. A bibliometric analysis," *Cities*, 128.

제8장

도시구조와 어울리는 도시관리

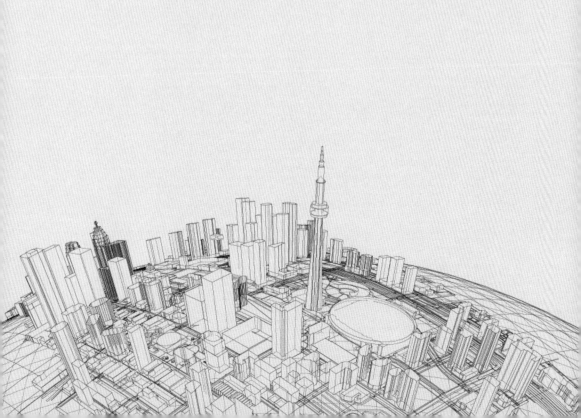

도시구조와 어울리는 도시관리

I 서론

　도시의 공간구조는 산, 하천, 바다 등의 지형과 부존자원의 분포 등에 따라 경제활동의 내용과 집약도가 달라지면서 여러 가지 형태를 띤다. 도시뿐 아니라 지역 나아가서는 한 나라의 공간구조도 다양한 형태를 보인다.

　우리나라는 국토종합계획을 비롯하여 도시기본계획에 이르기까지 공간구조분석을 하도록 법률로 명시하고 있다. 즉, 국토기본법에는 국토의 공간구조의 정비 및 지역별 기능분담 방향에 관한 사항(제10조 제3항), 국토의 계획 및 이용에 관한 법률중 광역도시계획의 내용에서 광역계획권의 공간구조와 기능분담에 관한 사항(제12조 제1항), 도시·군기본계획의 내용에서는 공간구조, 생활권의 설정 및 인구배분에 관한 사항(제19조 제2항) 등 공간구조 분석을 반드시 실시하도록 하고 있다.

　국토의 공간구조 나아가서는 도시구조는 왜 중요한가? 바로 공간을 특성에 적합하게 활용함으로써 국토, 그리고 도시 및 지역 전체의 효율성을 높이기 위함이다. 즉, 공간이 가진 자연적, 사회경제적, 역사문화적 장점, 잠재력 등을 파악하여 이를 적극적으로 활용하기 위한 사전작업이 공간구조 분석이다. 본 장에서는 도시공간을 중심으로 공간구조의 중요성과 관리 방향을 살펴 보고자 한다.

Ⅱ 도시공간구조의 유형과 도시관리

1. 도시공간구조의 개요

도시 내 공간은 성격이 같지 않아 국지적 특성을 갖는데 이것은 입지경쟁력을 반영한다. 예컨대 도심은 사업체가 몰려 있고 경제활동이 매우 활발한 반면, 주거지는 조용한 곳이 선호된다. 자연적 조건이나 역사적 장소로서 관광지가 되는 곳도 있고 방문을 꺼리는 혐오지역도 있다.

도시는 사람, 시설, 활동 등 크게 세 가지 요소로 구성된다. 공간구조는 이 세 구성요소의 입지에 따라 결정된다. 즉, 어느 곳에서 어떤 활동을 하고 있으며 또 하도록 할 것인가? 또 사람을 이동하도록 할 것인가 아니면 시설을 옮길 것인가? 등 여러 가지 도시공간 내 활동과 시설배치 등을 해당 장소의 특성에 맞게 유도하여 도시공간 전체의 효율적 이용을 도모하기 위함이다. 도시공간구조를 적절하게 관리함으로써 토지의 효율적 이용, 도시활동의 효율성 제고, 나아가서는 지속가능한 도시건설을 도모할 수 있다.

도시의 공간구조는 다양하게 제시되어 왔다. 도시공간구조와 관련된 대표적인 이론은 버제스(E. W. Burgess)의 동심원이론(1924), 호이트(H. Hoyt)의 부채꼴 이론 (1939), 해리스와 울만(Harris-Ullman)의 다핵심 이론(1945) 등이다. 도시공간구조 이론은 외국의 도시형태를 토지이용을 중심으로 구분한 것으로 실제 도시관리와는 직접적인 관련성이 낮아 설명을 생략한다. 그러나 도시구조의 특성 및 변화에 따른 정책적 시사점이 중요하므로 이에 초점을 맞추어 논의하기로 한다.

2. 도시의 공간구조: 단핵도시와 다핵도시

1) 단핵도시(monocentric city)

단핵도시란 도시의 중심지가 하나인 도시구조형태이다. 특히 도시의 중심지 혹은 도심지는 중심상업지역(CBD: Central Business District)이라고 불린다. 단핵도시는 다음과 같은 가정을 바탕으로 한다.

① 도심은 경제적·문화적 활동이 집중된 곳이며, 도심주변은 주거지를 형성한다.

② 도시는 굴곡 없는 평지로서 어느 곳이건 지상과 지하의 지형적 조건이 동일하다.

③ 도시 내 교통망은 도심을 중심으로 하여 모든 방향으로 가능하다.

단핵도시의 도심은 기술, 서비스, 상품 정보 등의 교환의 장이 되므로 토지이용 집약도가 최고수준이며 업무용 교통(통근 및 유발통행)의 중심지가 된다. 그러므로 도심에 대한 접근성은 매우 중요한 입지결정 요인이 되고 도시교통망은 도심지를 중심으로 한 동심원 형태를 갖는다.

단핵도시의 이론적 기본은 본 튀넨(von Thünen)의 농업지대이론을 도시지역에 입찰지대의 개념을 도입하면서 정립한 Alonso의 도시지대이론이다. 즉 도시토지시장은 도심에 대한 접근성이 중요시되면서 토지수요가 도심에 가까울수록 누적적으로 증가하기 때문에 토지가격이 급속히 증가하는 형태를 보인다. 물론 도심으로부터 멀어질수록 급속하게 감소한다. 이에 따라 단핵도시의 도시지대함수는 일반적으로 아래와 같은 부(−)의 지수함수로 표시된다.

$$R = e^{-\beta d}$$

여기서 R: 지대, β: 계수, d: 도심으로부터의 거리

단핵도시모형은 이론적으로 정립되어 있고 이해하기도 쉬운 장점이 있다. 그리고 이 모형은 도심지가 하나인 대부분의 중소도시에 적용할 수 있다. 그러나 단핵도시모형은 가정의 비현실성이라는 본질적 문제와 더불어 대도시에는 적용될 수 없는 한계가 있다. 왜냐하면 수백만 명의 인구가 모여 사는 대도시는 활동의 중심지가 도심뿐 아니라 여러 개의 부도심권에서도 집중적으로 수행되고 있다는 사실이 많은 실증연구에 의해 밝혀졌기 때문이다. 대도시는 단핵도시와는 다른 구조를 갖기 때문에 도시계획 및 도시관리에 있어 교통망, 개발밀도관리 등에 단핵도시의 개념을 적용하면 심각한 오류가 초래하게 된다.

2) 다핵도시(policentric city)

　다핵도시란 도시의 중심지가 두 개 이상인 도시를 통칭한다. 수많은 실증연구를 종합해 보면 대체로 인구수가 5백만 내외인 거대도시(megalopolis)들은 예외없이 다핵도시이며, 인구수가 백만 명을 상회하는 상당수의 대도시들도 다핵도시구조를 갖는다. 어떤 도시는 시장력에 의해 자연발생적으로 부도심권이 형성된 경우도 있고, 또 어떤 도시는 중앙정부 혹은 도시정부의 의도(계획)하에 부도심권이 형성된 경우도 있다.

　단핵도시 모형과 달리 다핵도시를 연구하는 바탕이 되는 이론적 모형은 정립되지 않고 있다. 따라서 다핵도시는 존재하지만 이를 적절히 설명하는 이론적 모형이 없어 다핵도시모형의 정립은 현대 도시경제학의 최대과제가 되고 있다. 이러한 이론적 결함에도 불구하고 도시관리를 위한 현실적 문제에 대응하기 위한 노력은 계속되고 있다.

　다핵도시 여부 및 구조를 파악하는데 부도심을 식별하는 기준은 매우 중요하다. 부도심의 식별은 주로 센서스구역(census tract) 및 조사구(census block), 집계구(기초단위구), 분석지구(analysis zone), 교통지구(traffic zone), 행정구역 등과 같이 도시공간을 소단위지구로 분할하여 다양한 측정기준으로 파악하는 방법을 사용한다. 대표적인 측정기준은 고용 밀도, 사무실 밀도, 지대(지가), 통행발생량, 주간활동 인구밀도, 소매상점의 수, 등이다.

　이처럼 부도심을 식별하는 측정기준은 여러 가지지만 특정지역이 부도심이라고 파악할 수 있는 일반적인 기준은 없다. 그리고 식별에 동원된 방법에 따라 부도심의 위치 및 수가 달리 나타나기도 한다(Bartosiewicz and Marcińczak, 2020; Derudder et al., 2021). 예컨대 같은 도시를 대상으로 하더라도 고용밀도로 부도심을 파악하는 경우와 지대수준(토지가격)으로 부도심을 파악하는 경우, 각각 다른 부도심의 수 및 위치가 도출될 수 있다.

3) 도시공간 구조패턴과 도시관리방향

① 단핵도시와 도시관리방향

도시의 공간구조는 접근성을 통해 인간활동이 연결되어야 할 시설 중 인위적으로 배치 가능한 시설들이 주로 어디에 위치하느냐에 따라 결정된다. 먼저 이런 성격을 갖는 시설들이 도시 내의 특정지역에 집중된 도시공간구조부터 살펴보자. 이런 도시구조하에서는 사용자와 인접해야 할 시설은 분산 분포되고 나머지 모든 시설은 중심지에 입지하는 것이 사회적으로 바람직하다.[1] 이때 시설이 집중된 곳은 도심지를 형성하고, 이 경우 도시는 단핵도시가 된다. 여기서 유의할 것은 극단적인 단핵도시는 모든 직장과 시장이 도심지에 있다고 가정한다. 그러나 그 가정은 매우 비현실적이다. 단핵도시는 다음과 같은 특징을 지니게 된다.

- 도심은 일자리와 경제활동의 중심지가 되므로 모든 도시교통망은 도심과 연결되는 동심원적 네트워크를 가진다.
- 도심의 민간활동은 도시 전역을 시장영역으로 하는 기업이 입지한다. 그리고 도시기능에 따라 해외시장을 시장영역으로 하는 기업도 도심에 입지한다. 물론 도심에도 주변인구를 대상으로 하는 시설이 공존한다.
- 도심의 공공부문 활동도 도시 전역을 서비스지역으로 하는 행정·사법·입법기관 등이 입지한다. 또 수도 및 대도시의 경우는 전국과 국제관계의 창구역할을 하는 시설도 입지한다.
- 도심 이외의 대부분의 지역은 주거지가 되고 지역시민을 대상으로 하는 시설 및 활동은 도시공간을 하위시장으로 분할하면서 분산되어 ·수행 된다. 이때 하위시장 내에는 민간부문, 즉 지점, 출장소, 근린공원, 편의점, 의원, 약국, 부동산소개업소 등이 입지한다. 공공부문도 마찬가지로 공공서비스의 대상에 따라 구청, 동사무소, 경찰서, 파출소, 각급 학교 등으로 구분되고 이때 공공부문의 업무와 관련된 보조서비스 활동도 그 주변에 입지하게 된다.
- 도시지역의 부동산가격(주택가격, 임대료, 토지가격)은 도심에 대한 접근성(근접성)이 높을수록 비싸고 낮을수록 싸진다. 이것은 접근성이 낮을수록(높을수록)

---

[1] 중앙입지의 원리에 의하면 총통행거리가 최소화된다.

교통비용이 높아지기(낮아지기) 때문이다. 따라서 도심에 가까울수록 토지이용의 집약도는 높아진다.

이 같은 특징을 갖는 단핵도시 구조하에서는 공간적 분산이 가능한 시설들은 주거지 주변에 배치하고, 공간적으로 분산이 불가능하거나 바람직하지 않는 시설은 접근성을 높여 필요한 재화 및 서비스를 얻도록 하는 구조가 효율적이다. 특히 자연조건과 같이 공간이동이 불가능한 시설을 제외한 도시 전지역을 시장영역으로 하는 시설은 도심에 입지하는 것이 도시 공간의 효율성을 높이게 된다. 즉 생활편이시설과 같이 주거지에서의 이용빈도가 높은 시설은 주거지주변에 배치하고, 나머지 이용빈도가 낮은 시설은 접근성을 높여 시설의 혜택을 받을 수 있도록 만듦으로써 최소한의 이동으로 도시의 제반활동을 원활하게 수행토록 하는 동시에 도시공간의 효율성도 높일 수 있다.

② 다핵도시와 도시관리방향

도시규모가 크면 단핵도시와 같이 고용중심지가 도심 한 군데 집중되어 있지 않다. 여러 가지 이유로 도심에 있던 직장이 도시외곽으로 이전하거나 새로운 직장이 도심이 아닌 지역에서 창출되기 때문이다. 그런데 이러한 직장의 도심탈출현상 내지 교외화현상은 일자리를 도시 전지역에 골고루 분산시키는 것이 아니라 유사업종끼리 특정지역에 집중시키는 경향이 있다. 이러한 현상이 축적되어 관련업종간의 공간적 집중이 주는 외부이익(지역특화경제)을 얻을 수 있는 충분한 규모가 되면 이곳은 전문화된 공간이 되며 도심 이외의 또 다른 고용중심지 혹은 경제활동의 핵(부도심)을 형성한다. 또 도시공간의 확장에 따라 주변의 위성도시를 흡수할 때도 기존 위성도시 고유의 공간적 영향력이 있기 때문에 부도심화되는 경우도 있다. 이처럼 부도심을 갖는 도시는 다핵도시이다.[2] 다핵 도시구조하에서는 도시공간 내의 고용분포, 주택수요의 분포, 교통수요 패턴 등이 단핵도시와는 판이하게 다르다. 그러므로 다핵도시를 단핵도시의 개념으로 관리하면 여러 가지 부작용이 유발된다.

다핵도시하에서 도심은 도시 전지역(경우에 따라서는 전국과 외국 포함)을 대상으로

---

2) 다핵도시는 도시모형설정을 위한 접근방식에 따라 Non-monocentric city, Multi-centric city 등으로 구분되기도 한다. 그러나 여기서는 이론적 모형설정을 위한 논의가 아니므로 Policentric city(다핵도시)로 부르기로 한다.

하는 중추기능을 담당한다. 일반적으로 도심에는 주로 중앙정부의 부속기관, 시청, 대기업본부, 국제금융서비스, 수요밀도가 낮은 전문서비스 기관 등이 입지한다. 나머지 도시공간은 부도심권을 단위로 기능적으로 분할되며 각 부도심권의 핵심지는 도시 내(도심 포함) 혹은 다른 도시(지역)와 구별이 되는 전문화된 특성을 갖는다.

부도심에 경제기반을 둔 시민들은 부도심권 내에서 주거지를 비롯한 제반 생활시설을 갖추고 교통망도 부도심에 대한 접근성을 높이는 방향으로 형성되기를 바란다. 즉 인간과 시설의 공간적 일치를 바라는데, 특히 부도심권별로 직장과 주거지의 균형유지가 강조된다.[3] 그리고 소속 부도심권에서 얻을 수 없는 전문화의 혜택을 얻기 위해 다른 부도심 및 도심에 대한 접근성을 원한다. 이같이 부도심권역별로 제반활동이 분리된 도시는 도시규모가 확대되더라도 평균교통거리는 증가하지 않으며[4] 시민의 입장에서 시간과 에너지 소비의 최소화 효과를 얻을 수 있다. 이것은 도시후생의 증진과 저탄소 친환경 공간구조를 의미하기도 한다. 그러므로 다핵도시에서는 모든 도시공간을 도심과 비도심이라는 이분법적시각에서 탈피하여 도심과 부도심권을 단위로 하는 일자리 및 노동의 공간적 전문화를 유지·발전시키되 기능적으로 연결되는 방향으로 도시활동이 수행되도록 해야 할 것이다(Burger and Meijers, 2012; Burger et al., 2019; Deng et al., 2019; Derudder et al., 2021).

③ 왜곡된 도시공간구조

인간과 시설을 공간적으로 일치시킨다는 뜻은 한정된 일부 도시공간(부도심권) 내에 인간과 시설이 함께 존재한다는 사실 자체만을 의미하는 것이 아니다. 서로 밀접한 상관성을 갖는 인간과 시설이 근접되어야 한다는 것이다. 예컨대 A지구 주민은 B지구의 시설을, B지구 주민은 A지구의 시설을 향하여 각각 교차 통행을 하게 되면 낭비통근(wasteful commuting)을 유발하게 된다. 이것은 한 지역 내에 인간과 시설은 일치하지만 서로의 상관성이 없을 때 발생한다. 이러한 공간패턴은 더구나 이 두 지구를 연결하는 교통망이 도심을 통과한다면 도심통행수요가 가중되면서 더욱 많은 문제를 일으킨다. 이처럼 왜곡된 도시구조는 도시의 효율성을 저해한다.

---

3) 이에 대한 추가적인 논의는 본장 직주분리현상 참조.
4) 도시규모가 증가할수록 평균통근거리가 감소하는 현상은 이를 뒷받침하고 있다. Gordon et al.(1989) 참조.

특히 문제가 되는 것은 직장과 주거지와의 관계이다. 왜곡된 공간구조에서는 교통에 소요되는 시간 및 금전비용이 증가한다. 예를 들어 자신의 직장이 있는 부도심 주변에서 경제적 지불능력에 적합한 주거지가 없다면 먼 곳에 주거지를 선택할 수밖에 없다. 저소득자나 고소득자를 막론하고 직장의 가까운 곳에서 적합한 주거서비스를 획득할 수 없다면 장거리통행이 불가피하고 교차통근, 도시경계를 넘는 통행 등이 유발된다(Lin et al., 2015; Jun et al., 2018).5) 더구나 이러한 비효율적인 교통수요가 증가하면서 주민들은 도로의 신·증설, 전철의 신설 및 연장 등을 요구하게 되고 도시당국은 이에 대응키 위해 교통투자를 증가시켜야만 하는 등 악순환을 유발한다. 그리고 이에 수반하여 환경문제, 도시재정난 등의 사회적 비용도 증가하게 된다. 이처럼 도시문제들은 서로 밀접한 관계를 가지면서 연쇄적으로 유발되는 특성이 있으며 이러한 문제들의 근본적인 원인은 왜곡된 도시공간패턴 때문이라고 할 수 있다.

Ⅲ 도시구조의 변화와 도시관리

도시는 사회적, 기술적, 이념적 변화 등에 따라 살아있는 유기체와 같이 외형적 규모와 내부구조가 끊임없이 변화한다. 특히 도시는 도시화의 속도, 산업구조의 변화, 교통.정보.통신기술의 발달, 공공정책의 방향 등 사회전반에 걸친 추세에 따라 변화의 속도와 형태를 달리한다. 도시의 외형적 성장은 인간생활을 공간적으로 제한하던 교통.통신기술이 크게 발달함에 따라 생활영역과 시장영역이 확장되면서 진행되어 왔다. 도시의 내부구조는 토지이용으로 표시되는데 도시구성원들이 외부조건의 변화(인구, 교통조건, 토지 및 주택가격, 도시산업구조, 공공정책 등)에 따라 새로운 입지를 모색함에 따라 바뀌어 왔다.6) 이런 의미에서 복잡하게 얽혀 있는 도시현상들은 혼돈상태라기보다는 제반주체들이 일정한 원칙에 입각하여 활동하는 거대한

---

5) 도시의 공간구조가 왜곡되어 통근통행시간과 거리가 길어져 불필요한 교통수요가 유발되면 사회적 관점에서 낭비가 되므로 이를 낭비통근(wasteful commuting)이라고 한다.

6) 이때 적정입지 행위기준은 가계는 효용극대화, 기업은 이윤극대화, 정부 및 공공기관은 후생극대화에 따른다.

질서재편과정이라고 할 수 있다.

이러한 도시변화과정은 도시 내 및 도시간의 기존 공간관계를 와해시키고 새로운 공간관계를 형성하게 되는데 이 공간적 재편과정에서 교통, 주택, 환경문제 등 각종 도시문제를 파생시킨다. 도시정책 당국은 이러한 도시의 동태적 변화과정을 도시구성원들의 시장상황 변화에 따른 조정과정인지 적응불가능한 문제에 직면한 혼돈상태인지 파악할 수 있어야 한다. 효과적인 도시관리란 도시의 동태적 변화과정에서 예상되는 부정적 효과를 미리 파악하여 대책을 수립할 수 있어야 할 뿐 아니라, 한 걸음 더 나아가 미래의 도시상을 창출하는 방향으로 유도할 수 있어야 한다. 이러한 의미에서 도시의 변화과정과 이에 수반되는 도시의 내부 및 외부구조의 변화패턴, 즉 도시변화과정에 따른 적절한 도시관리방안을 모색해 보기로 한다.

1. 도시구조 이행론

도시구조의 변화는 도시구조이행론으로 설명되는데 대표적인 도시구조이행론은 클라센과 피릭(Klaassen and Pealinck)의 도시구조이행론이다. 이들은 도시발전단계를 크게 성장기와 쇠퇴기로 나누고 성장기에는 도시화와 교외화, 쇠퇴기에는 역도시화를 포함시켰다. 그리고 이를 다시 절대적·상대적 집중과 분산을 기준으로 분류함으로써 도시발전단계를 <표 8-1>에 정리된 바과 같이 6단계로 규정하였다.[7]

Klaassen과 Pealinck의 연구를 비롯하여 van den Berg와 Klaassen 등의 연구는 유럽국가의 주요 도시들을 대상으로 한 것이다. 우리나라 도시들을 대상으로 분석할 때 유의해야 할 점은 행정구역상 도시를 분석단위로 하면 대도시의 기능적 영향권역의 변화를 고려하지 못한다는 점이다. 즉, 행정구역을 분석단위로 하면 도시인구는 감소할 수 있지만 도시와 밀접한 기능적 연관관계를 갖는 주변지역의 인구변화를 고려하지 못하게 된다. 특히 대도시의 인구가 감소하더라도 도시기능은 주변지역을 흡수하면서 그 영향력 내지 상관성을 더욱 높여 나가는 경우가 많다. 따라서 교외화이후 단계는 단순한 인구기준을 벗어나 대도시의 공간적 영향력 혹

---

7) L. van den Berg and L.H.Klaassen, (1987). "The Contagiousness of Urban Decline," in van den Berg,L, L. Burns and L.H.Klaassen eds., *Spatial Cycles,* Great Britain: Gower Publishing Co. 참조.

은 기능적 측면에서 고려할 때 도시쇠퇴단계라고 하기보다는 경우에 따라서는 오히려 확산단계라고도 해석할 수도 있다.

표 8-1 Klassen과 Pealinck의 도시구조 변화단계

구 분	성 장 기				쇠 퇴 기	
	도시화		교외화		역도시화	
	절대적 집중	상대적 집중	상대적 분산	절대적 분산	절대적 분산	상대적 분산
단계	〈1〉	〈2〉	〈3〉	〈4〉	〈5〉	〈6〉
중심도시 인구	+	+ +	+	−	−	− −
교외인구	−	+	+ +	+	+	−
도시권 인구	+	+ +	+	+	−	−

이처럼 도시구조의 변화단계는 도시마다 또 분석시각에 따라 차이가 있어 모든 경우에 적용가능한 일반이론은 없다. 그러나 도시발전단계는 도시화단계, 교외화 단계를 거쳐 교외화이후의 단계로 이행된다는 공통된 견해가 있기 때문에 도시구조의 변화단계를 이 세단계로 구분하고 각 단계별 도시관리에 관한 시사점을 논의 하기로 한다.

2. 도시구조변화에 따른 도시문제와 도시관리

1) 도시화단계

도시는 오랜 역사를 가지고 있지만 인구와 경제활동의 도시집중현상은 산업혁명 이후 본격적으로 나타난 비교적 근세의 현상이다. 도시는 문명의 혜택을 가장 생산 적으로 수용할 수 있는 장치라고 평가되지만 농어촌지역에서는 발생되지 않는 문제들을 유발시킨다.

도시화의 초기단계에서는 대도시지역 특히 종주도시(primacy)로의 인구 집중현상(polarization)이 두드러지게 나타난다.[8] 이때 도시화가 공업화를 동반하면 도시지역에 고용기회가 창출되고 또 이농인구의 사회적 기회비용이 거의 없기 때문에 경제성장의 원천이 될 수 있다. 영국을 비롯한 유럽지역이나 우리나라의 도시화는 공업화와 밀접한 관계를 가지면서 진행되었다고 할 수 있다. 반면 아시아국가 및 남미국가에서 보듯이 공업화를 동반하지 않은 급속한 도시화로 도시지역은 실업자를 양산하는 등 여러가지 사회적 문제를 안게 되는데 이를 가도시화(psuedo-urbanization)라고 한다. 그러나 충분한 고용기회를 창출하면서 도시화가 진행된다 하더라도 도시문제가 발생되지 않는 것은 아니다. 왜냐하면 대부분의 도시들은 급속히 유입되는 인구를 적절히 수용할 능력을 갖추지 못한 상태이기 때문이다. 그러나 도시화는 어느 정도 진행되면 도시인구의 증가-농어촌지역인구의 감소현상이 누적되면서 그 속도가 둔화되고 정체되는 패턴을 보인다.

도시화가 진행되고 도시가 성장하는 초기단계에서 도시의 내부구조는 대체로 도심에 경제활동이 집중되고 주변은 주거지로 구성되는 형태인 단핵도시구조이다. 주거지입지는 국민소득수준, 도시경제기반의 강약, 도심의 토지이용 집약도, 승용차 보급정도, 교통조건 등에 따라 차이는 있겠지만 일반적으로 고소득층은 도심에 가까운 곳에서, 저소득층은 도시외곽 변두리지역을 차지하는 패턴을 보인다. 특히 제3세계 국가들에서 관측되듯이 도시외곽지역은 무허가불량주택으로 구성되는 경우가 많아 각종 도시문제의 근원이 되기도 한다.[9]

도시화는 비록 도시문제를 초래하지만 국가적 차원에서는 경제개발의 원동력이 되기도 한다. 도시화가 빠르게 진행되는 대부분의 국가는 농어촌인구가 잠재실업상태인데다 도시에 대한 기대가 크기 때문에 급속한 이농현상 및 도시화를 방지할 묘책이 없다. 이러한 이유로 도시인구 유입을 억제하는 도시정책의 효과에 대한 비관론이 대두되기도 한다. 더구나 어느 정도 도시화가 진행되면 그 속도가 둔화되기

---

8) 인구의 종주도시집중현상(polarization)과 반대로 전국인구 중 종주도시 인구의 비중이 감소하는 현상을 인구집중반전(polarization reversal)이라고 한다.

9) 미국과 유럽지역의 불량주택(slum)과 개발도상국의 불량주택(shanty)은 형성배경, 사회적 의미 등 여러가지 측면에서 근본적인 차이가 있음을 인식하여야 한다. 즉, slum은 절망 속에 허물어져 가는 주택, 도시생활의 종착역, 격리(분열)등으로 특징 지워지는 반면 shanty는 희망속에 세워지는 주택, 도시생활의 출발지, 일체감(응집력)으로 특징 지워진다. 서구적 시각으로 개도국의 shanty를 slum개념으로 판단하는 것은 잘못이다.

때문에 이 과정에서 도시정책이 능동적으로 개입할 여지가 무엇이냐는 의구심마저 제기되는 것이다.

한편 도시내부의 문제를 대상으로 하는 도시계획도 유입인구가 필요로 하는 보건·위생, 주택, 교통, 상하수도, 전력, 가스 등 도시기반시설이 절대적으로 부족하기 때문에 미래상을 제시·실천하는 계획이라기 보다는 당면문제의 완화에 급급하는 형편에 놓이기 쉽다. 그러므로 급속한 도시화 시기에는 도시문제를 치유 및 완화하는 과제는 도시정부도 당사자로서 노력해야 하겠지만 국가적 차원의 대책이 절실히 요구된다고 할 수 있다.

2) 교외화단계

도시지역에 대한 인구 및 경제력 집중이 어느 정도 진행되면서 토지 및 주택가격이 치솟고 교통혼잡이 심해지는 등 도시성장에 따른 부작용이 심화된다. 특히 경제활동이 집중되는 도심지의 교통난이 심화되면서 도시정책적 차원에서 도심유입 교통을 억제/차단하는 정책이 추진되거나, 도심의 비싼 주차료와 주차난 등의 이유로 전통적으로 받아 들여지던 도심입지가 최고의 접근성이라는 등식이 와해된다. 그런데 도시구성원들은 소득 혹은 선호에 따라 이같은 외부불경제를 달리 평가하며 주거지입지결정에 중대한 영향을 미치게 된다. 한편 기업들도 생산물의 성격, 생산요소(특히 노동과 토지)의 배합, 소비시장의 위치 등에 따라 외부불경제를 각각 달리 평가하고 이는 다시 산업별 입지결정에 영향을 미친다. 이같은 이유로 도심을 떠난 인구 및 기업들은 교외지역으로 진출하게 되며 이는 교외지역의 개발을 촉진하고 도시확장을 유발하게 된다.

교외화현상은 인구의 교외화와 직장의 교외화로 나눌 수 있으나 두 경향이 혼재되어 동시에 진행되는 경우가 많아 명확한 구분은 할 수 없다. 그러나 경험상으로 인구의 교외화가 직장의 교외화를 선행하는 것으로 관측되고 각각의 배경 및 의미가 다르기 때문에 설명의 편의상 구분하기로 한다.

① 인구의 교외화 단계

먼저 인구의 교외화 현상을 살펴본다. 도시가 성장함에 따라 인구밀도와 토지이용집약도가 높아지면서 토지 및 주택가격이 상승되는 한편 대기오염, 소음공해, 교통체증 등의 각종 외부불경제가 유발된다. 도심에 살던 가구들은 도심이 교통혼잡, 유흥가 밀집 등에 의해 주거지로서 매력을 상실함으로써 기피하게 된다. 이에 따라 도심 주민의 상당부분, 특히 도심에 대한 접근성보다는 쾌적성(넓은 주택, 주거 및 교육환경 등)을 선호하는 중산층 이상의 소득계층은 교외지역으로 이주하기 시작한다. 더구나 도시확장시기의 교외지역에는 도로의 신설 및 확장, 전철건설이 동반되는 경우가 많아 통근비용을 감소시키면서 도심에 대한 접근성을 유지할 수 있어 교외화를 촉진하게 된다. 한편 이같은 이유 이외에도 정부와 도시당국의 교외지역 주택개발에 대한 장려 및 혜택, 도시정부의 분권화 등도 교외화에 많은 영향을 미치는 요인들이다. 인구의 교외화 현상은 기존의 도시공간관계를 변화시키게 되는데 이 중 도시관리와 밀접한 관계가 있는 몇 가지 중요한 현상을 살펴보기로 한다.

ⅰ) 도심공동화

북미와 서구의 대도시에서 관측되는 인구의 교외화에 따른 일반적 현상은 도심공동화현상이다. 도시에 따라 정도의 차이는 있지만 중산층 이상의 가구들이 도심을 떠나면 도심지에는 저소득층만 남게 된다. 도시정부는 인구유출 특히 주요 세원을 공급하던 중산층의 상실로 재정문제에 직면하게 되며 이는 공공서비스의 양적·질적 수준을 저하시키는 요인이 된다. 그리고 도심의 주거환경은 저소득층들이 비싼 임대료를 극복하기 위해 좁은 공간에 많은 사람들이 살게 되고 주택은 유지 및 보수가 제대로 되지 않아 슬럼화로 치닫는다. 도심의 열악한 주거환경은 인구유출을 가속시키며 이는 또 다른 재원상실로 이어지는 등 악순환에 빠지게 된다. 이에 따라 교육기관, 여가시설 등이 수요자를 잃고 문을 닫거나 이전하게 된다. 도심은 여전히 고용중심지이기 때문에 주간에는 경제활동이 활발하지만 업무시간 이후에는 야간활동인구가 거의 없는 살벌한 곳으로 몰락해 버리는 현상이 미국의 대도시에서 관측되고 있다. 그러나 유럽과 아시아지역은 미국과 같은 도심의 심한 슬럼화 현상은 목격되지 않고 있다. 그렇지만 도심공동화는 우리나라 대도시에서도 흔히 볼 수 있는 일반적인 현상이다.

ii) 교외지역의 주택건설붐

인구의 교외화현상은 도심에는 공동화를 초래하지만 반사적으로 교외지역에는 인구유입을 가져다 준다. 교외지역의 주택 및 토지수요가 증가하고 주택가격이 급등한다. 이에 반응하여 주택공급을 증가시키기 위하여 교외지역은 주택건설붐이 일어난다. 특히 교외로 이전하는 가구들은 경제적 여유가 있으면서 쾌적한 주거환경을 중시하는 계층이 주류를 이루기 때문에 도심공동화와는 반대의 현상을 나타낸다. 주택수요는 교외지역의 낮은 토지가격을 토대로 대형 및 고급주택에 집중된다. 더구나 교외지역 지방정부는 재산관련 재원이 풍부해지면서 주택이외에도 교육기관, 도로망, 주차장, 공원, 의료 및 보건시설, 치안서비스 등 각종 공공서비스를 이들의 요구에 맞게 공급할 능력을 보유하게 된다. 특히 기존의 도심지가 자동차시대 이전에 형성되었을 경우에는 도로가 좁고 주차장도 부족하지만 보상문제 및 경제성의 문제로 현대생활에 필수적인 제반시설이 추가적으로 공급하기 어려운데 비하여 교외지역은 새로운 개념으로 계획적으로 건설되기 때문에 여러 가지 여건이 좋아 교외화는 더욱 촉진되기도 한다.

iii) 주거지-직장의 분리

인구의 교외화 단계에서는 도시가구들이 직장은 도심지역에 둔 채 주거지만 교외지역으로 이전했기 때문에 직장과 주거지의 거리는 증가하게 된다. 한편 교외지역에서 필요한 저임노동자는 도심지역에 거주하고 교외지역에는 대부분의 경우 이들에게 적합한 주택이 없어 직장과 주거지의 거리는 멀어지게 된다. 이같은 현상을 직장-주거지의 공간적 불균형 내지 직주불일치현상(job-housing mismatch)이라고 하며 이는 전환기에 있는 도시들이 전반적으로 겪게 되는 현상이다. 이 현상은 도시확산이 급격하게 진행될수록 두드러지게 나타나는 경향이 있으며 장거리·장시간 통근을 유발하기 때문에 도시교통체증을 가속시킨다. 직주불일치 수준은 대부분 통근시간을 척도로 사용한다. 예를 들어 통근시간이 전체평균 이상일 경우나, 적정 통근시간 이상일 경우를 직주불일치 상태로 간주한다(Cervero, 1989; Ewing, et al., 2016; Kober, 2021).

Kain(1968)은 2차대전 이후 미국 대도시 교외화 현상은 주택시장을 분리시키고 이 현상은 흑인들에게 개방되어 있는 제조업의 고용기회를 감소시킨다고 지적하였다. 즉 교외지역의 고용이 급속히 증가하면서 도심지에 거주할 수 밖에 없는 흑인 근로자들은 통근이 전보다 힘들게 되기 때문에 직주불일치현상이 나타난다고 주장하였다. 한편 Cervero(1987)는 직주분리현상은 도심지와 교외지역의 관계에 한정된 현상이 아니라 교외지역에서도 직주불균형이 관측된다고 하였다. Gordon 외 2인(1989)은 도시구조전반을 고려하여 직주분리현상에 관한 심층적 연구를 하였다. 이들은 미국의 대도시를 대상으로 1977년과 1983년의 통행소요시간과 통행거리를 ① 가구소득, ② 산업, ③ 성별 및 가족상황, ④ 도시규모, ⑤ 거주지, ⑥ 통근시간, ⑦ 통행목적 등으로 분리하여 측정하면서 직주분리에 관한 여러 가지 가설들을 검증하였다.

우리나라에서도 직주불일치 현상에 관한 다수의 연구가 있다. 먼저 홍두승·민말순(1990)은 성남시 사례연구에서 수도권의 직주분리현상을 분석한 바 있다. 하성규, 김재익(1992)은 수도권의 직주불일치 현상은 주택가격이 상대적으로 저렴한 지역과 교외지역 신도시와 신주거단지의 개발이 활발했던 지역을 중심으로 지역 교환형 통근 혹은 장거리 통근이 많아 주택부족 혹은 주택난이 직주분리현상을 유발함을 입증한 바 있다. 수도권뿐 아니라 지방대도시에서도 교외지역의 신주거단지의 개발로 직주불일치 현상이 관측된 바 있다(김재익, 1995). 이후에도 유사한 분석결과를 제시한 연구가 다수 존재한다(전명진, 1995; Jun, 2018; Shin and Woo, 2021). 이러한 분석결과는 직주분리현상은 소득이 낮을수록, 직장주변의 주택가격이 높을수록 심화되는 것으로 나타난다(이민주·박인권, 2016: Kim and Hyun, 2018).

이같은 도시성장에 따른 직주분리현상을 극복하는데는 두 가지의 변화를 필요로 한다. 첫째, 더 빠르거나 저렴한 교통수단이 도입되어 원거리에서도 도심지에 대한 접근성을 유지시키거나 둘째, 새로운 고용중심지를 출현시켜 주변지역의 수요를 흡수하는 것이다. 그러나 이 두가지 변화는 동시에 일어나며 직장과 주거지의 재입지를 초래하여 도시구조가 재편되는 조정과정을 거치도록 만든다. 이때 도시관리는 인구의 교외화추세와 함께 진행되는 고용의 교외화추세도 고려하면서 도시기능을 효율적으로 수행할 수 있는 도시구조로 유도하기 위해 중요한 판단을 할 때이다. 왜냐하면 교통정책의 방향과 주택정책에 따라, 또 토지이용정책에 따라 도시공간구조가 결정되기 때문이다.

② 고용의 교외화 단계

두 번째 단계는 고용의 교외화 단계이다. 일자리, 쇼핑, 여가활동 등의 도시내 경제활동이 특정 지역에서도 활발히 수행됨으로서 부도심을 형성하는 이른바 다핵도시로 이행되는 단계이다. 이 단계에 대한 실증연구에 따르면 도심지에 있던 직장이나 새로이 창출되는 일자리가 교외지역을 선호하는 이유는 여러가지로 나타난다.

첫째, 교외지역은 도심지보다 토지가격이 낮으면서 충분한 공간이 있다. 따라서 소규모투자가 가능하고 업무용지를 확장하기 쉬우며 또 도심에서는 불가능한 축차적 확장이 가능한 이점이 있다. 특히 유통, 운수, 창고업과 같은 토지집약적산업에게는 결정적인 이점을 제공한다. 둘째, 기존 인구의 교외화로 인하여 상대적으로 낮은 임금으로 채용가능한 풍부한 고급유휴노동력(특히 여성인력)과 소비자들이 있기 때문이다. 도심지에 입지할 필요성이 적고 재택근무 및 파트타임 계약이 용이한 금융, 보험, 부동산업, 법률서비스 등의 직종들이 이러한 이점을 갖고 있다. 셋째, 고용주와 피고용자들의 출퇴근이 용이하고 주차가 쉽고 주차비도 낮다. 넷째, 교외지역은 도심에서 찾을 수 없는 각종 어메니티(쾌적한 환경 등)를 제공한다. 다섯째, 정보통신기술의 발달로 교외지역에서도 공간적 거리감 없이 근무와 정보교환을 할 수 있다. 더구나 도시의 제조업은 도심입지에 대한 경쟁력상실과 더불어 정부의 이전정책으로 급격히 감소하는 추세를 보이면서 교외화, 혹은 많은 경우 도시지역을 벗어난다.

이같은 입지의 우위성으로 말미암아 교외지역은 개발이 촉진되고 인구의 도심이탈이 가속되는 것이다. 도심은 도시전역을 시장영역으로 하는 공공기관과 민간기업(본부, 고급사치재, 전문 상품 및 서비스, 대형백화점)이 대부분을 차지하게 된다.

인구 및 고용의 교외화는 도시공간을 확산시키면서 도시 내 새로운 중심지를 출현시키기도 하지만 주변도시를 흡수하거나 병합을 동반하는 경우도 있다. 특히 여러 개의 도시들이 행정구역을 초월, 경제적 상관성이 긴밀하게 되면서 시가지가 연속되는 연담도시가 출현하기도 한다.

고용의 교외화 및 연담도시화 현상은 도시구성원들(시민, 기업, 공공기관)의 경제적.지리적 적응행위를 유발하면서 도시를 확산시킨다. 특히 기업들의 재입지 및 창업입지는 집적경제의 혜택을 겨냥하여 특정지역에 집중하는 경향이 있다. 산업클러스터, 혁신도시 등의 건설도 이에 한 몫을 한다. 이러한 지역은 새로운 고용 및 거래, 지식교류의 중심지가 되며 부도심을 형성하게 된다.

고용의 교외화는 도시의 공간구조를 다핵도시로 이행되도록 만드는데 이때 발생 가능한 여러가지 도시문제중 특히 중요한 것은 인구의 교외화 단계에서 분리되었던 직장과 주거지간의 거리에 어떻게 변화하느냐 하는 것이다. 직장과 주거지가 일치되는 방향이면 도시활동이 공간적으로 분할되어 수행가능하므로 도시규모는 증가하더라도 통근거리나 통근시간은 증가하지 않는다. 즉, 이러한 도시구조로 이행되면 도시규모가 확대되더라도 교통수요 및 교통체증은 감소하며 시민의 입장에서도 시간·에너지·장애요인 등이 최소가 되는 것이다.

그러나 이때 도시계획이 구태의연한 단핵도시개념에 입각하여 실행되면 문제를 더욱 악화시킨다(Heillila et al., 1989; Gordon and Richardson, 1998; Lee and Gordon, 2007). 이 과정에서 유발되는 도시계획의 전형적인 오류는 도심재개발정책, 교통정책 및 주택정책에서 찾아 볼 수 있다. 도심재개발은 도심의 토지이용집약도를 높이고 도심의 주거기능을 강화함으로서 교외화를 억제하여 교외-도심의 통행수요를 감소시키자는 의도로 시행되는 경우가 많다.[10] 그러나 교외화로 파생되는 도심의 문제는 미국의 경험에 비추어볼 때 자율적 치유방향으로 진행되기보다는 문제가 누적되는 경향을 보이기도 한다. 그리고 도심재생사업으로 인한 인구증가의 대부분은 미혼, 독신, 고소득이라는 특성을 보이기도 한다. 이러한 도심문제의 속성 때문에 도심재개발에 투입되는 자원을 교외지역에 투자하는 것이 오히려 사회적 효율성을 높일 수 있다는 주장이 대두되기도 한다.

교통계획의 측면에서도 단핵도시구조하에서는 주거지와 도심지간의 접근성이 도시교통망의 근간이 되지만, 다핵도시구조하에서는 주거지와 부도심 그리고 부도심(도심) 상호간을 연결하는 교통망이 근간이 된다. 이것은 도시의 교통수요가 교외-도심간의 접근성보다 교외-교외의 접근성으로 치우치는 경향을 봐서도 알 수 있다. 만약 교통정책이 이 점을 무시하고 전통적 도심지에 대한 접근성만을 계속 고집하여 도심지로 향한 교통망 및 교통수단을 제공한다면 장거리통행, 불필요한 도심통과 등을 유발하면서 도시활동의 효율성을 저해하고 교통문제를 악화시키는 요인이 된다.

주택정책의 측면에서는 주택이 절대적으로 부족할 경우는 주택가격의 급등이 동

10) van den Burg et al(1982) 참조.

반되면 많은 가구들이 어쩔 수 없이 직장과 먼 외곽지역으로 주거지를 옮기는 현상이 나타나 교통난을 심화시킨다. 주택보급률이 100%를 넘더라도 소득계층간 및 공간적 수급불일치가 발생하면 심각한 주택문제를 유발할 수 있다. 즉 시민들의 생활권, 즉 부도심권별로 주택공급이 소득, 가족수 등에 따라 달리 나타나는 주택수요와 맞지 않으면 공간적 수급불균형이라는 주택문제가 발생하며 이는 다시 교통수요를 증가시키는 것이다. 특히 주택이 단순한 주거용건물만을 의미하는 것이 아니라 주거환경을 포함하는 복합(상품)서비스로써 계층별 군집경향이 있다는 점을 고려하면 부도심권내에 다양한 형태 및 가격의 주택을 공급하여 수요에 대비하지 않으면 도시전체로는 직주불균형현상이 일어날 것이다.

3) 교외화 이후 단계

고용의 교외화를 경험한 세계의 도시들은 도시구조가 어떠한 방향으로 진행되고 또 어떤 문제가 대두될 것인가에 대한 관심이 높다. 특히 우리나라는 서울을 비롯한 부산, 대구 등 대도시의 인구가 감소하는 추세를 보임에 따라 교외화한 인구가 다시 중심도시로 이전할 것인가, 아니면 역도시화가 지속될 것인가에 대한 관심이 높다. 이 도시구조 이행단계에서의 대표적인 논의는 도심공동화를 극복하기 위한 도심재생 노력이라고 할 수 있다. 도심재생사업은 젠트리피케이션을 둘러싼 논란, 도심지역에 대한 투자의 효율성과 교외지역과의 형평성 등 다양한 논란을 불러 일으키기도 한다.

① 도심공동화와 도심재생

도시의 성장과정에서 교외화 단계에서는 도심의 쇠퇴-교외지역의 급성장이 일반적 현상이다. 이 현상은 한 도시 내에 도심공동화-교외지역의 난개발이라는 상반된 문제로 나타난다. 도심공동화 현상은 심각한 도시의 병리현상으로 간주되어 도심재개발 혹은 도심재생사업을 통하여 극복하고자 노력한다.

그러나 도심공동화 현상은 시장의 자율적 조정기능의 결과라고 볼 수도 있다. 즉 도심공동화현상을 인구 및 일자리의 여건변화에 적응한 적정입지 모색의 결과로 본다면 건강한 조정과정으로 이해할 수도 있다. 예컨대 도심공동화로 인하여 공가 발생, 주거환경 악화, 토지가격 하락 등이 유발되는데 이로 인하여 노후불량주택지구의 재개발 사업성이 개선되거나 새로운 용도의 개발이 가능하게 되는 경우를 볼 수 있다. 도심지역의 주거용 토지는 주차장, 창고, 소공원 등 보다 생산성이 낮은 용도로 전환되거나, 오피스텔, 상업/업무시설 등 보다 생산성이 높은 용도로 전환되는 것을 볼 수 있다. 도심공동화는 또한 인구 및 가구의 감소와 더불어 주택수를 감소시키지만 공터의 공원화 및 시설확충 등을 통하여 주거조건이 개선되고, 토지이용도 인구이탈에 적응하여 도심 기능에 적합토록 전환되기도 한다.

이러한 상황을 간과한 채 도심재개발을 위한 투자를 무리하게 진행하면 이는 건전한 시장조절과정과 역행하는 것이며 궁극적으로 그 효과를 기대하기 어렵게 된다. 서구도시에서 막대한 도심재개발 투자를 하면서도 그 효과가 거의 없거나 부작용이 많았다는 연구결과들이 이러한 견해에 설득력을 더해 준다. 이것은 도심재생사업은 장단기 사업효과를 면밀하게 분석한 후 관련당사자들의 참여하에 투명하게 시행되어야 함을 시사한다.

② 도심회귀론

한편 도시내부구조의 변화패턴중 교외거주인구들이 출퇴근난의 가중 및 교외지역의 지가상승 등으로 인하여 다시 도심으로 돌아오는 도심회귀론(gentrification theory)이 대두되기도 한다. 그러나 도심재개발을 통해 도심의 주거기능을 강화되었다 하더라도 실제 도심회귀가구수는 도시전체로 볼때 극히 일부에 지나지 않고 또 도심회귀가구는 주로 고소득, 고학력의 젊은 계층에 국한되는 것으로 알려지고 있다. 따라서 도심회귀경향은 도시내부구조 전반에 영향을 미칠 근본적인 변화로 보기에는 설득력이 부족한 것으로 평가되고 있다.[11]

③ 도심과 교외와의 관계

도시인구가 감소하거나 정체한 상태에서의 도심재개발과 교외지역의 신개발은 두 지역간의 관계를 먼저 파악한 후 실시되어야 한다. 도심과 교외와의 관계는 <표 8-2>에 정리된 바와 같이 인구, 고용, 부가가치(소득)의 변화가 두 지역 모두 같은 방향으로 변화하면 보완관계, 서로 상이한 방향으로 변화하면 대체관계로 간주할 수 있다.

---

11) 도심회귀론에 관한 논의는 본서 도시재생과 젠트리피케이션 장 참조.

표 8-2 도심과 교외지역의 관계구분

	도심	교외지역	비고
대체관계	+	−	도심회귀
	−	+	교외화
보완관계	+	+	도시성장
	−	−	도시쇠퇴

　Voith(1992, 2000)를 비롯한 도시경제학자들에 의하면 도심에 대한 투자가 타당성을 가지려면 도심과 교외지역은 보완관계이어야 한다. 즉 도심에 대한 투자가 도심은 물론 교외지역을 포함하는 도시전체의 후생증진에 기여해야 한다는 것이다. 만일 도심에 대한 투자가 교외지역의 위축을 가져 온다든가 교외지역의 성장이 도심의 쇠퇴를 바탕으로 한다면 두 지역의 관계는 대체관계가 된다. 이러한 상황에서의 도심에 대한 투자는 효율성과 공평성의 측면에서 심각한 문제를 유발함을 지적한다. 우리나라의 경우에도 도시주변부의 대규모 도시개발 혹은 신도시 개발은 빨대효과를 통하여 구도심과 주변지역의 쇠퇴를 유발함이 많은 연구에서 규명된 바 있다(엄현태·우명제, 2014; 박정일·김지혜, 2018; Shin and Woo, 2021),

　이러한 중요성으로 도심재개발 혹은 도심재생사업이 성공적으로 수행되기 위해서는 먼저 도시공간구조의 특성과 그 변화방향에 관한 적절한 분석이 선행되어야 한다. 즉 도심에 대한 투자가 도시전체의 희생을 바탕으로 하면서 도심만의 혜택이 되는지, 아니면 도심−교외지역이 모두 혜택을 받는 상생의 투자인지 규명되어야 한다. 이러한 공간 간의 관계는 우리나라의 공간적 불균형이 대도시와 농어촌으로부터 시작되었다가, 영남지역과 호남지역, 그리고 수도권과 비수도권 등 다양한 형태로 전개되어 온 것을 상기시킨다. 투자시기도 중요하다. 도심쇠퇴가 도시성장단계 중에서 발생하는 자연스러운 조정과정에 해당하는 시기인지 아니면 방치할 경우 보다 큰 희생이 요구되는 누적적 쇠퇴과정에 진입했는지 규명되어야 할 것이다.

Ⅳ 맺는말

도시는 끊임없이 변화하는 유기체와 같다. 도시를 구성하는 인간, 시설, 활동 등은 사회적 물리적 여건의 변화에 따라 적응하며 입지 및 활동패턴을 바꾸기 때문이다. 이것은 공간구조의 변화로 나타난다. 이러한 변화는 시장기능이 작동한 결과이며, 시장실패의 경우는 공공부문이 개입한 결과이기도 하다. 도시관리는 이러한 도시구조의 변화에 따라 가계 및 기업 등으로 구성된 민간부문의 활동을 원활하게 하기 위한 공공부문의 노력이다. 도시관리자는 공간구조의 특성 및 변화방향에 맞도록 도시를 관리함으로써 도시의 활력을 촉진하여야 할 것이다.

김재익. (1995). "가구이동과 도시경쟁력에 관한 연구 – 대구시 신주거단지를 중심으로", 주택연구, 3(2), 89–107.

박정일·김지혜. (2018). "신시가지형 혁신도시 개발에 따른 대도시 인구분포 변화에 관한 연구: 대구혁신도시 사례를 중심으로", 지역연구, 34(3), 55–68.

엄현태·우명제. (2014). "교외지역 신시가지 개발이 중심도시의 구시가지 쇠퇴에 미치는 영향 분석", 국토계획, 49(5), 51–66.

이민주·박인권. (2016). "지역 특성에 따른 소득별 직주불일치에 관한 연구," 지역연구, 32(1), 67–82.

전명진. (1995). "직주불일치 현상과 낭비통근: 서울시를 중심으로", 대한교통학회지, 13(3), 5–17.

_____. (1996). "서울시 도심 및 부도심의 성장과 쇠퇴: 1981~1991년간의 변화를 중심으로", 국토계획, 31(2), 33–45.

최막중·지규현. (1997). "다핵화 정책에 의한 직주근접 효과의 규범적 평가 : 서울시를 중심으로", 국토계획, 32(5), 25–38.

하성규·김재익. (1992). "주거지와 직장의 불일치 현상에 관한 연구", 국토계획, 27(1), 51–72.

Alonso, William(1964), *Location and Land Use*. Cambridge, Mass, : Havard University Press.

Bartosiewicz, Bartosz and Szymon Marcińczak. (2020). Investigating polycentric urban regions: Different measures – Different results, *Cities,* 105, https://doi.org/10.1016/j.cities.2020.102855

Bergsman, J., Greenston P., and Healey, R.(1972) "The Agglomeration, Process in Urban Growth," *Urban Studies*, 9(3).

Berry, B. J. L.(1964). "Cities as Systems within Systems of Cities," *Papers and Proceedings of the Regional Science Association*, 13.

Burger, M. and Meijers, E. (2012) Form follows function? Linking functional and morphological polycentricity. Urban Studies, 49, 1127–1149.

Burger, M., van Oort, F., Meijers, E. (2019). Examining Spatial Structure Using Gravity Models. In: D'Acci, L. (eds) The Mathematics of Urban Morphology. Modeling and Simulation in Science, Engineering and Technology. Birkhäuser, Cham. https://doi.org/

10.1007/978−3−030−12381−9_21.

Burgess E. W. (1924). "The growth of the city: an introduction to a research project" Publications of the American Sociological Society, 18, 85−97.

Carlino, G. A.(1978). *Economics of Scale in Manufacturing Location: Theory and Measurement*. Leiden: Martinus Nijhoff.

Carter, H. (1981). *The Study of urban Geography*. London Edward Arnold.

Castells, M. (1977). *The Urban Question*. London Edward Arnold.

Christaller, W.(1933). *Die Zentralen Orte in Suddeutschland*. Jena Fisher, Translated by C. Baskin, as *The Central Places of Southern Germany*. Englewood Cliffs: Prentice Hall.

Deng, Yue, iping Liu, Yang Liu and An Luo. (2019). Detecting Urban Polycentric Structure from POI Data, ISPRS International Journal of Geo−Information, 8(6), 283. https://doi.org/10.3390/ijgi8060283.

Derudder, B., Liu, X., Wang, M., Zhang, W., Wu, K., & Caset, F. (2021). Measuring polycentric urban development: The importance of accurately determining the 'balance'between 'centers'. Cities, 111, 103009.

Gordon, P., A. Kumar and H. W Richardson(1989), "The Spatial Mismatch Hypothesis: Some New Evidence," *Urban Studies,* 26.

Guttenberg, A.(1975) "Urban Structure and Urban Growth," in *Urban Planning Theory*(Branch eds.). Dowden, Pennsylvania : Hutchinson & Ross Inc..

Harris C D and Ullman E L. (1945), "The nature of cities" Annals of the American Academy of Political and Social Science 242, 7−17.

Heikkila, E, p. Gordon, J. I. Kim, T. Peiser, H. Richardson, and D. Dale−johnson(1989). "What Happened to the CBD−distance Gradient? : Land Values in a Policentric City," *Environment? Planning A*, 21.

Hoyt H. (1939). "The structure and growth of residential neighborhoods in American cities" Washington DC; Federal Housing Administration

Jones, Emrys. (1990). *Megalopolis*, Oxford University Press, Oxford.

Jun, M. J., Choi, S., Wen, F. and Kwon, K. H. (2018). Effects of urban spatial structure on level of excess commutes: A comparison between Seoul and Los Angeles. *Urban studies*, 55(1), 195−211.

Kain, John F. (1968). Housing Segregation, Negro Employment, and Metropolitan

Decentralization. *Quarterly Journal of Economics* 82, 175−97.

Kain, John F. (1992). The Spatial Mismatch Hypothesis: Three Decades Later. *Housing Policy Debate* 3(2), 371−460.

Kim, Jae Ik, Jun−Yong Hyun. (2018). "Do Smart Growth Urban Development Strategies Reduce Jobs−housing Distance in a High−density City? The Case of the Seoul Metropolitan Area," *Journal of Planning Education and Research.* (on−line). 1−11.

Klaassen, L. H. (1988). *Exercise in Spatial Thingking: Case Studies of Regional Development Issues,* Gower Publishing Co., Great Britain.

Lee, Bumsoo and Peter Gordon. (2007). "Urban Spatial Structure and Economic Growth in US Metropolitan Areas," A Paper presented at 46th Annual Meeting of Western Regional Science Association.

Lin, Dong, Andrew Allan, and Jianqiang Cui. (2015). The impact of polycentric urban development on commuting behaviour in urban China: Evidence from four sub−centres of Beijing, *Habitat International,* 50, 195−205.

Mills. E. and B. Hemilton. (2005). *Urban Economics,* Fourth Edition, Scott Foresman and Co., Glenview.

Richardson, H. (1988). "Monocentric vs. Policentric Models : The Future of Urban Economics in Regional Science," *Annals of Regional Science,* 22(2).

Shin, Hakcheol, Myungje Woo. (2021). Impacts of New Town Developments on Urban Shrinkage in Their Surrounding Areas: Focusing on Non−capital Region, *Journal of Korea Planning Association,* 56(3), 21−35.

Small, K and S. Song. (1992). "Wasteful Commuting : A Resolution" *Journal of Political Economy,* 100(4).

van den Berg, L. and L.H.Klaassen (1987). "The Contagiousness of Urban Decline," in van den Berg,L, L. Burns and L.H.Klaassen eds., *Spatial Cycles,* Gower Publishing Co., Great Britain.

van den Burg, L., R. Drewett, L.Klaassen, A.Rossi and C. Vijverberg. (1982). *Urban Europe: a Study of Growth and Decline,* Oxford: Pergamon.

Voith, Richard. (1992). "City and suburban growth: Substitutes or complements?", Business Review, Federal Reserve Bank of Philadelphia, Sept/Oct.

_____. (2000). "Has Suburbanization Diminished the Importance of Access to

Center City?", Business Review, Federal Reserve Bank of Philadelphia, May/Jun.

Wang L, Wu C, Zhao S. A. (2022). Review of Spatial Mismatch Research: Empirical Debate, Theoretical Evolution and Connotation Expansion. *Land*. 11(7), 1049. https://doi.org/10.3390/land11071049.

제9장

도시의 경제성장과 적정도시규모

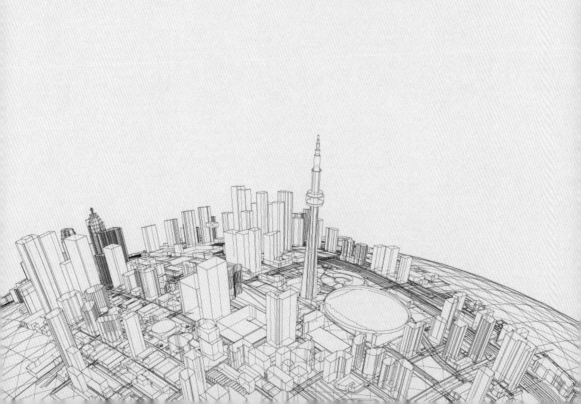

도시의 경제성장과 적정도시규모

I 서론

　도시는 국가 경제성장의 엔진이다. 성장이란 측정가능한 양적 지표를 사용하기 때문에 소득(생산), 인구, 시가화지역면적 등의 지표로 측정된다. 이중에서 인구는 억제대상인 경우가 많았고 생산(소득)증가는 성공의 상징이 되기도 하였다. 경제가 빠른 속도로 성장하고 도시화가 진행되고 하던 시기에는 도시관리는 곧 도시의 무질서한 확산 방지와 인구유입 억제를 의미할 정도로 중요한 정책주제였다. 최근에는 시민의 삶의 질의 향상, 환경보존, 포용성장 등이 강조되는 시대이지만, 여전히 소득과 도시규모 측면의 도시성장은 중요한 목표가 되고 있다. 그러면서 지속가능한 개발을 목표로 하는 녹색성장이 강조되고 있다. 한편 인구감소도시가 많아지면서 도시성장보다는 인구감소를 현실로 받아 들이고 도시쇠퇴가 아닌 살기좋은 도시로의 탈바꿈을 시도하는 도시도 속속 등장하고 있다. 본 장에서는 도시의 경제성장의 배경과 원동력, 나아가서는 한 도시의 성장과 억제정책 중 선택기준이 되는 적정도시규모에 관한 이론적 논의를 하고자 한다.

Ⅱ 도시성장의 배경

한 도시의 성장과 쇠퇴는 여러가지 요인들이 복합적으로 작용한 결과이다. 그리고 각 도시는 내외부의 여건에 따라 특성을 달리하므로 성장과 쇠퇴요인도 달라진다. 이러한 이유에서 어느 도시에나 적용될 수 있는 일반적 도시성장의 원동력이란 존재하지 않지만, 어느 정도 공통점을 갖는 성장요인들은 파악되고 있다.

1. 도시화

도시성장은 인구, 총생산 등 양적인 측면이 증가함을 이른다.[1] 그러나 일반적으로 도시성장이라 함은 경제적 성장보다는 행정구역 내 상주인구의 증가를 지표로 삼는다.[2] 그러므로 도시성장은 인구의 자연적 증가와 유입인구의 증가가 원인이 된다. 이때 자연적 증가는 도시차원을 넘는 국가적 추세로 볼 수 있으나 유입인구의 증가는 도시성장관리의 주된 대상이 된다. 왜냐하면 도시로의 유입인구의 증가는 그만큼 기회가 있다는 것을 의미하며 인구유출은 기회의 감소로 해석될 수 있으므로 도시의 경쟁력 수준을 반영한다고 할 수 있기 때문이다. 그리고 도시유입인구의 증가는 바로 도시화 추세로 나타나기 때문에 도시화의 원인을 파악하는 것이 도시성장의 원인을 파악하는 것이 된다. 도시화 혹은 인구와 경제활동의 도시집중현상은 인류 역사상 근세의 현상이다. 즉 고대에는 Athens, Rome, Constantinople 등에서만 인구가 10만 이상이었고 19세기를 기준으로 하더라도 도시 혹은 인구 5천 이상의 소도시에 거주하는 인구비율은 세계인구의 1-2%정도에 불과했다.

도시화가 본격적으로 시작된 것은 산업혁명이후이다. 산업혁명은 소규모 수공업을 기계제 대공업으로 생산방식을 전환시켰고 또 증기기관 등 교통수단의 혁명으로 도시성장에 결정적인 역할을 했다. 제조업은 도시지역에서 수많은 일자리를 창

---

1) 반면 발전 혹은 개발이라 함은 산업구조의 고도화, 법적제도적 장치의 효율증가, 사회적 안정, 후생지표의 향상 등 질적인 개선을 의미한다.
2) 인구측면에서의 도시성장은 대체로 도시생산력의 증대(즉 도시경제성장)를 동반하기 때문에 이러한 경향을 보인다. 한편 경제적 측면의 도시성장은 도시경제성장이라고 명시하는 것이 일반적이다.

출하면서 농어촌인구를 흡수하는 동시에 교통수단의 발달로 시장영역이 확장됨에 따라 인구유입과 도시지역의 확장이 진행되었기 때문이다. 이러한 급속한 도시화는 빈곤, 주거난, 교통난, 범죄, 환경파괴, 난개발 등 거의 모든 도시문제의 근원으로 지목되고 있다. 도시화 그 자체가 도시문제로 받아 들여지는 이유도 여기에 있다. UN의 추산에 의하면 2020년 세계인구의 56%(44억명)가 도시에 살고 있으며, 2050년이 되면 도시거주인구는 지금보다 두배 늘어 10명 중 7명꼴로 도시에 거주하는 것으로 전망하고 있다. 그러나 도시는 여전히 전세계 GDP의 80%를 창출하고 있다.[3] 이러한 의미에서 도시는 성장의 엔진이므로 도시화를 모든 문제의 근원으로 볼 수 만은 없다는 것이다.

　도시화에 따른 문제는 주로 개발도상국들의 문제이며 이를 해결하기 위한 여러 가지 대응책이 강구되어 왔다. 그러나 도시화는 무한히 진행되는 것이 아니라 시간이 경과함에 따라 또 경제발전이 진행되면서 증가추세가 완만해지는 것이 일반적이다. 이러한 도시화추세를 고려하면 경제발전의 초기단계에는 시대적 대세인 도시화를 억제하기도 어렵고 또 억제하는 것이 반드시 사회적으로 바람직하지 않다는 견해를 보이기도 한다. 그리고 급속한 도시화는 어느 정도 진행되다가 자연적으로 증가율이 완만해지는데 과연 어떤 시기에 어떤 방책을 내 놓을 수 있겠는가 하는 비관론이 대두되기도 한다. 그러나 이것이 도시화에 대해 방관해도 된다는 의미는 아니다. 더구나 최근에는 인구가 감소하는 축소도시가 일반화되고 있어, 과거와는 반대로 인구성장을 지향하거나 인구감소를 기정사실화하면서 스마트축소를 지향하는 등 새로운 도전에 직면하고 있다. 요약하면 과거에는 수용능력을 초과하는 급속한 도시화가 문제이었지만, 최근에는 인구유출로 인한 문제가 대두되고 있는 현실이다. 그러므로 도시관리자는 장래를 예측하고 대응방안을 모색하여 도시를 포용적이고, 건강하며, 회복력 있고, 지속가능하도록 만드는 장기적 도시비전을 실현하는 데 역량을 집중하여야 한다.

---

3) World Bank, Urban Development, downloaded from
   https://www.worldbank.org/en/topic/urbandevelopment/overview, Sept. 6, 2022.

2. 산업화

전술한 바와 같이 산업혁명은 도시화의 전환점으로 받아 들여 진다. 그리고 산업화는 경제성장의 주된 엔진이기도 하다. 많은 도시들이 산업화를 기초로 성장, 발전하고 있다. 제조업은 기술변화가 빠르고 규모의 경제가 실현되며, 글로벌 생산네트워크와의 융합이 용이한 이점이 있다.

그러나 현대는 4차산업혁명의 시대이다. 이런 의미에서 현대의 제조업은 과거와는 달리 첨단기술의 구현을 기초로 한 생산활동에 초점을 둔다. 또한 선진국들의 산업구조는 시민의 삶의 질이 강조되면서 전통적 제조업의 비중이 급속히 감소하는 반면 3차산업과 4차산업이 주도하고 있다. 이에 따라 도시공간은 생산현장에서 기술혁신의 산실로서의 역할이 강조되고 있다.

한편 기술발달이 도시확장에 미치는 영향은 기술의 속성에 따라 달리 나타날 수 있다. 교통기술의 발달은 출퇴근 가능거리와 사업반경을 확장시키므로 도시팽창의 요인이 된다. 그러나 정보통신기술의 발달은 정보중심지(도심)에 대한 직접방문횟수를 줄이므로 도시팽창의 억제요인으로 작용한다. 그러나 4차산업혁명의 시대에 들어선 이후의 경험으로 볼때 정보통신기술의 발달은 도시팽창의 요인으로 작용하고 있다. 이러한 패러독스에 대해 정보기술의 발달에도 불구하고 대면접촉(face-to-face contact)의 필요성이 여전히 높기 때문이라고 해석하는 학자도 있으나 이 현상은 인구와 경제활동의 공간적 집중이 주는 외부효과 즉 집적효과를 통해 보다 설득력있는 해석을 할 수 있다.

3. 집적효과

도시형성 및 입지의 이론적 배경이 되는 호텔링모형과 중앙입지의 원리는 인간활동이 공간적으로 집중할려는 경향이 있음을 보여 준다. 실제로 도시의 경제활동은 특정지역에 집중되어 수행된다(Ioannides and Rossi-Hansberg, 2010). 인간활동이 공간적으로 집중하면 과연 어떠한 이점이 있는지 집적효과(Agglomeration Effects)의 개념으로 설명할 수 있다. 집적효과는 경제활동의 흡입력으로서 도시성장의 원동력이 되기도 하는 개념이다.

집적효과의 개념은 Weber, Hoover, Losch, Isard에 이어 최근까지 계속 논의되어 왔다(McCann and van Oort, 2019; Walker and Heblich, 2022). 집적효과는 경제활동의 공간적 집중으로 말미암아 경제주체가 각자의 기술수준과 상관없이 발생하는 모든 외부성(Externalities)을 통합한 개념이다.

그리고 집적효과는 여러가지 외부성들이 상호작용하여 복합적으로 나타나고 그 구성요인들을 분리시켜 분석할 수 없기 때문에 경제학자들은 불가분성(indisibility)이라고 부르기도 한다. 그러나 집적효과의 개념을 설명하기 위한 방편으로서 편이상 집적경제를 형성하는 요인들을 대체로 내부적 규모경제(internal scale economies), 지역특화경제(localization economies) 그리고 도시화경제(urbanization economies)로 분리하여 논의하고 있다. 한편 상기 세 가지 요인들이 수반하는 불이익(외부불경제)－규모의 불경제, 지역특화불경제, 도시화 불경제－을 통합하여 집적불경제(agglomeration diseconomies)라고 한다.[4] 이처럼 경제행위의 공간적 집중으로 야기되는 집적경제와 집적불경제의 두 개념을 포함하는 모든 외부성을 집적효과(agglomeration effects)라 통칭한다.[5]

1) 내부적 규모의 경제와 규모의 불경제

내부적 규모의 경제란 주어진 요소가격과 기술수준하에서 생산자가 완전가동하면서 생산규모를 증가시킬수록 제품단위당 생산비(평균생산비)가 감소함으로서 얻어지는 외부이익이다. 이 개념을 <그림 9－1>을 이용하여 간략하게 요약한다.

---

[4] G.A. Carlino.(1978). *Economics of Scale in Manufacturing Location: Theory and Measurement*, Leiden, Martinus Nijhoff, 참조.

[5] 집적효과는 이득(혜택)을 가져다는 외부성인 집적경제(Agglomeration Economies)와 손실(피해)을 야기하는 외부성인 집적불경제(Agglomeration Diseconomies)를 모두 포함하는 종합 개념이다. 그러므로 집적효과(agglomeration effects)와 집적경제(agglomeration economies)는 구분되는 개념이다. Harrry Richardson.(1978). *Regional Economics*, University of Illinois Press, Urbana Champaign, 참조.

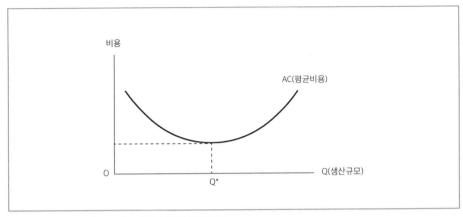

비용

AC(평균비용)

0 　　　　　　　Q(생산규모)

Q*

▎그림 9-1 생산규모에 따른 평균비용곡선

<그림 9-1>에서 보는 바와 같이 생산량이 증가한다는 자체로 평균비용(제품 단위당 생산비)이 감소한다. 해당기업의 입장에서는 같은 생산요소의 투입비율과 기술을 사용하면서 많이 생산할수록 이득이 되는 것이다. 이때 평균생산비용이 최소화되는 규모(Q*)는 기술적 요인(technical factor), 경영능력(managerial factor), 시장규모(market), 자금조달능력(finance factor) 등에 의하여 결정된다. 이러한 외부경제가 실현되기 위해서는 전문화와 노동의 분업이 가능한 생산규모를 갖거나, 요소비용의 비율이 감소하는 규모, 혹은 생산설비가 증대하거나 질적향상(자동화 시스템)을 이루어야 되는 등 어느 정도의 규모가 갖춰져야 가능하다. 규모의 경제는 수요가 많고 시장이 넓어야 가능하며 이는 경제활동이 집중된 곳 즉 도시지역에서 획득하기 용이한 것이다. 그러나 생산규모가 일정 한도를 넘어서면(Q*수준을 초과하면) 과부하, 혼잡 등으로 인하여 기업의 평균비용은 오히려 증가한다. 이러한 경우에는 규모의 불경제가 발생한다. 규모의 경제나 규모의 불경제는 다른 생산자나 산업에 관계없이 오직 해당기업 내부에서만 발생된다.

2) 지역특화경제와 지역특화불경제

지역특화경제는 특정지역에 동종의 산업이 집중함으로서 해당산업을 구성하는 개별 기업이 누릴 수 있는 외부이익이다. 각종 기계들을 조립, 생산하는 기계산업단지나, 조명기구, 음향기기, 컴퓨터를 취급하는 전자상가라든가, 각종 한약재료나 한약을 취급하는 한약시장 등은 지방특화경제의 전형적인 예들이다. 이렇게 비슷한

업종이 공간적으로 집중하게 됨으로써 개별 기업들은 기술수준이나 생산규모와 관계없이 많은 외부이익을 얻을 수 있다. 즉, 숙련된 노동력의 증가 및 가용성, 조합이나 개발협회 등과 같은 조직의 활용가능성, 연구 및 개발기관을 발전시켜 이를 이용할 수 있는 이점, 전문중개인의 출현으로 인한 정보획득비용의 절약, 전문화된 보관시설이 있어 단기간에 필요한 원료나 반제품을 획득할 수 있고 재고비용을 감소시킬 수 있는 이점, 원료 및 반제품의 수송비의 절약 등의 이익을 들 수 있다. 그러나 이러한 기업의 공간적 집중은 일반적으로 해당산업내의 노동수요의 증가로 인하여 임금을 상승시키고, 지대를 상승시킬 뿐만 아니라 공해 등의 불이익(지역특화불경제)을 수반한다. 결국 지역특화(불)경제는 개별기업에게는 외부성을 지니지만 해당산업내에서만 발생한다. 지방특화경제는 전문화의 정도를 나타내며 도시 및 지역의 전문성, 그리고 도시 내 공간적 분업현상을 대변한다.

3) 도시화경제와 도시화불경제

도시화경제는 특정지역의 규모가 커짐으로써 발생하는 기업과 산업에 주는 외부성으로서 도시지역에서 획득 가능한 모든 외부이익을 말한다. 전술한 지역특화경제의 예들을 모든 산업에 적용시킬 수 있을 뿐만 아니라 도시지역에서 이용가능한 각종 전문 서비스(회계사, 의료서비스, 법률서비스, 광고대행업소, 사업자문기관등), 사회·문화·여가시설, 각종 공공서비스가 존재하며 지방 및 중앙정부를 포함한 행정기관과의 근접성으로 인한 정보의 획득, 고등교육시설의 존재로 인한 전문인력의 가용성등 기업과 산업이 도시(특히 대도시)에서 얻을 수 있는 이익은 수없이 많다. 물론 도시지역에서 발생되는 도시화불경제(고임금, 고지대, 공해, 교통체증등)도 존재한다.

이러한 집적경제는 일반적으로 도시규모가 커짐에 따라 증가하므로 순집적경제가 정(+)의 값을 갖는 한 대도시가 중소도시보다 선호되고, 모든 정치·경제·문화 기능이 대도시에 집중되고 반대로 비도시 지역은 상대적으로 불리한 여건에 놓이게 된다. 이로써 집적효과는 대도시지역의 누적적 성장-중소도시 및 농어촌지역의 누적적 쇠퇴현상, 나아가서는 국토의 불균형 성장현상을 설명하는 근거가 되기도 한다.

4. 전문화

도시형성의 기본이론인 중심지 이론에 따르면 도시는 규모의 경제 혹은 집적경제에 의해 생성된다.[6] 그러나 이 이론은 모든 공간에서의 동등한 조건(부존자원, 인구밀도, 기후 및 지형 등)을 가정함으로써 모든 도시(지역)의 산업구조와 생산조건들이 동일할 뿐만 아니라 그 규모도 같게 된다는 모순을 유발한다. 즉 모든 도시(지역)는 특성이 없는 복사판에 불과한 것이다. 이러한 조건하에서는 가계의 주거입지나 생산자의 산업입지 결정에 있어 어느 도시를 선택하건 차이가 없어진다. 그러므로 도시(지역)간 인적, 물적교류의 필요성이 없는 자급자족의 봉쇄경제의 형태를 띠며 생산의 공간적 전문화도 발생하지 않는다.

이러한 경제적 공간형태는 매우 비현실적인 것이다. 특히 도시뿐 아니라 세계적으로 글로벌 공급망(global suuply chain)이 형성되어 생산과 거래가 이루어지는 현실을 감안하면 전문화를 논의하지 않을 수 없다. 어떤 도시가 어떠한 상품에 전문화하는지 혹은 한 산업이 어느 도시에 입지하는 것이 가장 유리한가를 설명하여 주고, 나아가서 도시성장을 설명하는 근거는 바로 비교우위의 개념이다.[7]

▌ 비교우위론

① 비교우위론의 개념

도시의 경쟁력 및 성장의 매카니즘은 비교우위를 기반으로 한다. 즉 도시는 한 지역의 중심지로서 주변지의 여건과 함께 전문화된다. 그리고 일반적으로 대도시는 복수의 전문화를, 소도시는 단순한 전문성을 나타내는 경향이 있다. 이러한 도시들의 전문화는 민간기업의 매카니즘과 마찬가지로 상호 작용하면서 국가경쟁력을 결정하기도 한다.

---

6) Christaller, Lösch 등의 견해에 따른 경제적 공간구조.

7) 도시(지역)의 비교우위에 관한 논의는 국제무역이론을 근거로 한다. 즉, Adam Smith는 절대우위론에 입각하여 생산의 전문화를 설명하였고 David Ricardo는 비교우위론에 입각하여 생산의 전문화를 주장하였다. 그후 Hecsher-Olin-Samuelson에 이어지는 생산요소의 부존량(factor endowments)에 따른 요소집약도(factor intensity)에 근거한 비교우위론이 국제무역이론의 주류를 형성하여 왔다. 이러한 의미에서 Isard는 지역간거래와 국제무역은 같은 동전의 양면(another side of the same coin)이라고 하였다.

비교우위의 개념은 절대적 개념이 아니라 상대적 개념이다. 민간기업의 노동의 분업은 그 업무를 가장 잘 수행하는 사람이 배치된 것, 즉 절대 우위에 입각한 것은 아니다. 예를 들면 경리과장은 경리사원보다 장부정리를 더 잘 할 수 있다. 그러나 과장이 장부정리를 하지 않는 것은 그의 기회비용이 경리사원의 노동가치보다 높기 때문이다. 비슷한 직급 사이에서도 노동의 분업은 절대우위를 기준으로 하지 않는 것은 마찬가지이다. 그래서 부서마다 다양한 직급의 종사원들이 각자의 역할을 하게 되고 이것이 통합되어 회사의 대외경쟁력을 갖는 것이다.

위와 같이 개인적 전문화(노동의 분업)는 생산활동의 상대적 가치, 즉 비교우위에 근거를 두고 있으며 이는 도시 및 지역의 전문화에도 동일하게 적용할 수 있다. 비교우위의 원칙이란 각 도시는 생산의 우위율이 가장 높거나 열위율이 가장 낮은 제품의 생산에 전문화한다는 원칙이다. 그리고 도시의 전문화는 노동의 공간적 분업을 유발한다.

비교우위는 상품가치의 비율 혹은 상대적 가치에 의하여 결정된다. 이때 상품의 가치는 해당상품 한 단위를 생산하기 위하여 포기되어야 하는 다른 상품의 가치, 즉 기회비용에 따라 결정된다.

비교우위의 원칙에 입각한 생산의 전문화는 상품을 보다 낮은 가격으로 공급할 수 있을 뿐 아니라 공급량도 증가시킬 수 있게 된다. 결국 생산의 전문화는 도시간 생산물의 교환(교역)을 촉진시키고 모든 도시의 복지를 증진시키게 된다. 결국 비교우위의 원칙에 입각한 생산의 공간적 전문화는 교역에 참여한 모든 도시에 이익이 된다고 할 수 있다.[8]

② 비교우위의 근원

한 국가의 비교우위를 결정하는 요인은 일반적으로 자연적 부존자원(natural endowment)의 측면에서 설명하고 있다. 그 이유는 공간 경제를 국가의 차원에서 분석할 때 각국은 기후, 토양, 지형, 지하자원에 현저한 차이를 나타내고 있어 이에 따른 생산능력의 차이가 나기 때문이다. 그러나 실제로 비교우위를 결정하는 요인

---

8) 상품의 공간적 교환, 즉 교역으로부터 얻는 이익을 누가 더 많이 차지하는가 하는 문제는 명확하지 않다. 그러나 도시 및 지역간 교역이 한 사회(국제무역인 경우 교역참여국가)의 후생을 증진시킨다는 사실에는 이의가 없다.

은 자연조건뿐만 아니라 기술수준의 차이, 노동과 자본 등의 생산요소의 차이, 제도적요인 등이 복합적으로 작용한다. 더구나 비교우위를 결정하는 요인들은 시간이 경과하거나 외부적 충격에 따라 변하기도 하는 동태적인 성격을 갖기도 한다.

한 경제의 공간적 분할단위인 도시 및 지역이 가지는 비교우위는 '공간'의 개념이 도입됨에 따라 운송조건이 중요한 비교우위 결정요인으로 추가된다. 또한 한 국가 내에서의 도시 및 지역간 인적·물적교류는 국제무역과는 달리 관세가 없고, 또 화폐단위, 법적·제도적 장치, 언어, 관습 등이 같아 매우 개방적이다.[9] 이러한 지역의 개방성은 글로벌시대에서는 국가간의 개방성을 높이고 있다. 지역의 차원에서는 자본과 노동의 이동과 입지를 결정함에 있어 주거환경은 매우 중요한 요인으로 작용하고 있다. 이러한 측면에서 쾌적성은 비교우위 수준에 영향을 미치게 된다. 결국 비교우위를 결정하는 제반요인들은 복합적으로 작용하면서 도시 및 지역간 서로 다른 생산능력을 가지게 만든다. 비교우위를 결정하는 요인들은 도시경쟁력을 의미하므로 좀 더 구체적으로 논의하여 보자.

i) 자연적 요인

자연적인 조건은 비교우위의 결정에 가장 기본적인 요인이라고 할 수 있다. 이는 수많은 예를 통하여 설명이 가능하다. 지하자원은 공간적으로 골고루 분포되어 있지 않다. 그러므로 지하자원이 풍부한 곳에서만 광산업이 가능하고 특정 광산업이나 이에 관련된 산업의 비교우위를 가질 수 있는 것이다. 기후와 지형도 비교우위의 결정에 영향을 끼친다. 거의 모든 전통적 지방특산물들은 바로 기후와 지형의 이점에 따른 것이다. 농산물이나 광산업뿐만 아니라 여가산업의 비교우위도 자연조건에 달려 있는 경우가 많다. 해수욕장, 스키장, 휴양지 등의 비교우위는 자연조건이 적당한 곳이 가지게 된다. 나아가서 양호한 접안 시설을 갖는 항구의 건설이 가능한 곳에는 항구도시로 발전할 조건이 있는 등, 자연적 혜택이 비교우위를 결정하여 주는 수많은 예를 들 수 있다.

ii) 생산요소의 가용성

비교우위는 재화 및 서비스의 생산에 있어 생산비를 절약할 수 있는 요인을 가지고 있다는 것을 의미한다. 생산비를 낮춰주는 요인으로서는 숙련노동력 및 자본

---

9) 이를 「지역의 개방성」이라고 한다.

의 가용성, 발달된 시장체계, 풍부한 산업용수, 동력, 사회간접자본 등을 들 수 있다. 물론 이러한 요인들은 원료의 가용성, 기후, 지형등의 지연적 조건과도 관계가 있지만 경영기술, 창의력, 집접경제의 정도등에도 상당한 영향을 받는다. 자연적 조건의 차이만으로는 수도권의 경제력 집중을 설명할 수 없는 이유도 여기에 있다.

iii) 교통 요인

교통요인은 입지와 운송에 관한 것이다. 원료, 반제품, 완재품은 관련 산업이 공간적으로 분리되어 있으므로 생산 및 유통과정에서 공간 이동을 하며 이에 수반하여 운송비가 든다. 운송비의 정도와 교역에 의한 이익의 정도에 따라 도시 및 지역 간 교역의 여부가 결정된다. 다시 말하면 각 도시가 비교우위를 바탕으로 하여 생산을 전문화 한다 하더라도 반드시 교역이 성립하는 것은 아니다. 교역으로 얻는 이익이 적어도 운송비를 초과하는 수준이라야 교역이 실현된다고 할 수 있다. 결국 관련산업간의 공간적 분리가 야기하는 재화 및 서비스의 수송비가 절감되면 생산비가 절감되고 이는 경쟁력을 강화시켜 비교우위를 획득하게 된다. 이러한 점에서도 도시지역내 혹은 외부지역을 연결하는 도로, 철도, 항만등 사회간접자본의 확충은 도시경쟁력의 중요한 요소가 되는 것이다.

iv) 제도적 요인(Institutional Advantages)

어떤 산업에게 좋은 입지조건을 제공하여 그 산업의 제품생산에 대한 지역의 비교우위를 결정하는 요인으로서 그 도시가 추구하는 도시계획 및 정책에 따른 제도적 요인도 중요한 역할을 한다. 어떤 도시가 과도한 성장으로 말미암은 혼잡과 공해를 감소하기 위하여 성장억제정책을 실시하고 있다면 특정산업의 유입과 확장을 방지하기 위하여 각종 규제를 할 것이다. 예를 들어 교통유발부담금, 신규산업에 대한 각종 수수료 및 차등세율 등의 수단의 강구 될 것이다. 이런 도시에는 규제대상이 되는 산업은 비교우위를 가지는데 불리한 조건이 많을 것이다. 반면에 침체된 지역산업을 활성화하고자 하는 경우나 새로운 산업을 유치하여 지역경제를 발전시키기 위한 성장위주의 정책을 실시하는 도시는 보조금지원, 조세감면, 저렴한 토지제공 등의 각종 제도상의 혜택을 제공하고자 할 것이다. 이러한 도시는 산업의 입지조건을 호전시켜 비교우위를 제고시킬 것이다.

ⅴ) 쾌적성 요인(Amenity Factors)

인간의 생활수준이 향상됨에 따라 문화적, 심미적 매력의 중요성은 부각된다. 생산자, 노동자들이 편안하고 안락한 삶을 추구하고자 하는 욕구가 증가하면 쾌적성의 중요성이 증가한다. 이에 따라 도시의 성격, 기후, 문화, 교육 및 주거환경, 여가시설 등을 잘 갖춘 도시는 사업가와 노동자들이 선호하고 그렇지 못한 곳은 회피한다. 특히 환경에 대한 의식수준이 높아지면서 쾌적성 요인은 인구 및 산업유치에 있어 비교우위수준에 결정적인 영향을 미치기도 한다.

비교우위는 도시 및 지역에 따라 결정요인들의 강도가 다르고 또 산업의 특성에 따라 수용능력이 다르다. 그리고 한 도시내에서도 비교우위를 결정하는 여러가지 요인이 복합적으로 작용하며 한 요인이 여러 지역에도 작용하여 공통점을 내포하기도 한다. 도시지역이란 이러한 비교우위를 복합적으로 내포하며 이 비교우위의 정도와 원인에 따라 도시의 성장과 규모가 결정되기도 한다.

도시관리자는 도시의 경쟁력을 높이는 과제를 안고 있다. 그러므로 도시의 비교우위를 결정하는 제반여건을 분석하고 해당도시의 이점을 최대한 활용하고자 할 것이다. 그러나 도시의 경쟁력 강화 및 성장을 위해 전문화에 치중하고자 하면 때때로 성장과 안정이라는 두가지 목표간에 상충이 유발되어 정책적 딜레마에 빠지게 된다. 왜냐하면 전문화를 통해 대외수출을 증가시킴으로써 도시경제의 성장을 추구할 경우, 지역생산물에 대한 수출수요가 많을 때는 고도의 성장이 가능하지만 외부로부터의 수요가 감소하면 급속한 경기침체에 빠지게 되기 때문이다. 도시의 주요산업이 침체함으로써 어려움을 겪은 경우가 많음이 이를 입증한다. 도시전문화는 도시로 하여금 스스로의 조정력을 상실케 하고 대외의존형이 되도록 만드는 요인이 되기도 하기 때문이다. 이러한 의미에서도 도시관리자는 성장과 안정을 조화롭게 운용해야 하는 어려운 과제에 직면하는 것이다.

Ⅲ 적정도시규모와 도시관리

도시는 어느 정도의 크기가 가장 바람직한가? 만일 이 질문을 명확하게 답변할 수 있다면 중심지이론이 제시하는 바와 같이 도시계급체계 혹은 시장영역에 따른 규모를 도출하고 이에 맞도록 도시규모를 관리하면 될 것이다. 그러나 중심지이론의 가정의 비현실성, 글로벌 시대의 대외거래의 증가 등을 고려하면 도시계급체계라는 것이 현실적이지 못함을 알 수 있다. 여기서는 과연 가장 바람직한 도시규모, 즉 적정도시규모란 존재하는지 그리고 도시관리에 어떠한 정책적 시사점을 주는지를 살펴보기로 한다.

1. 적정도시규모이론

도시성장의 원동력중 중요한 개념의 하나는 집적경제이다. 그러나 경제활동의 공간적 집중이 동반하는 집적불경제는 도시성장을 억제하는 작용을 한다. 경험적으로 볼때 경제력의 공간적 집중으로 부터 얻어지는 편익(집적경제; Agglomeration Benefits)은 집중의 정도가 커질수록 증가하지만 그 증가율은 감소하는 경향이 있는 반면, 비용(집적불경제; Agglomeration Costs)은 집중의 정도가 커질수록 그 증가율 또한 증가하는 경향이 있다. 여기서 우리는 편익의 극대화와 비용의 최소화를 동시에 달성되는 규모가 적정규모임을 알 수 있다. 이러한 집적효과의 개념을 이용하면 이론적으로 도시의 적정규모를 다음과 같이 도출할 수 있다.

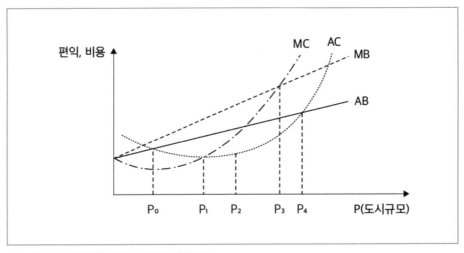

│ 그림 9-2 집적효과와 도시의 적정규모

<그림 9-2>에서 P_0은 평균비용과 평균편익이 같은 규모로서 도시가 되기 위한 최소의 규모라고 할 수 있다. P_1은 평균비용이 최소가 되는 도시규모이다. 즉 비용측면에서만 볼 때 시민 일인당 도시관리비용이 가장 적게 드는 규모로서 흔히 최소비용접근법(Minimum Cost Approach)에 따른 적정도시규모이다. 특히 이 기준은 도시규모변화에 따른 공공서비스비용에 관한 자료를 쉽게 구할 수 있어 실증연구를 용이하게 할 수 있는 장점이 있어 많은 연구가 된 바 있다.[10] 그러나 P_1을 적정도시규모라고 단정하기에는 무리가 있다. 왜냐하면 도시규모변화에 따른 편익의 변화를 전혀 고려하지 않기 때문이다. 도시인구가 증가하면서 시민의 부담이 증가하더라도 이 비용증가를 초과하는 편익이 발생할 수 있기 때문이다. <그림 9-2>에서 P_2는 순편익이 최대가 되는 도시규모이다. 즉 시민 일인당 순편익이 극대가 됨으로써 기존 시민의 입장에서 볼 때 가장 높은 혜택을 받을 수 있는 도시규모이다. 이같은 성격을 가진 P_2규모를 적정도시규모로 보는 방법이 최대순편익접근법(Maximum Net Benefit Approach)이다. 최소비용접근법이나 최대비용접근법에 따른 적정도시규모를 상정하면 P_1이나 P_2 이상의 도시성장은 기존 시민에게 이득을 주지 못하므로 더 이상의 인구유입을 원하지 않게 되고 성장억제를 위한 배타

---

10) 최소비용접근법에 의한 적정도시규모 추정결과는 허재완 「도시경제론」, 50쪽 참조.

적인 도시정책을 바라게 된다.

그러나 P_1이나 P_2는 사회전체의 입장에서 볼때 적정도시규모라고 할 수 없다. <그림 9-2>에서 보듯이 P_3까지는 도시규모가 증가할때 비용증가분보다 편익증가분이 높은 영역이다. 그러므로 P_3까지는 도시규모가 증가하더라도 도시전체의 후생이 증가한다. 따라서 P_3는 MB=MC가 되는 사회적 적정도시규모가 된다. 그러나 도시규모가 P_3를 초과하면 MC>MB이기 때문에 인구증가는 도시의 비효율성이 유발된다. 그럼에도 불구하고 P4까지의 도시팽창압력은 계속된다. 왜냐하면 P_3 이상의 도시성장으로 인한 추가적 비용은 도시공공서비스의 공공재적 성격으로 말미암아 기존시민(기업)과 유입시민(기업)을 구분·부과되지 않고 공동으로 부담하기 때문이다. 따라서 이론상 적정도시규모를 초과하는 AC=AB까지 즉 P4까지의 도시팽창압력은 존재하게 된다. 이처럼 도시는 무한정으로 성장하지 않고 집중에 따른 비용과 편익의 상호작용으로 제한을 받는다.

이와 같은 집적에 따른 비용과 편익과의 관계를 기반으로하는 적정도시규모이론은 다음과 같은 비판을 받고 있다. 첫째, 도시의 비용·편익수준은 도시규모 자체만으로 결정된다기보다는 밀도, 산업구조, 교통망 등에 더 큰 영향을 받는다는 것이다. 둘째, 적정도시규모이론은 도시공간내의 인구, 산업의 활동 등의 분배에 관해 아무런 언급이 없다는 것이다. 그러면서 중심지이론처럼 바람직한 도시계급체계를 제시하지도 못하고 또 도시내부구조의 효율성에 관한 언급도 없다는 취약점이 지적되고 있다. 셋째, 한 도시나 지역의 집적효과를 측정할 수 없다는 현실적인 문제를 안고 있다는 점이다.

이러한 문제점에도 불구하고 현실적으로는 적정도시규모가 존재한다는 것을 전제로 도시를 성장촉진정책과 성장억제정책을 선택하고 있다. 이 점이 도시관리의 맹점이기도 하다. 적정도시규모이론은 이처럼 도시관리상 많은 시사점을 주고 있는데 이를 좀 더 구체적으로 살펴보자.

2. 도시관리정책상의 시사점

적정도시규모이론은 도시를 가장 효율적으로 관리하고 있다는 전제하에서 도시규모변화에 따른 비용과 편익수준을 상정하고 이론상의 적정도시규모를 도출한 것이다. 그러므로 <그림 9-2>에서의 비용곡선은 투입을 가장 효율적으로 했을 경우의 비용곡선이며, 편익곡선도 가장 높은 집적경제의 혜택을 누릴 때의 편익곡선이다. 따라서 비용과 편익의 효율성이 충족되었을 경우에만 적정도시규모가 의미를 가지는 것이다. 그러나 현실적으로는 도시성장에 따라 최소의 비용과 최대의 편익을 유지하면서 도시를 관리하고 있다고 볼 수 없는 것이 현실이다. 예를 들어 대도시지역에는 낭비통근(불필요한 장거리·장시간통행, 불필요한 도심통과통행, 지역교환형통행)이 관측되며, 또 도시의 제반시설과 재정관리가 가장 효율적으로 배치·운영되고 있다고 보기 힘들기 때문이다.

도시의 적정규모에 대한 합의는 없다. 어쩌면 비용과 편익측정이 불가능하므로 아무도 모른다고 할 수 있다. 그러므로 어떤 도시가 다른 도시들보다 월등히 크다는 사실 자체로 과대도시라고 규정할 수 없는 것이다. 결국 도시규모가 적정규모보다 적다든가 크다는 기준은 주관적 판단에 의한 것이며 이것을 기준으로 도시를 성장촉진 혹은 성장억제정책을 선택하고 있다. 그러나 이때 도시문제가 심각하다는 이유만으로도 과대도시라고 할 수 없다. 왜냐하면 도시문제가 심각한 상황에서도 도시집중은 계속되고 또 인구의 도시이탈로 인한 도시문제는 집중보다 더욱 심각한 문제로 받아 들여지기 때문이다. 그리고 이론상 $MC=MB$가 되는 P_3도 최소비용수준이 아님을 알 수 있다. 즉 어느 정도의 집접불경제는 적정도시규모에서도 상당히 높을 수 있다.

현실적으로 대도시지역에 대한 교통망의 확충(도로의 신증설, 지하철의 건설 등), 주택공급의 확대 등 하부구조에 대한 투자가 집중되는 배경에는 현재의 도시규모가 적정도시규모 이하이므로 도시성장을 유도해야 한다는 숨은 가정이 깔려있다. 그렇지 않으면 대도시에 대한 투자재원을 중소도시 혹은 비도시지역으로 분산투자해야 할 것이다. 결국 대도시지역에 대한 투자재원의 집중은 다른 지역에 대한 분산투자보다는 투자비용의 효율성이 높다고 믿기 때문이다. 대도시지역에 대한 투자집중은 세계적인 추세이다. 국토공간상의 정치력 혹은 투자결정에 대한 영향력이 대도시일수록 강하기 때문이다. 그러므로 인류역사상 아직까지 너무 큰 도시, 혹은 과대도시란 없었다는 주장에 대한 반박을 할 수 없는 것이다.

우리나라의 대도시도 예외는 아닐 것이다. 서울이 과밀하다는 판단아래 각종 법적제도적 장치(수도권정비법, 과밀부담금제도의 도입, 교통유발부담금 등)를 동원하면서 성장억제를 겨냥한 정책을 실행한 바 있다. 그러면서 주택, 교통, 인프시설 등의 정책은 적정규모이하의 도시로 간주하고 추진하고 있다. 주택정책은 주택재개발이 활발히 진행되고 있는 가운데 수도권에는 신도시들이 속속 건설되거나 계획되고 있다. 교통정책은 순환도로 및 도시고속도로를 비롯하여 전철의 확장 및 신설에도 막대한 투자가 계속되고 있다.

서울을 비롯한 수도권지역은 거의 모든 형태의 도시문제를 안고 있으며 이에 대한 시민의 불만도 높다. 그럼에도 불구하고 서울을 자발적으로 떠나는 사람은 흔치 않다. 문제는 많지만 그래도 서울이 여러 가지 측면에서 월등한 상대적 우위성이 있기 때문이다. 서울의 인구가 감소하기는 하지만 유출자의 대부분은 주택문제로 서울에 대한 접근성이 유지되는 거리 내에서 주거지만 서울을 벗어날 따름이지 생활기반까지 옮기는 것은 아니다. 그러므로 행정구역상의 도시인구가 감소하는 것으로는 도시가 쇠퇴한다고 할 수 없다. 해당 도시정부로서는 인구의 유출이 재정수입 등의 측면에서 문제로 받아들여질 수 있겠지만 대부분의 경우 주변부의 팽창을 동반하는 것이므로 모도시의 공간적 영향력은 오히려 확대되고 있는 것이다.

 맺는말

현실적으로 인구 및 경제력의 도시집중은 교통혼잡과 체증, 주택문제, 환경문제 등 각종 도시문제를 수반하면서 도시민의 불평과 불만거리가 된다. 이러한 불만은 정치적 과정, 언론매체, 압력단체 등을 통해 도시관리자에게 전달된다. 특히 도시의 효율성은 부문간 연계고리를 가지면서 복합적으로 얽힌 가운데 결정되는 것이므로 단기적 미봉책으로 문제해결이 어려운 경우가 대부분이다. 도시관리자는 때로는 당장의 문제해결압력에 못이겨 장기적인 시각으로 볼 때 도시의 전반적 효율성을 저해할 가능성이 있는 정책대안도 고려하는 경우도 있다. 더구나 도시의 성장과 억제의 선택으로 인한 수혜자와 피해자로 양분되어 첨예한 대립양상을 보일 때 진퇴양난의 딜레마에 빠지기도 한다. 여기에 도시관리자의 어려움과 한계가 있다.

대도시뿐 아니라 중소도시의 인구감소는 더욱 심각하게 두드러지고 있다. 특히 급격한 인구감소를 보이는 축소도시들이 등장하고 이 추세가 계속되면 도시 자체가 사라지는 소멸도시도 상당수 예상되고 있다. 이에 대한 추세 및 대응방안은 도시인구의 장에서 구체적으로 논의하고자 한다.

제9장 참고문헌

김경환·서승환. (1994), 도시경제론, 홍문사.

허재완. (1993), 도시경제론, 법문사.

Carlino, G.A. (1978). *Economics of Scale in Manufacturing Location: Theory and Measurement,* Leiden: Martinus Nijhoff.

Hanlon, W.Walker and Heblich, Stephan. (2022). History and urban economics, *Regional Science and Urban Economics,* 94(103751), https://doi.org/10.1016/j.regsciurbeco.2021.103751.

Ioannides, Y.M., Rossi−Hansberg, E. (2010). Urban growth. In: Durlauf, S.N., Blume, L.E. (eds) Economic Growth. *The New Palgrave Economics Collection.* Palgrave Macmillan, London. https://doi.org/10.1057/9780230280823_33.

Jones, Emrys. (1990). *Metropolis,* Oxford: Oxford University Press.

McCann, Philip and Frank van Oort. (2019). Theories of agglomeration and regional economic growth: a historical review, in Handbook of Regional Growth and Development Theories, edited by Roberta Capello and Peter Nijkamppp, pp. 6−23. DOI: https://doi.org/10.4337/9781788970020.00007.

Richardson, Harry. (1978). *Regional Economics,* Urbana Champaign: University of Illinois Press,

World Bank. (2022). Urban Development, downloaded from https://www.worldbank.org/en/topic/urbandevelopment/overview, Sept. 6, 2022.

제10장

주택문제와 도시관리

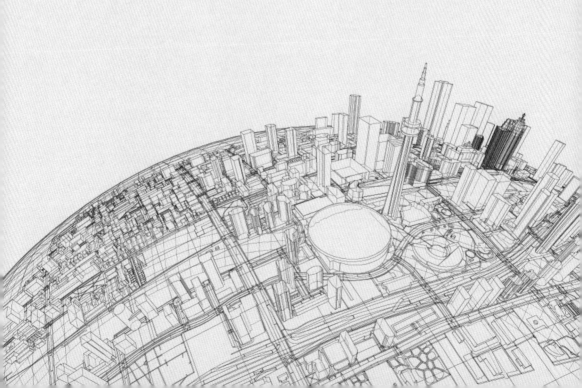

주택문제와 도시관리

I 서론

한국 사회는 1960년대부터 본격적으로 경제가 성장하면서 빈곤을 극복하고 경제적 풍요를 누리게 되었지만, 산업화와 도시화에 따르는 여러 가지 부작용도 경험하게 되었다. 과거 농촌 중심의 촌락 공동체적 생활환경이 무너지고 급격한 도시화가 촉진되면서 심각한 주택문제를 가져왔다.

주택문제는 도시화와 산업화의 속도가 빨랐던 1960년대 이후 도시지역을 중심으로 풀리지 않은 숙제로 남아있다. 한국사회는 급격한 고령화, 저출산 문제에 직면하고 있으며 동시 주거비 부담능력이 부족한 사회취약계층의 증가와 코로나 19로 인한 자산과 소비격차가 심화되고 있다. 자기 집이 없는 국민에게는 내 집 마련의 어려움으로 인한 좌절을 경험하고, 내 집 마련은커녕 전월세 부담으로 주거 빈곤에 시달리는 사람들이 증가하고 있다. 최근 주택 가격 하락으로 전세가가 매매가보다 높은 '깡통전세'[1]와 '전세 사기' 피해가 속출하고 있다.[2]

---

1) 은행 대출을 통해 구매한 주택의 가격이 주택시장 침체로 인해 하락하면서, 집을 팔아도 대출금과 전세금을 돌려주고 나면 집주인에게 이익이 없는 집을 지칭하는 말이다.

2) 전세사기는 깡통전세, 허위매물, 불법중개, 근저당권 등의 문제로 발생된다. 주택도시보증공사(HUG)의 '전세사기 피해지원센터 운영 현황' 자료에 따르면 2022년 9월 말부터 2023년 2월 초까지 피해 상담 건수 가운데 청년층인 20~30대 피해 사례가 72%를 차지했다(주택토지보증공사, https://www.khug.or.kr/jeonse/web/s01/s010101.jsp, 2023.05.29.).

본 장에서는 먼저 한국 도시의 주거상황과 주택문제의 특징을 규명하고자 한다. 아울러 도시 관리적 관점에서 제기되는 도심주거기능 쇠퇴 및 직주분리[3] 이슈를 논의하고 이러한 문제점을 해결하고자 하는 도시재정비 사업(재개발, 재건축)의 특징과 효과를 분석하기로 한다.

도시 주택문제와 주택정책 관련법

1. 도시 주택문제

도시지역 주택문제는 매우 다양하고 복잡하다. 첫째, 주택의 양적문제로서 주택수요에 비해 주택공급이 이를 따라 잡지 못하고 있다. 일부 도시지역은 가수요 혹은 투기수요에 의한 주택수요공급의 불일치를 경험하기도 하지만 소득계층별로 그리고 점유형태별로 필요로 하는 주택이 충분히 공급되지 못하고 있다. 대도시 상당수 저소득층의 경우 일자리는 도심에 있으나 거주하는 주택은 도시 외곽지역에 있다. 이 경우 교통비용 및 출퇴근 시간의 증가로 고통을 받고 있다.

둘째, 주택문제 중 많이 지적되는 것으로 '가구의 소득대비 주거비'가 과다한 경우이다. 일부 선진외국의 경우 소득의 30% 이상을 주거비로 부담하거나 수준 이하의 질이나 과밀한 조건에서 생활하는 가구를 주택문제를 지닌 것으로 평가한다.[4] 주택 문제는 해당 지역사회의 주택비용과 직접적으로 관련이 있다.[5] 우리나라의 경우 국토부 주거실태조사에 나타난 수도권의 소득대비 주거비(월 소득대비 월 임대료 비율)는 17.8%(2021)이다. 2012년 23.3%에 비해서는 감소되는 경향을 보이고 있지만 여전히 높은 수준이다.[6]

---

3) 직주분리에 관한 내용은 이 책의 제8장 도시구조와 어울리는 도시관리를 참고바란다.

4) PIR지수가 소득(Income)을 기준으로 계산하기 때문에 국내 주택시장의 현실을 반영하지 못하고 있다. 보증금 개념이 없거나 주택담보대출비율이 100%까지 적용돼 월급(소득)만 있어도 주거비를 부담할 수 있는 서구 여러 나라에 비해 우리나라는 '목돈'이 있어야 집을 구할 수 있기 때문이다.

5) 선진외국의 경우 '소득대비 주거비'가 과다한 경우를 핵심적인 주택문제로 지적한다.
https://www.lawinsider.com/dictionary/housing – problems(2023.5.27.)

6) https://www.index.go.kr/unity/potal/indicator/IndexInfo.do?cdNo=2&clasCd=10&idxCd=F0

셋째, 주거 빈곤층이 상존하고 있으며 계층 간 주거격차가 심화되고 있다. 소득 수준에 걸맞지 않게 아직 도시지역에는 비닐하우스, 지하 혹은 반지하, 옥탑방, 쪽방, 고시텔[7] 등 소위 불량 주택에 거주하는 주민이 적지 않다. 1970－80년대에 흔하게 목격된 대단위 달동네·산동네 불량무허가주거지는 점차 재개발사업으로 줄어들고 있는 것은 사실이지만 도시 전역에 주거빈곤층이 거주하는 불량주택은 산재해 있다. 재개발의 경우 세입자나 빈곤층 가옥주는 주거비 부담능력의 부족으로 재개발 이후 오래 거주했던 동네를 떠나 주택가격이 저렴한 타 지역으로 이주하는 등의 문제점을 지적할 수 있다.

넷째, 도시 관리적 관점에서 우리나라 중요한 도시주택문제는 도심지의 주거기능의 쇠퇴와 직주분리(job－housing mismatch)의 심화를 들 수 있다. 도심지는 점차 상주인구가 줄어들고 있으며 직장과 주거지가 분리되어 교통난이 가중되고 이로 인한 사회비용의 증대라는 도시 관리적 문제점이 발생되고 있다.

다섯째, 오늘날 한국도시 주택문제의 새로운 양상으로 1인 가구 및 노인가구의 증가가 날로 심화되고 있으며 이들은 주거불안에 직면하고 있다(표 10－1 참조). 통계청은 이런 내용 등을 담은 2021년 인구주택총조사 결과를 발표했다. 전체 인구가 줄어드는 가운데에도 가구가 분화하면서 가구 수는 오히려 늘었다. 2015년과 2020년 사이 전국적으로 전체가구수의 증가는 9.5%이나 1인 가구 증가는 27.7%로 월등히 높다. 특히 수도권의 경기도와 인천시가 1인 가구 증가가 동기간 33%를 넘어서고 있다.

189(2023.05.27). 우리나라 2021년 소득 대비 주택가격 배율(PIR:Price to Income Ratio)은 6.7배로 전년보다 1.2배p 증가, 소득 대비 주택임대료 비율(RIR: Rent to Income Ratio)은 15.7%로 전년보다 0.9%p 감소했다(통계청, https://kostat.go.kr/menu.es?mid＝a10701000000).

7) 고시텔, 원룸텔, 미니텔 등의 용어는 모두 고시원을 지칭한다. '다중이용업소의 안전관리에 관한 특별법 시행령'에 따르면 '구획된 실(室) 안에 학습자가 공부할 수 있는 시설을 갖추고 숙박 또는 숙식을 제공하는 형태의 영업'을 뜻한다. 대부분의 고시원은 최저 주거면적 이하로 협소할 뿐만 아니라, 주방과 화장실 등은 공동으로 사용하고, 이조차도 제대로 갖춰져 있지 않은 곳이 많다. 고시원은 주택 임대차 보호법에 영향을 받지 않는다.

표 10-1 수도권 일반가구 및 1인 가구 변화 및 증가율

(단위: 1,000가구, %)

	전국		경기도		서울시		인천시	
	일반가구	1인 가구	일반가구	1인 가구	일반가구	1인 가구	일반가구	1인 가구
2015년	19,111	5,203	4,385	1,026	3,784	1,116	1,045	244
2020년	20,927	6,643	5,098	1,406	3,982	1,391	1,147	325
증가율	9.5	27.7	16.3	37.0	5.2	24.6	9.8	33.1

자료: 통계청(2021), 인구총조사

2020년 인구주택총조사에 따르면, 65세 이상 784만6000명 가운데 21.2%인 166만1000명이 1인 가구였다. 고령층 1인 가구는 2015년 122만3000가구에서 5년 사이에 43만8000가구(36%) 늘었다. 이는 노인 요양 시설 등 집단 가구에 거주하는 고령층을 제외한 수치다. 80세 이상 홀로 사는 노인은 47만가구로 2015년(31만3000가구)보다 50% 급증했다. 건강 상태나 경제 상황이 상대적으로 더 취약한 고령일수록 1인 가구가 더 빨리 늘고 있는 것이다. 그리고 20~30대 1인 가구는 2015년 184만가구에서 2020년 238만2000가구로 54만2000가구(29%) 늘었다. 최근 1인 가구를 구성하는 젊은이들의 비율이 높아졌다고 하지만, 고령화 등으로 인한 노령층 1인 가구의 증가 속도가 더 빠른 것이다.

표 10-2 노인 1인 가구 예측

(단위: 만 명)

	2015	2017	2025	2035	2045
노인 1인 가구	518	556.2	670.1	763.5	809.8
1인 가구 중 65세 이상 비중(%)	23.2	24	29.7	39.3	45.9

자료: 통계청(2022). 국민 삶의 질 지표

총 가구수는 2040년부터 감소하지만 독거노인 가구는 꾸준히 증가할 것으로 예상된다.[8] 1인가구이면서 가구주 나이가 65세 이상인 경우를 의미하는 독거노인 가구는 2020년 161만8000가구에서 2050년 467만1000가구로 30년 사이 305만3000가구(188.7%) 증가할 전망이다.

가구수 변화와 더불어 다양한 주택수요가 출현하고 있다. 아울러 전반적으로 주거수준이 과거에 비해 괄목할 만한 진전을 보이고 있지만 상대적 주거빈곤이 상존하고 있다. 도시 내에서도 지역별 주거수준 및 주택가격격차가 심화되는 등 과거에는 흔하지 않은 문제가 새롭게 나타나고 있다. 그리고 시민의 주거인식이 변화하고 있다. 과거와는 달리 주거는 하나의 권리로 인식되어 인간다운 삶의 기초로 판단되어 주거기본법[9]이 제정되기도 했지만 주거권을 침해당하는 경우가 허다하다.

여섯째, 도시지역 주택문제 중 가장 해결하기 힘든 문제는 주택가격상승을 어떻게 예방하고 시장안정을 도모할 것인가이다. 문재인 정부 집권 이후 수도권 아파트 실거래 지수가 크게 상승하였다. 한국부동산원의 자료에 따르면 공동주택실거래가격 지수가 정부 집권 초(2017년 5월)부터 2021년 12월까지 수도권은 58% 상승했다.[10]

전 세계적으로는 2022년 7월 이후 기준금리 인상과 긴축 정책이 대두되면서 부동산 거래가 줄고 주택가격이 하락하는 지역이 많다. 집값의 상승이 멈추고 구매심리가 악화되면서 주택시장은 거래가 줄어들고 있다. 많은 사람들의 관심은 앞으로 주택가격의 하향안정세가 지속될 것인지 아니면 또다시 집값이 폭등할 것인지는 매우 중요한 사회경제적 이슈가 되고 있다.

그동안 우리나라 아파트 가격이 폭등한 핵심적 이유와 배경으로 초저금리, 세대

---

8) 통계청이 발표한 '2020 국민 삶의 질' 보고서에 따르면 우리나라 65세 이상 노인 중 독거노인은 158만 9000여 명으로 2000년 54만 3000여 명에서 100만 명 이상이 증가했다. 독거노인은 전체 노인의 19.6%에 달하고, 노인 5명 중 1명은 혼자 사는 것으로 나타났다(통계청, 2021).

9) 주거기본법은 2015년 6월 22일 제정되어 같은 해 12월 23일부터 시행되었다. 이법은 국민의 주거권을 물리적·사회적 위험에서 벗어나 쾌적하고 안정적인 주거환경에서 인간다운 주거생활을 할 수 있도록 할 권리로 규정했다.

10) 부동산원 부동산통계정보시스템(https://www.reb.or.kr/r−one/na/ntt/selectNttInfo.do?mi=9509&nttSn=86202&searchCate=TSPIA.); 경실련은 문재인 정부 5년간(2017~2021년) 서울 아파트 값이 90% 이상 올랐다고 보도한 바 있다. 뉴스포스트, 경실련 "文정부서 서울 아파트값 93% 올랐다", https://www.newspost.kr/news/articleView.html?idxno=93588, 2021.06.23.

수증가, 풍부한 유동성, 소득, 순공급량 등을 들 수 있다. 세대수의 증가, 소득 등은 정부가 의도적으로 조정하기 어려운 항목이다. 그러나 주택관련 세제, 금융 등은 정부의 의지나 방침에 따라 조정가능하다.

정부의 지속적인 주택부문 규제, 이자율 하락, 재개발 재건축 규제로 도시 내 신규주택공급이 그동안 충분하지 못했다, 아울러 주택가격 상승에 대한 기대심리 등이 가격폭등에 영향을 미쳤다. 보유세와 양도세를 동시에 무겁게 부과한 결과 다주택소유자는 주택매도 보다는 증여, 지속적인 보유를 선택하게 한 측면이 있다. 또한 임대차3법은 전월세 가격 폭등에 영향을 미쳤다.

2. 주택정책 관련법

우리나라의 주거관련법은 주택건설촉진법(1977) – 주택법(2003) – 주거기본법(2015)으로 이어진다. 주택관련법의 변천은 주택관련 상황의 시대적 변화를 반영하고 또 중앙정부뿐 아니라 도시정부가 지역주민의 주거생활 향상을 위하여 어떤 역할을 하여야 하는가를 제시한다.

주택건설촉진법(1977년 12월 제정)은 1970년대 초 주택의 대량 공급을 통한 국민 주거생활 안정을 위해 제정된 법으로 주택보급률을 높이는 데 크게 기여하였다. 그러나 무주택자·저소득층 등 사회적 약자를 위한 주거복지정책과 주거수준 향상 및 기존주택의 효율적인 유지·관리에도 많은 관심을 기울여야 한다는 요구가 커짐에 따라 '주택법'으로 전면 개정되었다.

주택법(2003년 5월 제정)은 주택에 관한 기본법적 성격을 갖도록 제정되었고 주택정책의 기본이념을 명확하게 제시하였다. 이 법에서 새롭게 정립된 추진내용으로는 주택종합계획의 확대개편, 주거실태조사의 실시, 리모델링 등 기존 주택의 유지·관리 강화내용, 그리고 최저주거기준의 도입 등이다.

주거기본법(2015년 6월 제정)은 정부의 주거정책 수립 기반이었던 주택법의 대안으로써 주거정책의 방향을 주거복지 향상으로 전환할 필요성에서 제정되었다. 주거기본법의 주요 내용은 다음과 같다.

- 주거 정책에 있어 주거기본법이 우선되는 지위를 부여함
- 최저주거기준 외에 유도주거기준을 설정, 공고하도록 규정함
- 주거 복지의 전달체계를 구축하고 전문인력 양성에 집중함

주거종합계획은 주거기본법에 의해 주거안정과 주거수준의 향상을 도모하기 위하여 국가주거종합계획은 국토교통부 장관이, 시도주거종합계획은 시·도지사가 수립 및 시행하여야 하는 법적의무사항이다. 시·도 주거종합계획은 10년 단위로 하되 수립후 5년마다 해당 계획의 타당성을 재검토하여야 한다.

도시정부의 주택관리에 있어 우리나라 도시들의 주거현실을 감안할 때 다음과 같은 노력이 요구된다.

첫째, 주거종합계획의 실효성 제고이다. 시·도 주거종합계획은 지역내 주거실태를 파악하고 전반적 주거수준 향상을 위하여 또 주거권이 위협받는 주거빈곤가구의 해소를 위한 실천력 있는 계획을 수립하고 시행하여야 한다.

둘째, 주거빈곤가구의 파악 및 감소대책이다. 우리나라는 최저주거기준을 설정하고 이 수준에 미달하는 가구를 주거빈곤[11] 가구라고 간주하고 있다. 주거실태조사를 실시하여 지역 내 주거수준의 파악, 주거빈곤가구의 실태 등을 파악하는 것이 문제해결을 위한 첫 단추라고 할 수 있다.

셋째, 빈집의 관리이다. 도시가구의 교외화, 주거수준의 향상 욕구, 산업의 침체 등으로 도시내 빈집이 증가하면서 빈집문제가 심각하게 대두되고 있다. "빈집 및 소규모주택 정비에 관한 특례법(약칭: 소규모주택정비법)"을 제정하고 2023년 4월 18일 시행에 들어갔다. 동법에 따르면 도시관리자는 빈집을 효율적으로 정비 또는 활용하기 위하여 빈집정비계획을 5년마다 수립·시행하여야 한다. 도시정부는 도시관리 및 주택정책 차원에서 빈집이 발생할 만한 곳을 조기에 발견하고, 이미 발생한 빈집은 지역사회의 자산으로 활용할 수 있는 방안이 필요하다(강미나 외, 2017).

지방화시대를 맞이한지 30여년이 지났지만 주택정책은 여전히 중앙정부 위주로 실시되고 있다. 신도시를 비롯하여 일정규모 이상의 주거지 개발은 한국토지주택공

---

11) 주거빈곤(housing poverty)이란 인간이 기본적으로 누려야 할 최소한의 주거기준에도 충족하지 못하고 있는 상태로, 개인(혹은 가구 단위) 차원에서 극복하기 힘든 열악한 주거환경과 과도한 주거비 부담, 극도의 불안정한 주거 여건 등이 장기적으로 지속되어 생존자체가 위협받게 되는 상태를 의미한다(하성규, 2007, p.49).

사가 시행하고, 지방정부는 그 사업을 수동적으로 수용하는게 현실이다. 또 주택공급을 위한 재원도 지방정부가 감당하기에는 너무 부담되는 것도 현실이다. 더구나 수도권과는 달리 지방에는 주택전문가도 확보되지 않는 경우도 허다하다. 이러한 이유로 지방정부는 지역의 주택정책을 주도할 수 있는가 하는 의구심이 들기도 한다. 중앙정부는 이를 빌미로 지방정부의 주택정책 주도권을 회의적으로 보기도 한다. 그러나 지방주택정책을 둘러싼 지방정부와 중앙정부의 의견대립은 두 기관의 공동의 목표는 주거생활안정 및 향상 도모라는 점에서 협력이 요구된다. 특히 주거수준이 도시경쟁력이 되기도 하고, 또 지역 내 주거취약계층이 엄연히 존재하며 그들의 주거권이 보장되도록 하는 것이 도시관리자의 의무이자 역할이라는 점을 감안하면 문제해결을 위한 의지가 가장 중요함을 알 수 있다.

우리나라 도시는 다양한 주택문제에 직면하고 있지만 도시관리적 관점에서 보다 더 심도 있게 다루어야 할 부분은 ① 도시주거기능 쇠퇴 ② 재개발·재건축 관련 사항, 그리고 ③ 직주분리(job-housing mismatch)[12]이라 할 수 있다.

Ⅲ 도심부 주거기능 쇠퇴

도시가 성장하면서 도심지역은 상업 및 업무지기능이 강화되고 주거기능이 약화되면서 상주인구가 감소하고 있다. 특히 구도심의 쇠퇴는 해당지역주민들에게는 주거환경이 악화되고 생활편익시설의 부족과 낙후, 아울러 재산가치의 손실을 경험하게 된다. 도심지의 주거기능쇠퇴는 일반적으로 발생되는 도심공동화의 현상중의 하나로 지적할 수 있다. 도심주거기능쇠퇴현상의 진행과정과 실태, 문제점은 도시의 규모와 도시여건에 따라 정도의 차이는 있으나 현대 대도시들이 공통적으로 겪고 있는 현상 중의 하나이다. 한국의 대부분 대도시는 도심주거기능의 쇠퇴를 경험하고 있다.

---

12) 직주분리문제에 관한 내용은 이 책의 8장을 참고바람

1. 도심부 주거기능 쇠퇴 요인

도심기능의 변화와 주거기능이 약화되고 있는 요인을 크게 4가지로 분석하고 있다. 첫째, 경제구조적인 관점이다. 도시내부 지역 주거기능쇠퇴는 도시의 산업구조 변화에 기인된다는 관점에서 출발한다(Scott, 1982). 서구 대도시의 경우 1950년대부터 도심에서의 제조업 고용감소와 실업의 증가를 들고 있다. 이들 연구에 따르면 도심 제조업은 교외화 과정을 겪으면서 점차 고용인구가 줄어들고 제조업에서 서비스업으로의 산업구조 전환이 일어나고 있음을 지적하였다.

둘째, 인구의 교외화 현상과 관련이 깊다. 소득증대에 따라 많은 도심거주자들은 보다 쾌적하고 주거환경이 좋은 곳으로의 이동이 증가하게 된다. 도심에 거주하던 가구 중 중고소득층은 도시 교외지역의 주택지 개발, 신도시의 개발 등으로 교외지역으로의 이동이 활발히 진행되었다는 점이다(Margo, 1992).

주거의 교외화는 도시경제학에서 주로 다루는 상쇄모형(trade-off)으로 설명된다. Alonso(1960)는 지대는 CBD와의 거리에 따라 달리 나타난다는 경재지대곡선(bid rent curve)을 제시하였다. 그리고 도시가구의 주거입지는 토지와 교통비용간의 상쇄관계로 설명한다. 소득이 높은 가구는 보다 넓고 쾌적한 교외 주거환경을 선호라는 대신 높은 교통비용을 지불하는 교외지역에 거주하고, 저소득가구는 밀도가 높고 토지가격이 비싼 도심주거지역을 선택하여 교통비용을 최소화 한다.[13] 그리고 도시 교외화를 촉진시키는 다양한 요인 중 교통네트워크의 비약적 발전과 자가용의 급격한 보급도 큰 몫을 차지한다. 도심과 교외지역을 연결하는 다양한 교통수단과 교통시설의 발달은 교외지역 주거를 용이하게 만들고 있다(Cervero, 1996; Güneralp et al., 2020).

셋째, 도심의 주거기능 쇠퇴는 도심의 다양한 재개발 사업 등 도심재개발의 영향이 크게 작용한 것으로 평가된다. 많은 주거지는 서비스업이 필요로 하는 사무실과 서비스업에 맞는 오피스빌딩과 서비스업의 필요에 충족하는 재개발이 성행하게 된다. 특히 도심지역은 주거기능과 업무기능이 복합적으로 충족되는 소위 복합빌딩

---

13) 1960년 주거입지결정을 설명하는 상쇄모형은 많은 비판을 받기도 했다. 특히 상쇄모형이 지닌 비현실적 가정을 문제 삼았다. 인간의 행위는 상쇄모형에서 말하는 것처럼 항상 경비를 최소화하기 위해 입지를 결정하는 것이 아니라, 전통, 관습 등과 불완전한 정보, 도시정책, 민간개발업자의 영향도 크게 작용될 수 있다는 것이다(하성규, 2007)

(mixed use)이 증가하고 주거기능 보다는 업무기능이 지배적인 형태로 변화된다. 이러한 요인들이 도심의 주거기능을 교외지역 혹은 여타지역으로 밀어내는 압출요인(push factors)으로 작용한다는 것이다. 북미 도시의 경우 교육여건의 악화, 범죄와 폭력의 증가, 공해, 교통체증, 유색인종의 증가 등 도심지역이 지닌 부정적 요인이 압출요인으로 나타나고 있다(표 10-3).

표 10-3 주거입지에 있어 도심 압출요인과 교외지역 흡인요인

도심의 압출요인	교외지역 흡인요인
-높은 지가 -공해 -교통체증 -교육여건의 악화 -범죄와 폭력 -유색인종 증가 -노후, 불량주택	-지가의 상대적 저렴 -쾌적성, 친환경성 -교육환경의 상대적 양호 -신 주거단지, 신 주택개발 -쇼핑몰 등 주거편익시설 공급 -동질적 집단 -상대적 안전성

넷째, 도시정책 및 민간부문의 역할이다. 도시정책으로서 교외지역 주거지화는 교통네트워크의 발달, 특히 도심과 교외지역을 연결하는 도시고속화 도로와 전철(혹은 철도)을 들 수 있다. 이러한 교통시설과 교통네트워크는 도시 정책적 배려가 있어야 가능해 진다. 아울러 교외지역 개발에 있어 민간의 참여를 활발하게 하는 것 또한 도시 정책적 관점에서 설명된다.

이러한 것들은 <표 10-3>에서 언급한 교외지역 흡인요인과 밀접한 관련을 맺고 있다. 특히 서구의 도시들은 민간부문이 주도적으로 교외지역의 주거지 개발에 참여하여 도심의 중산층을 교외지역으로 유도하는 역할을 해왔다. 이러한 교외화 유도는 중산층이 요구하는 주거편익시설(쇼핑몰 등)과 교육여건의 개선 등을 통해 전반적 질 높은 주거환경을 조성, 유지한 점이 크게 작용하였다.

다섯째, 도심주거기능의 쇠퇴현상은 한 가지 원인에만 기인하는 것이 아니라 종합적이고 복합적으로 상호 작용하여 발생한다는 주장이 설득력을 지닌다. 위에서 언급한 교외화 및 교외지역 주거지 개발, 도시정책, 고용감소요인, 그리고 투자의

미흡 등 복합적인 요인들이 상호 작용하여 주거기능이 쇠퇴하고 급기야 도심공동화 현상을 초래된다는 것이다. 이러한 도심의 공동화 문제는 넓게는 도심공동화를 초래한 사회적 환경, 즉 사회자원의 불평등한 배분에서 출발한 것이라 할 수 있다.

2. 도심주거기능 쇠퇴에 관한 제 관점

서구 도시의 경우 도심지역에 경제적 성취도가 낮은 개인 및 가구의 집중, 기술적 경제적 낙후와 물리적 노후화에 따른 집단적 쇠락화, 그리고 이민자와 소수인종의 유입 등이 복합적으로 작용한 것으로 분석된다. 그러나 한국 도시의 경우 이민자, 소수인종 등으로는 설명력이 낮으며 교육 및 경제적으로 성취도가 낮은 개인과 집단이 도심에 유입되고 있는지는 보다 심층적 조사 분석이 필요하다. 아울러 교외화가 미국 등의 도시지역에서 나타나는 '교외지역 흡인요인' 역시 우리나라에서도 동일하게 전개되고 있다고 보기는 힘들다.

도심의 주거기능쇠퇴에 관한 논의는 근린변화 대한 고찰이 중요하다. 근린쇠퇴를 설명하는 이론적인 근거는 크게 세 가지, 정통경제학이론, 이중이론(dual theory)[14] 그리고 급진이론(radical theory)으로[15] 요약 된다(Solomon and Vandell, 1982).

이중 주거기능쇠퇴에 가장 설득력을 지닌 것은 정통경제학이론이라 할 수 있다. 이 이론은 임대료 수익 등 부동산 투자적 관점에서 논의된 것이다. 도심지의 경우 저소득층의 구성비가 증가, 범죄의 증가, 대기오염 등 공해 증가, 복지시설 및 서비스의 수준 저하 등으로 임대를 통한 기대수익이 저하된다.[16] 그리고 내부지역의 수요가 둔화되고 공가 발생이 증가한다. 이로 인해 도심의 투자가 감소하게 된다. 대도시 도심지에 건물주가 투자를 포기하고 건물을 방치함으로써 도심지의 쇠퇴를 가속화 시키는 결과를 가져오기도 한다. 반면 교외지역은 중산층, 고소득층이 유입되고 아울러 일자리가 창출되며 교통발달로 접근성이 용이하여 교외지역의 입지경

---

14) 임대자와 임차자간의 호혜관계의 파괴에 관심을 가지는 것으로서 임대자와 임차자간의 몰개인적 관계로 근린결속력이 완화된다는 것에서 출발한 것이다.

15) 신마르크스 개념(neo-marxian concept)에 근거한 것으로서 도심쇠퇴의 주요 요인으로 자본가들의 이윤극대화 논리와 기존 권력관계의 유지라는 관점에서 설명하고 있다.

16) Push vs. Pull Factors of Migration, https://www.studysmarter.co.uk/explanations/human-geography/population-geography/pull-factors-of-migration/ (2023.05.02)

쟁성이 양호해 진다. 이는 민간 투자가들에게 임대수익 및 투자이윤을 기대할 수
있어 교외지역의 개발에 관심을 가지는 것이다.

도심주거기능의 쇠퇴는 위에서 논의된 것을 종합하면 크게 5가지 관점[17])으로
정리할 수 있다(표 10-4). 이는 주로 서구 도시들의 도심주거기능쇠퇴 요인을 설
명하는 변수로서 나타난 것인바 한국 도시의 도심주거기능쇠퇴를 설명하는 데는
충분한 설득력을 지니고 있다고 볼 수 없다.

표 10-4 도심주거기능 쇠퇴 요인

관점	쇠퇴의 요인 및 해석
1. 도시산업구조 변화	– 도심 제조업 고용의 급격한 감소 – 서비스업의 전환확대
2. 도시주택경제학적 관점	– 상쇄모형[1]) – 주거이동으로 효용극대화 – 필터링 현상(filtering process)[2])
3. 생태학적 관점	– 주거지의 침입과 천이 – 소득계층간, 점유형태간 주거입지 및 공간분화
4. 주거행태적 (Housing behaviour) 측면	– 가구생애주기(household life cycle) – 주택점유형태(자가, 임대 등) 변화와 선호 – gated community[3]) 등 주거지 성격
5. 제도 및 정책적 측면	– 도시관리정책 패러다임변화 – 토지이용, 교통계획등의 변화, – 신도시(교외지역개발)등 분산화 정책 – 민간참여의 확대 유도

주 1) 이 모형은 도시지역 주거입지를 설명하는 것으로 알려져 있다. 상쇄모형(Residential trade-off
model)의 주택가격 함수에서 상쇄의 대상이 되는 것으로 ① 소득과 소비, ② 주거비용과 통근
비용, ③ 주택규모와 주택의 질적 수준, ④ 자가용유지비와 대중교통비용 등이 고려된다.
2) 필터링 현상(filtering process)이란 주택의 질적 변화와 가구의 이동과의 관계를 설명하는 주
택시장경제이론이다. 주택순환현상 또는 주택여과과정이라고도 한다. 일반적으로 필터링현상은

---

17) 김혜정의 연구에서는 도심주거기능의 쇠퇴에 대한 비교론적 제 관점으로 5가지로 분류하였는
바; 1) 생태학적 관점, 2) 사회학적 관점, 3) 경제학적 관점, 4) 행태학적 관점, 그리고 5) 제도
관리적 관점이다(김혜정, 1992).

소득이 높은 계층의 가구가 다른 주택으로 이동함으로써 종래 사용해 온 공가(vacancies)를 소득이 낮은 계층의 가구가 저렴한 비용으로 구입할 수 있을 때 발생한다(하성규, 2006).
3) 게이티드 커뮤니티(gated community)는 서구 자본주의 도시에서 흔히 나타나는 자동차와 보행자의 유입을 엄격히 제한하고 보안을 강화한 주거지역을 가리킨다. 게이트 및 울타리를 마련하고 있으며, 경비원을 고용하고 있는 곳도 있어 일반인의 출입을 통제한다

3. 한국 도시의 도심주거기능 쇠퇴

도심의 주거기능쇠퇴 현상은 한국 도시에도 유사하게 발생하고 있다. 대전시의 경우에도 도심지역이 포함된 중구와 동구의 인구는 10년간(1990-2000) 각각 10%, 17.5% 감소하였다. 반면 신시가지로 개발된 둔산이 포함된 서구는 동기간 동안 125%의 인구증가가 나타났다(김혜천, 2001). 대전시의 교외화, 광역화 과정에서 시청 등 공공기관의 신시가지 이전으로 구도심은 인구유출과 경제적 활력저하가 동시에 일어나고 있음을 확인할 수 있다.

서울시의 경우, 1981년에서 1991년까지 10년간 종로구와 중구 등 도심지의 업체종사자수는 증가해왔으나, 1991년도부터는 절대적으로 감소하고 있어서 도심지도 일자리의 감소가 나타나기 시작하였다(이상대, 1996). 그리고 1994년부터 2011년까지의 사업체조사 자료를 통해 관찰한 도심부에서 진행된 도심재개발사업 구역에서는 기존의 생산 활동이 업무형 산업으로 전면 대체되었으며 생산 활동의 규모도 큰 폭으로 감소하였다(심한별, 2013).

서울 도심지역의 인구감소와 더불어 몇 가지 특징적인 사항이 주목된다. 도심부에 거주하는 인구와 가구는 60세 이상의 노령인구와 저학력 가구주의 거주비율 우세, 오랜 기간 도심부 거주, 단독 월세 및 무상거주 비율이 우세하며, 주택현황 및 주거지 특성으로는 소형주택 구성비율의 우세, 단독 및 비주거용 주택비율 우세, 주택의 노후 화, 건축물 보수의 저조가 두드러지고, 거주 인구와 가구의 직업은 시 전체에 비해 서비스판매직, 기능직, 단순노무직, 무직자 비율이 높다고 보고하고 있다(양재섭, 2001).

광주광역시도 마찬가지로 구도심 쇠퇴의 전형적인 사례로 도시 확장과 외곽의 주거지 개발을 확인할 수 있다. 설문조사 통해 구도심에 대한 높은 정주의사를 나타냈다. 그럼에도 불구하고 주거환경의 노후화, 열악한 도로체계, 신도시의 일방적

주택공급과 상대적으로 비싼 토지가격은 지속적 인구 유출과 상업기능의 쇠퇴를 동반함으로써 구도심 주거환경을 더욱 쇠퇴시켰다. 구도심의 주거지는 저층·고밀의 노후화 주거지로 주거환경개선이 필요한 지역이다(윤용석 외, 2009).

쇠퇴진단 결과 진단대상인 모든 원도심 지역(부산 등 6개 광역시)에서 쇠퇴가 상당히 진행 중으로, 동 기준 24개 지역 모두(100.0%), 구 기준 총 8개 지역 중 7개 지역(87.5%)이 쇠퇴진행에 해당된다(정소양 외 3인, 2014). 쇠퇴하는 도심부 재개발 등 재생사업 추진시 고용창출, 지역 내 소득증대와 밀접한 산업활동 유도 등 도시의 경제기반을 강화하는 측면은 그 중요성에도 불구하고 체계적으로 다루어지지 못하고 있다.

Ⅳ 도시재정비사업(재개발 및 재건축)

도시재정비 촉진을 위한 특별법 (약칭 : 도시재정비법)은 위에서 언급한 도시 쇠퇴 지역을 포함한 도시의 낙후된 지역에 대한 주거환경의 개선, 기반시설의 확충 및 도시기능의 회복을 위한 사업을 광역적으로 계획하고 체계적·효율적으로 추진하기 위하여 필요한 사항을 정하고 있다.

재정비촉진사업이란 재정비촉진지구에서 시행되는 사업으로 도시 및 주거환경정비법에 따른 주거환경개선사업, 재개발사업 및 재건축사업, 빈집 및 소규모주택 정비에 관한 특례법에 따른 가로주택정비사업 및 소규모재건축사업을 말한다.[18] 이 장에서는 재개발사업과 재건축사업을 중심으로 논의하도록 한다.

1. 재개발사업

주택재개발사업은 지자체에서 정비구역이 지정되면 구역 내 소유자를 중심으로 추진위원회가 구성된다. 해당되는 조합원을 모집하고 정비사업관리업자 등을 지정

---

18) 우리나라 주택정비 관련 법령흐름은 '주택정책론, 부연사, 2023', 291쪽 그림 8-1을 참조바람(정희남·손태락·하성규 외 40인 편저, 2023)

한 후, 창립총회를 연다. 이후 지자체에 조합설립인가를 득한 후, 시공자 선정과 외부 평가를 받아 사업시행인가를 신청한다. 감정평가업체 선정과 조합원 분양 신청을 받고 관리처분계획인가를 득하게 되면 이주와 철거가 시작된다. 공사를 시작하면 일반분양자를 모집하게 되고 공사가 마무리 되면 준공검사를 받은 후, 본격적인 입주가 시작되어 입주가 완료되면 조합은 해산하게 된다.

재개발사업은 관리처분계획에 따른 방식 또는 환지로 공급하는 방식으로 사업을 시행한다. 일반적으로 재개발사업은 조합이 시행하나, 조합원의 과반수의 동의를 받아 시장·군수, 한국토지주택공사(LH) 등과 조합이 공동으로 시행할 수 있다. 정비사업을 시행할 때에는 저소득 주민의 입주기회 확대를 위해 국민주택규모의 주택을 전체 세대수의 80% 이하로, 임대주택을 전체 세대수의 20% 이하의 범위에서 건설해야 한다. 단, 주거전용면적이 40㎡ 이하인 임대주택은 전체 임대주택 세대수의 40% 이하여야 한다.

재개발사업은 사업기간이 예상했던 것보다 길어질 수 있고, 사업자체가 취소되는 경우도 종종 발생한다. 지난날의 경험을 비추어보면 재개발기간은 조합설립인가, 관리처분인가, 공사 등의 단계를 거치면 정비사업이 지정되더라도 실제 입주까지는 10년 이상 소요되기도 한다.

재개발사업 구역 내에 주택(토지+건물)만 소유하고 있으면 그 면적과 무관하게 분양권이 주어지지만, 토지만 소유한 경우 면적이 20㎡ 미만인 경우 현금청산 대상자이고, 20㎡ 이상~90㎡ 미만인 경우 무주택세대주에 한해서 분양권이 주어지며, 90㎡ 이상인 경우에는 분양권이 주어진다.

재개발 사업의 문제점으로는 ① 해당 재개발지구 부동산투기문제, ② 각종 분쟁으로 인한 사업기간의 장기화, ③ 원주민들의 재산권보호 문제와 재입주율 저하, 특히 세입자들의 재입주의 어려움, ④ 재개발지구에서 이주한 저소득층의 다른 지역에서의 불량주거지 발생, ⑤ 도시계획 및 관리 관점에서 국지적 개발로 인한 전체 광역도시계획과의 부조화와 난개발 등 많은 문제점들이 발생되고 있다(Ha, 2001).

2. 재건축사업

재건축은 해당 지구 기반시설은 양호하나 노후. 불량건축물이 밀집한 지역에서 주거환경을 개선하기 위하여 시행하는 사업으로, 정비구역 안 또는 정비구역이 아닌 구역에서 관리처분계획에 따라 공동주택 및 부대 복리 시설을 건설하여 공급하는 사업을 말한다.

일반인들은 재개발과 재건축의 차이점을 잘 모르고 있다. 그래서 두 사업 간의 차이점을 살펴보기로 한다(표 10-5), 가장 큰 차이점은 재개발 사업은 해당 건물의 안전진단 절차가 없다. 그러나 재건축 사업은 안전진단 절차가 매우 중요한 요소라 할 수 있다. 그리고 주거 이전비 보상의 경우 재개발은 있으나 재건축은 없다. 그리고 재건축은 초과이익 환수제가 적용되나 재개발사업에는 없다.

재건축이 지닌 장점으로는 첫째, 정부의 입장에서 보면 투자 없이 도심이나 도심 가까운 지역에 위치하고 있는 노후주택을 재건축함으로써 도시미관의 증진뿐 아니라 토지이용을 높일 수 있다. 둘째, 재건축 사업을 통해 도시주택공급을 확대할 수 있다. 셋째, 건설업체는 도심의 택지 확보를 위해 막대한 용지비를 투자하지 않고도 건설물량과 개발이윤을 확보할 수 있다. 넷째, 가옥주(조합원)들은 큰 비용을 투자하지 않아도 보다 넓은 신규주택을 확보할 수 있다. 다섯째, 재건축 사업을 통해 해당 지역사회 주거환경을 개선하는 효과를 가져 온다. 이러한 재건축사업의 장점 때문에 불량주택의 재정비 방법으로 각광을 받아왔다.

이러한 장점에도 불구하고 당면한 문제점과 장애요소도 많다. 노후된 주택을 재건축을 통해 보다 더 편리하고 안전한 주거환경을 조성하겠다는 것은 당연하지만 현재의 도시정비법이나 관련 법령이 너무 복잡하고 까다롭다. 아울러 완전히 민간인에게 사업시행을 맡기고 있기 때문에 소요기간도 길고 중간에 경비로 지출되는 돈이 많다.

재건축 사업에서 발생하는 문제점을 정리하면 아래와 같다. 먼저 재건축사업은 많은 이해관계인들이 조합을 설립하여 사업을 추진하게 됨으로 의사결정과정에서 일부 임원들이 전횡을 하고 있음이 종종 발생한다. 이로 인해 조합임원과 조합원과의 갈등이 끊이지 않고 있다. 그리고 일부 조합임원은 시공사와 결탁하여 개인적인 이익을 챙기기 때문에 조합원들은 많은 피해를 보기도 한다. 지금까지 수많은 재건축사업에서 조합장의 비위에 대해 투쟁하는 비대위가 구성되었다. 재건축사업은 매우 갈등이 많고 험난한 과정이다.

표 10-5 재개발사업과 재건축사업 특성 비교

구분	재개발사업	재건축사업
정의	정비기반시설이 열악하고 노후불량건축물이 밀집한 지역에서 주거환경을 개선하거나 상업지역·공업지역 등에서 도시기능의 회복 및 상권활성화 등을 위하여 도시환경을 개선하기 위한 사업	정비기반시설은 양호하나 노후·불량건축물에 해당하는 공동주택이 밀집한 지역에서 주거환경을 개선하기 위한 사업
안전진단	없음	있음(공동주택 재건축만 해당)
조합원자격	토지또는 건축물 소유자 또는 그 지상권자(당연가입)	건축물 및 그 부속토지 소유자 중 조합설립에 찬성한 자(임의가입)
주거이전비 등 보상	있음	없음
현금청산자	토지수용	매도청구
초과이익 환수제	없음	있음

서울특별시의 경우 2000년에서 2005년까지 총 34만8,770호의 주택이 증가되었는데, 이 중 재개발·재건축으로 증가된 숫자가 총 25만3,536호로 총 주택 증가수의 72.7%가 재건축, 재개발사업으로 공급되었다. 그리고 2005년부터 2010년까지 5년 동안에도 총 55.9%(113,630호)가 재건축·재개발에 의하여 공급되었다. 이 기간 동안 대부분의 주택공급은 재개발, 재건축이 큰 비중을 차지했다(김조영, 2019).

그러나 기간을 달리해서 분석한 자료에 따르면 재개발 재건축으로 인한 주택공급효과는 미미한 것으로 알려졌다. 재개발로는 2016년과 2019년에, 재건축으로는

2019년과 2018년에 상대적으로 많은 주택을 준공했지만, 재개발·재건축 사업은 기존 주택의 멸실을 가져오기 때문에 이를 고려한 순 주택 공급은 많지 않았다. 인구주택총조사에 따르면 2019년 서울의 주택 수는 약 290만호이며 2016~2019년 총 주택 공급량은 16만720호로 추정된다. 재개발·재건축을 통한 2016~2019년 서울의 순주택 공급량이 1만3902호(8.6%)에 불과하다. 재건축을 통한 순주택 공급량은 2018년 4713호, 2019년 5457호로 최근 증가했고 재개발에 비해서는 많지만 4년간 순 공급량(1만3429호)이 전체 주택 순 공급량에서 차지하는 비율은 8.4%에 그쳤다(최은영·구형모, 2001).

토지주택연구원이 국토교통부의 '2020 주택업무편람'을 분석한 자료를 보면, 재건축을 통한 입주가 처음 이뤄진 2005년 이후 서울에 공급된 재건축 물량은 총 9만6683호로 연평균 6445호 수준이었다. 재건축을 통해 철거된 기존 주택이 7만5421호라는 점을 고려하면, 재건축으로 순수히 증가된 신규 주택 물량은 15년 동안 2만1262호, 연평균 1471호이다. 기대했던 것 보다는 적은 공급량이다. 그리고 1973년부터 2018년 까지 서울에서 재개발 구역으로 지정된 900곳 가운데 사업이 완료돼 입주가 이뤄진 구역은 493곳으로, 45년간 33만1752호가 신규로 공급되었고 연평균 7,372호이다(진명선, 2020).

Ⅴ 결론

한국은 급속한 도시화와 산업화 과정에서 많은 인구가 도시로 이주하였다. 도시화에 따른 주택난을 해결하기 위해 주택 정책은 총량적 공급 확대를 주요 목표로 삼았다. 주택공급확대가 급선무였던 시기에는 재개발사업이 주된 주택공급원이었으며 급격한 인구증가에 따를 주택수요를 감당하기 위해 신도시개발 및 새로운 주거지 개발이 대대적으로 이루어 졌다. 이로 인해 직주불일치라는 새로운 문제가 발생하게 되었다. 아울러 도심지역은 점차 주거기능이 쇠퇴하는 경향을 보이고 있다.

총량적 공급 확대 위주의 주택 정책은 획일적인 고층 고밀 아파트의 공급, 주거환경의 악화, 난개발 등과 같은 문제점을 낳았다. 그리고 1인 가구의 폭발적 증가와 노인인구가 점차 확대함에 따른 새로운 주택문제가 나타나고 있다. 이러한 문제점을 해결하고 이상적 주거공동체를 형성하기 위하여 앞으로의 도시관리 측면에서의 주택 정책은 지속가능성, 포용성, 다양성, 쾌적성, 접근성과 같은 원리에 기초한 주택정책 패러다임의 변화를 추구해야 할 것이다.

그동안 우리나라 도심부 재개발 및 재생사업은 업무빌딩 중심의 획일적인 접근이 주류를 이루었다. 기존 건물 및 자산을 적극적으로 활용해야 한다. 예를 들어 주거·업무·상업 등 분야를 핵심으로 교육·문화·소매·레저 등 다양한 도심기능을 복합적이고 종합적으로 연계되고 시너지효과를 확대할 수 있는 도심부의 활력 제고 방안 수립이 필요하다.

우리나라 대부분의 도시들은 도심인구 유출로 인한 급격한 상권쇠락, 투자 감소, 기반시설 노후화 등 심각한 원도심 쇠퇴현상을 겪고 있음이 확인되었다. 지자체 주도의 도심 활성화사업으로 지역 활성화와 주민지원프로그램 등이 시도되고 있다. 그러나 열악한 재정여건, 1회성프로그램, 지속가능성이 미흡한 접근방식 등의 한계로 도시경제 기반을 강화에는 못 미치고 있다. 향후 도시재생사업을 통하여 쇠퇴하는 도심부의 고용창출, 소득증대 가능한 산업활동의 유치 등 도시의 경제기반을 강화하는 도시관리 정책을 수립하고 적극적으로 추진해야 한다.

강미나 외. (2017). 인구감소시대 빈집문제 분석을 통한 주택정책 방안 연구, 국토연구원보고서, 기본 17-14.

김조영. (2019). 재건축·재개발을 하면 어떤 좋은 효과가 발생하는 것인가요? 한국주택경제 2019.07.25. http://www.arunews.com/news/articleView.html?idxno=11016.

김혜정. (1992). 주거이동주기 모형에 관한 연구, 연세대학교 대학원, 박사학위논문.

김혜천. (2001). "도심활성화 정책의 당면과제와 전망 -대전시 사례-" 도시포럼 발표문

심한별. (2013). 서울 도심부 도시형태 및 생산활동의 변화에 대한 제도주의적 해석, 서울대학교 대학원, 박사학위논문.

양재섭. (2001). 서울 도심부 주거실태와 주거확보방향 연구. 서울연구원.

윤용석·양우현·김리원. (2009). 쇠퇴한 구도심 주거지의 개발여건별 재활성화 방법 제안, - 광주광역시 구도심을 사례로, 한국주거학회 한국주거학회 학술대회논문집 2009 pp.132-137.

이상대. (1996). 서울시 내부시가지 쇠퇴현상의 진단에 관한 연구, 서울대 박사학위 논문

정소양·유재윤·김태영·김용환. (2014). 원도심 쇠퇴현황 및 도시재생 추진방향, 국토정책 Brief 제488호, 국토연구원.

정희남·손태락·하성규 외 40인 편저. (2023). 주택정책론, 부연사.

진명선. (2020). '공급 부족론' 또 들썩, 재건축 규제 풀면 집값 잡힌다? 한겨레, 2020.07.16 https://www.hani.co.kr/arti/economy/property/953857.html.

통계청. (2021). 국민 삶의 질 2020, 통계청 통계개발원.

통계청. (2022). 국민 삶의 질 2022, 통계청 통계개발원.

하성규. (2007). 주택정책론, 박영사.

Alonso, W. (1990). A theory of the urban land market, *Papers in Regional Science,* 6(1), 149-157

Cervero, R. (1996). "Jobs-Housing Balance Revisited: Trends and Impacts in the San Francisco Bay Area." *Journal of the American Planning Association,* 62(4), 492-511

Güneralp, B., Reba, M., Hales, B. U., Wentz, E. A., & Seto, K. C. (2020). Trends in urban land expansion, density, and land transitions from 1970 to 2010: A global synthesis. Environmental Research Letters, 15(4), [044015]. https://doi.org/10.1088/1748-9326/ab666.

Ha, Seong-Kyu.(2001), Substandard settlements and joint redevelopment projects in

Seoul, *Habitat International.* 25(3), 385−397.

Kain, J. F. (1968). Housing Segregation, Negro Employment, and Metropolitan Decentralization, *Quarterly Journal of Economics,* (82), 32−59.

Margo, R.A. (1992). Explaining the postwar suburbanization of population in the United States: the role of income. *Journal of Urban Economics.* 31(3), 301−310.doi: 10.1016/0094−1190(92)90058−s. PMID: 12285982.

Scott, A. J. (1982), "Locational Pattern and dynamics of Industrial Activitity in the Mordern Metropolise: a review essay, *Urban Studies,* (19), 111−142.

Solomon, A & Vandell, K. (1982). Alternative Perspectives on Neighborhood Decline, *Journal of the American Planning Association,* (48)1, 81−98.

제11장

신도시 도시특성과 관리

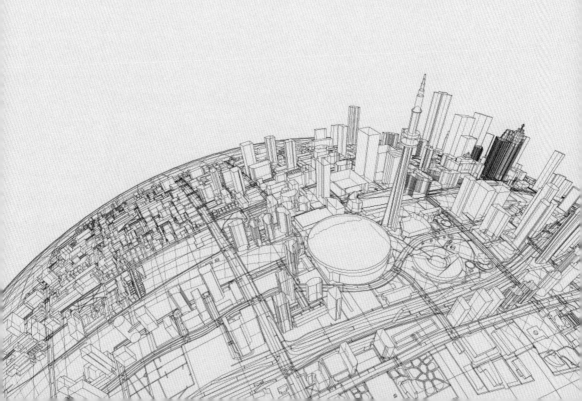

신도시 도시특성과 관리

Ⅰ **서론**

신도시(新都市)는 처음부터 계획적이며 인공적으로 만들어진 도시를 말한다. 신도시라는 용어는 연구자에 따라 혹은 국가마다 그 표현을 달리 하는 경우도 많다. 영어권 국가에서 신도시라는 용어를 New Town이라는 것 이외에는 다양하게 사용하고 있다. 그러나 New Town 용어를 어떻게 사용하든 모든 신도시는 크게 두 그룹(A,B)으로 분류 된다[1](Golany, 1976).

그룹 A에 속한 신도시는 경제적으로나 물리적으로 보아 자족성(self-contained or self-sustaining)이 강한 면을 보인다. 그래서 이들 신도시는 다양한 사회경제적인 속성을 지닌 사람들이 살게 되고 다양한 토지 이용 측면을 볼 수 있다. 반면에 그룹 B에 속한 것들은 경제적으로나 물리적으로 독립 혹은 자족된 상태가 아니고 이미 형성된 기존 도시(센터)에 의존적인 것이 특징이다. 이들 B 그룹에 속한 신도시 특징은 낮 시간(근무시간)의 밀도가 낮게 나타나고 주로 주거에 주된 목적을 두고 있다.

---

1) Group A: (1) new town, (2) new community, (3) new city, (4) company town, (5) development town (6) regional growth center, (8) accelerated growth center, (9) horizontal city, (10) vertical city, (11) new town in-city 이며, 또 다른 하나는 Group B: (1) satellite town, (2) metro town, (3) land subdivision, (4) planned unit development(PUD), and (5) new town in-town 등

각국의 신도시 개발배경을 보면 특정의 목적을 지닌 신도시들이 많다. 이들을 열거하면 (1) 특정 산업(기술)목적의 건설된 신도시(company town), (2) 해당 지역 자연 자원 개발 목적의 신도시(natural resources town, (3) 국가지역정책 혹은 인구, 산업의 재배치를 위한 목적의 신도시(single-product town) 등이다. 예를 들어 일본의 쯔꾸바 학원도시(Tsukuba Academic City) (4) 에너지 자원 활용 목적 신도시(energy town), (5) 국가의 특정 프로젝에 의한 건립된 신도시(project construction town), (6) 군사 목적으로 건설된 신도시(military town), (7) 레져, 스포츠, 위락, 관광 중심 목적으로 건설된 신도시(resort town) (8) 퇴직한 노인들을 위한 특수 목적의 신도시(retirement town) 등이다.

학술적으로나 정책적으로 신도시의 자족성에 관한 논의가 많다. 자족성이란 개념은 국가와 시대에 따라 그 의미를 달리하기도 한다(Riddell, 2004; Ewing, 1991). 예를 들어 영국과 미국의 신도시 자족성에 관한 개념상의 차이점은 영국의 경우는 신도시의 일자리 창출이 중요한 신도시 자족성 개념의 하나로 파악한다. 신도시가 자족적인 면을 갖추기 위해서는 가장 중요한 것 중의 하나가 해당 신도시 주민의 일자리가 해당 신도시에 입지해 있어야 한다는 것이다. 만일 일자리(고용기회 및 산업입지)가 주어지지 않으면 주변 도시 혹은 모도시에 의존적이며 많은 주민이 해당 신도시 밖으로 출퇴근해야 할 것이다. 이는 교통 통행량의 증대와 교통비용 증가, 공해의 발생 등의 문제점을 발생시키게 된다.

미국의 경우 신도시는 신도시 내의 일자리 창출을 영국만큼 강조하지 않는 경향이 있다(Clapp, 1971, p.54). 전통적으로 미국에서는 "균형적 커뮤니티(balanced community)"라는 점을 강조하고 있다. 이는 새롭게 개발된 도시가 물리적·사회적으로 그리고 인종적으로 균형을 유지하는 것, 즉 특정의 인종만(흑인 혹은 백인)을 위한, 특정의 소득 계층(고소득층 혹은 저소득층)이 집중된, 혹은 특정의 연령층만(노인 혹은 독신자 등)을 위한 개발은 바람직하지 않다는 것이다. 그리고 신도시가 물리적 특성으로 보아 단순한 침상도시(bed town)로 전락하지 않도록 해야 한다는 것이다. 물리적으로는 다양한 주택 유형과 편익시설 및 공공서비스 즉 공원, 도로, 쇼핑센터 등이 균형 잡히게 입지해야 한다.

한국의 경우 신도시 용어에 대한 구분과 이해가 필요하다. 수도권의 경우 '신도시'는 서울 근교에 새롭게 개발 조성하는 것과 '뉴타운(new town)'은 기존 구시가지의 재개발로 조성하는 것으로 구분 된다. 수도권 신도시는 서울의 주택가격 상승으로 인한 주택수요분산 및 서울에서 인구를 분산시키기 위한 목적으로 건설되었다. 초기 신도시는 대부분 서울의 기반 시설을 이용하는 경우가 많았다. 이러한 이유 때문에 수도권 신도시들의 자족 기능이 부족하다는 지적을 받기도 했다. 그리고 초기 수도권 신도시개발로 인해 광역 교통망 부족, 극심한 교통 체증 같은 문제점이 발생하기도 했다. 수도권 신도시 개발은 역설적으로 수도권 과밀화를 불러왔다는 비판적 의견도 많았다.

Ⅱ 한국 신도시 개발배경과 도시 특성

한국에서 현대적 의미의 신도시가 본격화된 것은 1960년대 이후이며, 우리나라 신도시는 대체로 두 가지 정책목표에 의해 추진되었다. 하나는 국토 및 지역개발 목적의 신도시와 다른 하나는 대도시 문제해결 목적의 신도시다[2] 국토부가 밝힌 우리나라 신도시 개발 역사를 보면 해방 이후 1950년대는 전후복구 시기로서 비계획적 시가지 확장형태의 도시개발과 토지구획정리사업에 의한 환지방식사업 위주의 개발로 분류된다.

1960년대는 공업화 및 경제개발정책의 본격 가동과 더불어 현대적 의미의 신도시 건설이었다. 최초의 현대적 신도시는 울산 신시가지(인구 15만), 광주대단지(경기도 성남), 영동지구 및 여의도 등을 들 수 있다. 그리고 1970년대는 중화학공업 육성정책에 따라 임해지역에 산업기지도시 건설로서 신공업도시인 창원(인구 30만)을 계획할 당시 신도시라는 용어를 사용했다. 1970년대 개발사례를 보면 대덕연구학원도시, 창원과 여천 공업도시, 구미공단 배후도시, 서울강남 신시가지, 과천과 반월 등이다.

1980년대 신도시는 서울의 목동과 상계동에 주택중심의 도시 내 신도시 (Newtown in town) 건설을 대표적 사례로 볼 수 있다. 당시 주택 200만호 건설의 일환으로 수도권 5개 신도시를 계획하고 추진하게 된다. 이를 제1기 신도시로 알려

---

2) 국토부 정책자료, https://www.molit.go.kr/USR/policyData/m_34681/dtl?id=522(2022.10.08.).

져 있다. 그리고 1기 수도권 5개신도시로 분당신도시(경기도 성남시), 일산신도시(경기도 고양시), 중동신도시(경기도 부천시), 평촌신도시(경기도 안양시), 그리고 산본신도시(경기도 군포시)이다. 분당은 계획인구가 39만 명으로 5개 신도시 중 가장 큰 규모이다. 계획인구규모 면에서 가장 적은 중동 신도시는 용적율은 226%로 타 신도시에 비해 월등히 높게 책정하였다. 인구밀도(인/ha)는 평촌과 산본이 각각 329와 399였다(표 11-1 참조).

표 11-1 수도권 제1기 신도시 개요

구분	분당	일산	평촌	산본	중동	합계
면적(ha)	1,963.9	1,573.6	510.6	420.3	545.6	5,014
계획인구 (천명)	390	276	168	168	166	1,168
주택(천호)	97.6	69.0	42.0	42.0	41.4	292
− 단독주택	3.0	5.9	0.6	0.6	1.0	11
− 공동주택	94.6	63.1	41.4	41.4	40.5	281
용적율(%)	184	169	204	205	226	−
인구밀도 (인/ha)	199	175	329	399	304	−
개발기간	'88.6 − '96.12	'90.3 − '95.12	'89.8 − '95.12	'89.8 − '95.1	'90.2 − '96.1	−

자료: 국토교통부, 토지주택실

제1기 신도시에 대한 평가는 매우 다양하다. 먼저 긍정적 평가로는 주택의 대량 공급을 통한 수도권 주택가격 안정, 서울의 과밀한 인구를 도심 외곽으로 분산시켰다는 점을 꼽을 수 있다. 반면에 부정적 평가로는 신도시와 서울 간 교통혼잡 증가. 수도권으로 인구 집중 유발, 신도시 주변 지역의 난개발 유발, 부실공사 논란(예, 염분이 있는 모래 사용) 등이다. 아울러 1기 신도시는 주택 형태 측면에서 대부분 공동주택을 건설하였다. 예를 들어 분당의 경우 전체주택 97.7천호 중 공동주택이 94.6천호 그리고 단독주택이 3.0천호이다. 많은 가구를 수용한다는 점에서 공동주택이 필요하지만 신도시의 주택형태가 다양하지 못하고 공동주택(아파트) 일변도라는 지적이 많았다. 1기 신도시 대부분의 아파트가 지어진 지 30년 안팎이 되면서 노후화에 따른 재건축과 리모델링의 필요성이 대두되고 있다.[3]

제2기 신도시는 2000년대 들어 다시 집값이 뛰기 시작하면서 참여 정부 주도로 2007년부터 추진되었다. 제1기 신도시 개발로 인해 주택 가격이 안정되어 소규모 택지개발과 준농림지 개발 허용 등으로 정책방향을 전환하기도 했다. 그러나 수도권의 인구증가로 서울 인근 도시들의 기반시설의 부족과 비용분담 등 문제가 야기되었다. 이에 따라 2기 신도시 개발은 화성 동탄, 판교를 시작으로 본격적으로 착수하게 되었고 제1기 신도시와 비교하여 녹지율을 높이고 인구밀도를 줄이는 등 친환경적인 도시개발을 지향하였다.[4]

2기 신도시 12지역 중 수도권에 10개 그리고 비수도권에 아산 신도시와 도안 신도시 2개이다. 수도권 신도시는 위례신도시(서울시 송파구, 경기도 성남시, 하남시), 판교신도시(경기도 성남시), 동탄1신도시(경기도 화성시), 동탄2신도시(경기도 화성시), 운정신도시(경기도 파주시), 광교신도시(경기도 수원시), 한강신도시(경기도 김포시), 양주신도시(경기도 양주시), 고덕국제신도시(경기도 평택시) 그리고 검단신도시(인천시 서구)이다.

판교 신도시의 경우 면적은 8.9㎢로서 세대수는 29,263(인구 87,789명), 인구밀도는 98인/ha이다. 사업기간은 2003－2019년으로 1기 신도시와는 몇 가지 차이점을 발견할 수 있다. 인구밀도가 상대적으로 낮고 자연과 인간이 공존하는 친환경적 도시를 조성한다는 것과 수도권 동남부의 업무거점을 육성한다는 점이다. 그리고 판교 테크노밸리 조성은 타 신도시와는 다른 접근이라 할 수 있다.

3기 신도시는 문재인 정부에서 계획하였다. 2018년 당시 주택시장 안정을 위해 계획한 대규모 택지지구로, 남양주 왕숙신도시·하남 교산신도시·인천 계양신도시·고양 창릉신도시·부천 대장신도시 5곳이 3기 신도시로 지정되었다.[5] 창릉신도시

---

3) 1기 신도시 범재건축연합회 구성원들이 2022년 10월 8일 오후 서울 영등포구 여의도에서 '1기 신도시 재건축 대선공약 이행' 촉구 결의대회를 개최하였다. 1기 신도시 범재건축연합회는 '30년 이상 건축물의 안전진단 면제', '분양가상한제 및 재건축초과이익환수제 폐지', '1기 신도시 특별법 연내 제정' 등을 촉구했다. https://www.news1.kr/photos/view/?5618714(2022.10.08.)

4) 2000년대에 와서 과거 신도시에 대한 부정적 이미지 전환 및 소규모 분산적 개발을 대체하는 '계획도시' 개념의 신도시 건설 개발사례로는 성남 판교, 화성 동탄(1,2), 김포 한강, 파주 운정, 광교, 양주, 위례, 고덕국제화, 인천 검단, 아산, 대전 도안 등이다

계획이 발표되자 일산신도시 주민들은 반발하였다. 청와대 국민청원 게시판에 '3기 신도시 고양지정, 일산신도시에 사망선고'란 제목의 청원이 올라왔다. 반발의 내용으로 지어진지 30년이 다 되어가는 일산신도시는 과밀억제권역으로 묶여 일자리가 부족한 베드타운으로 전락했다는 것이다. 이번 3기 신도시 지정은 일자리가 없고 베드타운으로 전락하는 일산신도시에 과잉주택공급으로 인해서 더욱 베드타운으로 전락할 위기에 처하고 말았다고 주장했다.[6]

2019년 5월 7일, 국토교통부는 경기도 고양시 창릉·부천시 대장 2곳에 3기 신도시를 짓기로 발표하였다. 또한 안산 장상·용인 구성역·안산 신길2·수원 당수2 등 26곳에 중소규모 택지지구를 건설하기로 하였다. 2021년 2월 24일 광명·시흥 신도시 추진이, 8월 30일 의왕·군포·안산지구와 화성 진안지구 등 신도시 규모의 2개 지구를 비롯한 택지지구 위치가 발표되었다.

한국의 신도시의 특징(1–2기 신도시)을 요약하면:

① 자족 기능이 부족하고 베드타운이 된 도시가 많다.

② 신도시의 주택형태는 아파트 위주로 개발되었다. 거의 모든 신도시는 대규모 아파트 단지를 형성하고 주택형태의 다양성이 미흡하다.

③ 수도권 신도시들은 서울의 주택가격 상승으로 인한 수요분산책의 일환이라 할 수 있다. 서울의 인구를 분산시키기 위한 목적으로 만들어지는 경우가 많다

④ 신도시는 밀도나 층수가 서울 등 대도시의 어느 지역보다 더 높은 곳이 많다.

⑤ 수도권 신도시와 달리 일부 비수도권 신도시는 기존 시가지(원도심)의 핵심 시설들이 신도시로 이전되는 등 신도시 개발로 인한 원도심이 침체되는 경향을 보이고 있다.

⑥ 주변지역의 무계획적 개발로 인해 신도시주변 난개발이 발생하게 되었다. 아울러 신도시 개발이 너무 단기간에 진행되었고 교통체증, 개발이익 환수 미흡 등이다.[7]

---

5) 2018년 12월 19일 국토교통부에서 발표한 '2차 수도권 주택공급 계획 및 수도권 광역교통망 개선방안'에 따르면, 경기도 남양주시 왕숙·하남시 교산·인천광역시 계양구 계양테크노밸리·과천시 과천 4곳이 100만m² 이상 대규모 택지지구로 지정되었다.

6) 중앙일보, "일산에 사망선고"…3기 신도시 반발 국민청원까지, https://www.joongang.co.kr/article/23462183·home, 2019.05.09. 청원인의 주장내용은; – 일산 과밀억제권역 해제와 성장관리권역으로의 전환, – 신도시 노후 아파트 리모델링 기준 완화 등을 요구했다. 이 청원은 하루 만에 7900여 명이 참여했다.

Ⅲ 외국 신도시 사례

1. 영국의 신도시

1) 배경

영국이 신도시 개발을 본격화하게 된 동기는 Abercormbie의 '대런던 계획(The Greater London Plan)'에서부터 출발했으며 이 계획(1944년)의 골자는 런던의 과밀을 방지하고 인구의 분산 및 고용증대 등을 목적으로 런던 주변에 10개 신도시 건설을 제안하였다. 그러나 대런던 계획이전 Howard의 Garden City 개념(1898)[8])에 기초한 영국 최초(1903)의 신도시 Letchworth(런던 북부 약 56km 위치)가 성공을 거두자 신도시개발에 박차를 가하게 되었다(Osburn and Whittick, 1977). 신도시개발의 첫 번째 시도이자 중요한 사회적 실험이라고 까지 평가되기도 하였다.

두 번째의 시도는 Welwyn(1919 – 1920)으로 런던 중심부 King's Cross 기차역에서 약 30km에 떨어진 곳에 입지했다. 당시 런던의 교외지역은 아니었지만 자족적 산업도시로서의 역할을 담당, 주민들이 신도시에 대부분 일자를 갖게 되었다. 아울러 Welwyn은 당시 건축적으로 새로운 시도를 하여 매우 좋은 평가를 받는 등 영국 신도시의 새로운 전기를 마련하는 계기였다.

초기 두 신도시는 정부가 주도한 것이 아니고 각각 신도시 회사를 설립하여 신도시개발계획을 수립하고 집행하는 시스템을 택하였다. 이후 1948년 정부는 신도시법(The New Towns Act, 1946)에 근거하여 신도시개발공사(Development Corporation)를 설립했고 개발공사는 정부로부터 토지수용 등의 권한을 부여 받아 모든 책임을 지며 각 신도시마다 Development Corporation을 설립하여 운영하였다(Lock and Ellis. 2020).

그리고 영국의 신도시 계획은 도시 및 농촌계획협회(Town and Country Planning

---

7) 신도시 특징 및 평가에 관한 자료는 아래 문헌을 참조바란다. 윤정중 외, 2020; 배순석 외. 2000; 국토연구원, 1999; 김성수 외, 2020.

8) 전원도시(garden city movement)는 1898년에 영국의 에버니저 하워드 경이 제창한 도시 계획 방안이다. 전원도시는 자족 기능을 갖춘 계획도시로써, 주변에는 그린 벨트로 둘러싸여 있고 주거, 산업, 농업 기능이 균형을 갖추도록 했다. Goodall, B.(1987) The Penguin Dictionary of Human Geography. London: Penguin 참조.

Association)의 건의에 따라 1941년 National Planning이 수립하게 되었다. 이 계획은 주로 대도시 분산 및 과밀방지를 강조하였으며 영국의 신도시는 그 법적 근거와 배경을 보면 1946년 신도시법(New Town Act)과 1947년의 도시 및 농촌계획법(Town and Country Planning Act)에 두고 있다.

중앙정부 주도하에 법적 근거를 마련하고 신도시의 본격적 개발은 1947－1950년부터 이루어지기 시작하였다. 정부는 이 기간 동안 England와 Wales에 12개, Scotland 2개를 계획하고 이 시기의 신도시를 1세대 신도시라 칭하고 2세대 신도시는 1960년대에 계획된 신도시들이다. 소위 2세대 신도시들은 England의 Milton Keynes를 포함한 6개, Scotland 2개이다(Milton Keynes Development Corporation, 2014).

2) 신도시개발계획 및 개발밀도

개발밀도적 측면에서 영국의 신도시는 두 가지 중요한 목적을 수행하고자 한다. 첫째는 직주근접의 원칙을 달성하고자 함이다. 이는 거주지(집)과 일자리(직장)과의 거리를 최소화함으로서 교통시간과 비용을 절감할 뿐 아니라 도시의 혼잡을 막을 수 있다는 점을 들고 있다. 둘째, 신도시의 밀도는 중심부에서 외곽으로 점차 낮아지는 원칙과 인구규모에 따른 밀도계획을 수립하였다. <표 11－2>는 이를 잘 설명하고 있다.

표 11-2 신도시 인구 및 밀도

인구	신도시 밀도							
	에이커 당 15인 경우(37 per ha)				에이커 당 20인 경우(50 per ha)			
	면적		반경(radius)		면적		반경(radius)	
	acre	ha	miles	km	acre	ha	miles	km
30,000	2000	800	0.997	1.60	1500	600	0.864	1.39
50,000	3333	1333	1.287	2.07	2500	1000	1.115	2.00
60,000	4000	1600	1.410	2.27	3000	1200	1.221	1.96
100,000	6667	2669	1.821	2.93	5000	2000	1.577	2.54

주: 반경은 신도시 중심부에서 외곽지 방향을 의미함.
자료: Osborn and Whittick, 1977.

가장 적정한 밀도를 가진 이상적인 신도시 인구규모는 얼마인가? 이는 국가마다 신도시의 건설목적, 위치, 신도시의 기능에 따라 다를 수 있으며, 시대에 따라 상이하게 나타난다. 그러나 이론적으로 보아 신도시의 가장 적정한 규모와 밀도는 인구 50,000명에 에이커 당 인구 15명이라 제안한바 있다(Osborn and Whittick, 1963)

그리고 영국의 신도시위원회(New Town Committee)는 이상적인 신도시 인구 규모(built-up areas)로는 인구 최소 30,000~최대 50,000명이라 제안하였다. 그러나 실제 영국의 신도시 인구를 보면 제1기 신도시의 경우 평균 60,000명이며 제2기 신도시의 Milton Keynes는 최초 인구 40,000명이었으나 2021년 250,000명으로 성장하였다.[9]

3) 신도시 토지이용(용도별 배분)

용도별 배분을 보면 신도시의 특성에 따라 달리 나타남. 영국의 제2기 신도시의 하나인 Warrington의 경우 토지용도는 신도시의 행정구역 전반적인 것과 신도시 범위에 포함되지만 농촌적 기능을 가진 지역에는 용도별 차이가 있음을 알 수 있다(표 11-2). 전반적으로 주거지가 가장 큰 비중을 차지하고 그 다음이 산업(industrial)용, 그리고 vacant land 순이다. 그러나 신도시외곽지에는 농업용과 특수목적용이 큰 비중을 차지하고 그 다음이 주거용이다.

4) 신도시 특화전략(신도시 Washington의 커뮤니티 중심 개발전략)

영국 중앙정부는 지역개발백서(White paper)에서 잉글랜드 동북지역에 큰 도시의 혼잡을 줄이고 주택난을 완화, 지역경제 활성화와 사회개발을 동시에 달성할 수 있는 뉴타운 건설이 필요하다고 제안하였다. Washington 신도시 지정은 1964년이었으며, 원래 Washington 면적은 5300에이커(2147ha) 이었으며 1972년 285에이커(115 ha)가 확장되었다. 현재 Washington은 Tyne and Wear Metropolitan County Council에 속한다.[10]

---

9) 밀턴 케인즈(Milton Keynes)는 런던에서 북서쪽으로 약 50마일(80km) 떨어진 영국 버킹엄셔(Buckinghamshire)에서 가장 큰 도시이다. 2021년 인구 조사에서 도시 지역의 인구는 256,000명이다. 밀턴 케인즈는 영국에서 가장 경제적으로 생산적인 지역 중 하나이며 1인당 비즈니스 신생 기업 수가 5번째로 많다.

10) https://englandsnortheast.co.uk/washington/(2023.04.25.)

Washington 신도시는 주변 도시인 Newcastle로부터 약 10마일 떨어져 있으며 신도시 지역은 이미 약 20,000여명의 주민이 거주하고 있었으며 이들 주민은 소규모 4개의 커뮤니티에 각각 속해 있었다.

Master Plan은 Llewelyn Davies 경에 의해 작성되어 1967년 공개되었으며 예상인구는 1981년까지 60,000~65,000명이다. 계획에 따르면 이 신도시는 18개 커뮤니티(community) 혹은 동네(village)로 구성되며 각 커뮤니티별 인구는 약 4500명 내외 그리고 면적은 1.30㎢. 이 기준은 2개 초등학교를 유지할 만한 적정한 커뮤니티 규모라 판단된다.

각 커뮤니티 마다 쇼핑몰, 초등학교, 커뮤니티 센터 등을 설치하여 커뮤니티별 생활권역을 형성하고 충분한 자족성을 확보할 수 있도록 하였다. 즉 해당 커뮤니티에 속한 주민은 누구나 커뮤니티 내에서 생활하는 데 불편이 없도록 시설, 서비스 등을 골고루 갖추도록 계획하였으며 이를 실현하였다.

도로 시스템은 매우 치밀한 보행자도로 네트워크를 형성하도록 하며 모든 자동차 도로와 분리하였다. 혼잡과 교통장애를 예방하고 안전을 확보하는 원칙을 적용하였으며 아울러 이 신도시는 주변도시와의 신속한 접근성을 위해 전철이 연결되었다. 1968년과 1977년 사이 주택 및 신도시 건설의 절반을 달성했으며 이는 타신도시 건설과 비교해 매우 빠른 속도였다. 1976년까지 10,359호의 신 주택이 건설되었고 이중 6682호는 개발공사가 공급했으며, 1284호는 지방정부 그리고 2393호는 민간건설업체가 공급하였다.

① 주택 및 주거지역 : 최우수 신도시설계상 수상

자동차가 주거지역을 통과하지 못하도록 하는 방식으로 주거지를 설계하였으며,11) 도보로 모든 마을이 연결될 수 있도록 하였으며 이를 위해 자동차 도로 보다는 걸어 다닐 수 있는 도로(길)를 중요하게 다루었다. 주민이 도보전용 도로는 주변에 잔디와 나무를 울창하게 하여 쾌적성을 극대화 하고 모든 도보는 광장, 커뮤니티센터, 그리고 공원시설과 연결되도록 하였다. 신도시 Washington은 이러한 주거지역 설계로 중앙 정부로부터 "최우수 모범적 신도시설계" 상을 수여하기도 했다.

---

11) 버스만 마을 센터를 통과하게 한다. 이유는 어린이(school bus이용), 노약자, 장애자들의 편의를 제공하기 위해서이다.

신도시 대부분의 주택은 테라스 형 주택으로 소규모 정원을 갖게 하고, 분양주택은 주로 단독 혹은 준 단독(일종의 연립) 형태가 많았다. 고층 아파트는 시내 중심부에만 건설했으며 중심부를 제외한 지역에는 고층빌딩이나 아파트 건설을 제한하였다. 신도시 중심부를 제외한 모든 주거지역은 저층의 전형적인 마을 개념의 주거지역을 형성하도록 하였더.

각 동네(커뮤니티) 마다 커뮤니티 센터(Community centre)를 설치하였고 여기에는 회의실, 사교장, 주민들을 위한 정보와 자료를 제공하는 공간으로 활용하며, 주변에 상점을 배치하고 이 커뮤니티 센터에 인접하여 초등학교를 입지 시켰다. 커뮤니티 센터는 마을 어디서나 쉽게 접근이 가능한 위치에 건설함. 커뮤니티 센터는 모든 마을의 중심이며 그곳에 가면 모든 것을 처리할 수 있을 정도로 다양한 시설과 서비스를 입지시켰다. 신도시 타운센터는(Town centre)는 지리적으로 신도시 중심부에 위치하고 대규모 쇼핑몰 등 상업지역, 공공도서관 그리고 경찰서 등 관공서를 주로 배치시켰다.

② 산업 및 일자리

신도시의 동부와 서부지역에 산업단지를 입지시키고 신도시개발공사는 공장을 건설할 수 있는 부지를 제공한다. 다양한 규모의 공장들이 입지할 수 있는 부지는 물론 새로 창업하는 기업에 대해서는 더 많은 배려를 하였다.

신도시의 산업단지 내 공장 건물은 종전과 다른 건축적으로 새로운 방식을 채택하였으며 자동차 주차 공간, 녹지 공간 및 휴식 공간을 풍부하게 만들어 작업환경을 완전히 새롭게 하였다. 이로 인해 세계적 기업인 Philips사와 Rotaprint사를 유치하였고 이러한 산업단지건설 및 공업지구의 새로운 설계 개념을 도입으로 많은 기업을 유치하고 일자리를 창출하게 되었다.

③ 사회적 특성 및 시사점

신도시 인구는 원주민과 새로 이주한 주민으로 구성된다. 신도시로 이주해온 주민들의 신도시 선택이유를 조사한 자료를 보면; 주택 45.1%, 직업 29.9%, 개인적인 이유 15.2% 그리고 쾌적성 5.6%로 나타났다. 즉 신도시로 이주한 사람들의 절반가량이 저렴한 신 주택과 잘 설계되고 개발된 커뮤니티 등이 가장 큰 비중을 차지했음을 알 수 있다. 신도시 사회서비스는 개발공사가 담당하고 커뮤니티개발실을 운영 담당 직원이 새로 이주한 가정을 방문하여 학교, 쇼핑, 위락시설, 커뮤니티센터 활용 등의 정보를 제공하고 상담과 설문조사(주민의견조사)를 실시하였다.

한편 이러한 활동을 돕고 동시 주민스스로 자원봉사단을 만들어 새로운 정주지의 정착을 위한 다양한 일들을 착수한바 있다. 특히 Village associations(일종의 주민 자치회, 혹은 Community-based organization)이 각 마을마다 구성되어 해당 마을의 문제점 해결 및 화합을 위한 활동을 시작하였다. 이들의 활동은 각 마을 마다 입지한 Village centre에서 주로 이루어지며 주민들의 상호 정보교환 및 자녀교육 상담, 마을문제점 해결, 사교활동 등이 Village associations이라는 자발적인 주민 조직체에 의해 발전되었다.

Washington 신도시의 가장 괄목할 만한 문화 활동으로는 오래된 Biddick Farm 빌딩을 개조하여 극장, 박물관, 미술관, 예술작업장 등으로 활용하였으며. 이것이 시사하는 바는 신도시는 모든 것을 새롭게 건설하는 것만이 아니고 신도시 건설이 전에 존재했던 건물 등을 허물지 않고 리모델링하여 재사용하는 것을 알 수 있다.

신도시 Washington 개발을 통해 얻을 수 있는 시사점은;

① **커뮤니티 단위 개발**: Washington 신도시는 주거지역을 인구 4,000명 전후의 17개 커뮤니티 단위로 개발했다. 각 커뮤니티마다 필요한 시설물과 서비스를 적절히 배치했다. 특히 각 커뮤니티마다 커뮤니티 센터를 만들고 커뮤니티 내의 각 마을마다 마을 센터를 설치하여 주민의 복지증진 및 웰빙을 실현하였다.

② **커뮤니티 센터와 마을센터**: 이러한 커뮤니티 센터와 마을(village) 센터는 신도시 자족성-정체성 확보에 지대한 영향력을 지니고 있으며 새로 이주한 주민들의 빠른 정착을 돕고 커뮤니티 활성화 및 주민 간 화합을 도모할 수 있다는 점이다.

③ **원주민과 이주민의 조화**: 이 신도시는 원주민이 상당수 거주하고 있었으며 이들 원주민들과 새로 이주한 주민들 간의 화합과 새로운 커뮤니티 정서를 형성할 수 있도록 하는 개발공사의 노력이 지대하였다. 신도시 자족성은 경제적인 것만이 아니고 주민들 스스로가 자기의 커뮤니티에 대한 애착심과 귀속감, 그리고 주민 상호간의 연대감 형성을 village association이라는 자발적 주민중심 조직체를 통해 달성했다는 점은 또 하나의 중요한 신도시 개발의 특장점이라 평가된다.

2. 일본의 신도시

1) 다마(多摩) 신도시

① 개발 배경과 특징

1950−60년대 동경의 인구가 급격하게 증가하면서 주택난이 심화되고 토지가격이 청전부지로 올랐다. 동경 주변 토지가격이 저렴한 변두리로 도시가 확장되면서 무질서한 개발이 이루어졌다. 이러한 난개발을 막고 주택난을 해소하기 위해 '신주택 시가지 개발법'에 따라 1965년부터 "주거와 휴식, 교육, 문화, 상업기능이 완벽한 조화를 이룬 자족도시"란 정책목표를 정하고 신도시 개발을 추진하였다.

다마(多摩) 신도시는 도쿄 도심에서 서쪽으로 약 30㎞ 떨어진 곳에 위치한 신도시이다. 다마시는 1971년부터 입주를 시작해 주변의 이나기시, 하치오지시 등 주변지역을 합쳐 '다마 뉴타운'으로 개발해 왔다. 1970년부터 광역철도(게이오선)를 따라 2,853ha 규모의 뉴타운으로 조성되어 2006년 완료되었다. 조성 초기 유입인구는 빠르게 증가했다. 도쿄 접근성이 뛰어난 데다 도로나 학교, 공원 등 각종 기반시설이 완비됐기 때문이다.

도시개발계획 면적규모는 9,025천평에 인구 30만명 규모로 일본 내 신도시 중 가장 큰 규모이다. 또한 일본의 신도시 가운데 가장 성공적인 개발사례로 알려져 있다. 주택의 형태와 층고는 다마 신도시의 원래 지형, 지세 등을 고려한 중·고층 아파트와 단독주택을 함께 건설하고 타운하우스, 노인동거주택 등 다양한 주택을 건축하였다. 다마 신도시 교통체계를 보면 대중교통수단으로는 신도시를 동서로 관통하여 도쿄도심과 연결되는 게이오사가미하라선과 오타큐타마선, 남북으로 가로지르는 도로, 철도망 등으로 인하여 도쿄로의 출퇴근이 용이하도록 개발되었다. 환경 친화적인 도시를 지향하여 자연을 최대한 보존하여 녹지와 공원이 전체도시면적의 32%인 270만평을 차지하고 있다.

도시개발의 단위구역은 다마뉴타운의 특징적인 개발방식이다. 중학교구를 기본으로 간선도로를 경계로 하는 독립생활공간을 설정하고 단위구역은 "주구"로 불리며 독립적으로 자족기능을 갖춘 하나의 세포도시 역할을 한다. 각 주구는 30만평의 부지에 3,000여 가구 주거인구 12,000여 명 정도로 구성되고 초등학교 2개, 중학교 1개를 의무적으로 설치하도록 하였다. 다마 뉴타운에는 모두 21개의 주구가 있으며, 주구가 모여 하나의 "지구"를 형성하여 모두 6개의 지구가 다마 신도시를 구성하고 있다.

② 다마 신도시의 변모

1980년대 다마시는 '꿈의 도시'라고 불릴 만큼 젊은 층에 선망의 대상이었다. 하지만 급격한 지역인구 고령화로 젊은이는 타 지역으로 떠나고 2018년 고령화율(전체 인구 대비 65세 이상 인구 비율)은 도쿄도 전체 고령화율(23.6%)보다 6.3% 포인트 높다. 일부 언론에서는 다마 신도시는 '재앙의 도시', '유령의 도시' 전락했다는 보도도 많았다.[12] 다마 뉴타운에서 가장 먼저 입주를 시작한 다마시 아파트 한 동의 절반이 빈집이라는 현지 보도도 나왔다.

다마 신도시가 문제의 도시로 변모한 것은 몇 가지 이유가 있다. 첫째, 대중교통 요금 체계다. 높은 대중교통비는 출퇴근 하는 서민(특히 젊은이) 직장인에게는 큰 경제적 부담을 준 것으로 분석된다. 일본의 젊은 세대들이 신도시의 넓은 주택보다 작지만 편리한 도심 내 주택을 선호한다. 특히 1인 가구 비중이 점차 높아지면서 도심회귀현상은 더욱 확산되는 추세다.

둘째, 다마 신도시는 40여년 이상 되어 주택의 노후화가 심한 곳이다. 이 신도시는 주택은 물론 건축물과 각종 시설물의 노후화가 진행되면서 현지에서는 '올드타운(Old Town)'으로 불리고 있다.

셋째, 생활편익시설인 병원, 상점 등이 점차 문을 닫는 등 생활에 불편이 가중되었다. 다마 신도시의 노후화 실태를 보면 오래된 15평 안팎의 아파트는 좁은 평면, 승강기도 없는 낡은 건물로 변했다. 또한 고령화로 인해 젊은 층의 감소로 산부인과, 소아과, 초등학교, 유치원, 상점 등이 문을 닫으면서 '소아과 난민', '쇼핑 난민'이란 유행어까지 만들어졌다. 백화점, 상점 폐점으로 신도시에서 생필품을 구매하기 어려운 노인들을 위해 시민단체가 앞장서 '이동 점포' 트럭을 운영하기도 한다. 아주 먼 오지 시골에서나 볼 수 있었던 이동점포가 신도시에 등장한 것이다.

---

12) 매일경제, 日 다마신도시는 왜 유령도시로 추락 했나, https://www.mk.co.kr/news/realestate/view/2018/09/583304/, 2018.09.16.

그러나 최근 긍정적이고 발전적인 징후도 나타나고 있다. 다마 신도시 역 주변을 중심으로 재개발 사업이 추진되고 일부 오래된 아파트를 재건축을 시도하면서 젊은이들이 조금씩 돌아오고 있다는 점이다.

표 11-3 일본의 주요 신도시

구분	지바	고호쿠	다마	츠쿠바
위치	지바현 인자이시, 시로이시, 후나바시시, 모토노무라, 인바무라 일원	가나가와현 요코하마시 츠즈키구 일원	동경도 다마시, 하지오지시, 이나기시, 마찌다시 일원	이바라기현 츠쿠바시 일원
중심도시와의 거리	동경 25~45km, 지바시 20km	동경 25km, 요코하마 12km	동경 30km, 신주쿠 24km	동경 60km
계획면적	1,933ha	1,340ha	2,884ha	2,696ha
계획인구(인)	143,300 (당초340,000)	220,750	342,200	100,000
현재인구(인)	81,230	127,740	210,090	76,250
사업기간	1969~2014	1974~1996	1966~2005	1968~1998

자료: 임철우· 김창기. (2011). 동경권 신도시의 지속가능성에 관한 연구: 자족성 및 소셜믹스를 중심으로, LHI Journal, 2(1), 19-33.

2) 다마 신도시의 시사점

다마 신도시는 단순히 실패한 도시나 유령도시로 변모한 것이라 단정하기 어렵다. 일본 전국의 고령화 현상과 주택 노후화의 문제가 나타나 이로 인한 도시 활력이 잃은 것으로 평가된다. 1970년대부터 입주한 초기 다마 신도시는 당시의 20~30대의 젊은 층 거주자가 40~50년의 시간이 지나면서 60~80대가 되었기에 매우 높은 고령화 비율이 나타나고 있다. 다마 신도시의 지난 50여년 간의 과정 속에서 나타난 문제점은 우리나라 신도시개발과 관리에 소중한 시사점을 주고 있다.

① 신도시 고령화로 인한 도시 활력이 감소되고 젊은 층이 신도시를 떠나는 현상

② 아파트 등 주택이 전반적으로 노후화 되고 생활에 불편을 가중시키고 있음

③ 인구 고령화로 인한 병원, 상점, 학교 등 생활편익시설과 서비스가 중단되거나 폐쇄되어 주민 일상생활에 어려움이 많음

④ 동경과 다마 신도시 간 대중교통네트워크는 잘 정비되었지만 매일 출퇴근 하는 직장인에게는 직-주 분리로 인한 교통비 부담 등

Ⅳ 신도시 관리 방향

신도시 개발 및 관리에 있어 중앙정부와 지방정부의 역할규명은 매우 중요한 과제이다. 지속가능한 도시정책 및 관리를 위해서는 Global Guideline(SDGs), 해비타트Ⅲ New Urban Agenda 등 지침을 실행할 수 있는 국가 및 지역계획 차원의 정책 노력이 필요하다. 한국토지주택공사 토지주택연구원(2018)의 제안한 중앙정부와 지방정부의 신도시 기획 및 관리에 따른 역할분담 정책가이드라인은 시사하는 바가 크다(표 11-4).

중앙정부는 국가 신도시 개발 및 관리의 제도적 틀을 구축해야 하며, 국가차원에서 기존도시를 포괄하는 도시성장관리 관점에서 접근해야 한다. 지방정부는 지역도시정책으로 신도시 개발로 인해 지역 커뮤니티에 미치는 긍정적 효과를 극대화 하도록 하며, 신도시 주변 기존도시와 연계, 상생할 수 있는 관리 계획을 수립하고 구현해야 한다. 우리나라는 신도시 기획 및 개발에 있어 중앙정부의 강력한 주도하에 이루어 졌다. 지방정부는 신도시 개발에서 큰 영향력 행사하지 못했다. 신도시 개발에 따른 지역주민들 요구사항은 지역 국회의원이나 지역단체 통해 반영되는 형태를 보여 왔다.

표 11-4 신도시 기획과 관리 정책 가이드라인

구분	가이드라인	참고사례
국가 신도시 정책: 중앙정부	1) 중앙정부는 신도시 내 활동의 적절한 기준을 포함하는 신도시개발정책 프레임워크를 개발하고, 모든 종류의 신도시계획의 기초로 하는 제도적 틀을 개발한다.	호주 국가신도시 정책
	2) 신도시 개발에 있어, 국가차원에서 기존도시를 포괄하는 도시성장관리 관점에서 접근하여 사회경제적 가치의 잠재력을 극대화하고, 도시간 기능의 효율적 연계가 가능한 공간구조가 형성될 수 있는 신도시개발 정책 및 제도를 구축한다.	한국 성장관리계획 등
	3) 국가차원에서 신도시 개발에 있어서 도시성장관리 차원에서의 포용적 접근을 통하여 다양한 계층의 형평성을 포함하는 사회경제적으로 지속가능한 성장이 달성될 수 있도록 계획을 수립해야 한다.	UN SDGs 밀턴케인즈 등
	4) 중앙정부는 특수한 목적의 실현을 목표로 하는 신도시 개발을 통해 국가차원의 전략산업 육성 및 행정기능 이전 등 국가 정책을 실현할 수 있다.	한국 행정중심복합도시, 프랑스 소피아앙티폴리스 등
지역도시 정책: 지방정부	1) 광역지방자치단체는 협력적 파트너쉽을 통해 인프라 및 서비스 연계, 접근성 강화를 보장하는 신도시 정책을 수립하며, 다양한 도시 기능 및 서비스의 균형적 분배가 가능한 효율적 배치를 모색해야 한다.	해비타트Ⅲ NUA
	2) 신도시 개발사업으로 인한 공간구조의 변화 및 기존 도심과의 관계 등을 시뮬레이션 하여, 신도시 개발로 인해 지역 커뮤니티에 미치는 부의 효과를 최소화 한다.	프랑스 마른라발레, 인도 남비뭄바이
	3) 기존도시와 연계, 상생할 수 있는 신도시 계획을 구현해야 하며, 이를 위해 모도시와의 공간적 연계성, 효율성, 안정성을 고려하여 향후 도시성장에 따른 대도시권 및 클러스터, 코리더 등의 형성에 유연하게 대처할 수 있는 전략을 마련한다.	프랑스 라데팡스

자료: 조영태 외 17인(2018). 글로벌 신도시 사례분석 및 정책 가이드라인 개발 연구, 한국토지주택공사 토지주택연구원. p.2의 연구요약 부분에 제시된 표를 부분 수정 보완하여 작성함.

신도시는 30－40년 지나면 시설이 노후되고 다양한 문제점이 노정된다. 이미 우리나라 1기 신도시는 재건축 혹은 리모델링 등의 도시관리적 접근이 필요한 시점에 도달하고 있다. 향후 신도시 관리를 위한 몇 가지 기본관리방향을 모색하고자 한다(김중은 외, 2016; 신행정수도건설추진기획단 외, 2004; 하성규 외 3인, 2003; Lock and Ellis, 2020).

1. 재생 가이드라인 확립

리모델링 등 신도시 재생사업은 중장기적으로 마스터플랜을 구축하고 체계적으로 접근해야 한다. 신도시는 일정 기간 내 동시에 아파트 등 주거시설과 건물들이 건설되었다. 그래서 동시 다발적으로 재건축 혹은 리모델링을 실시하기에는 많은 어려움이 예상된다. 신도시 내 재건축, 리모델링 사업이 일시에 집중되지 않고 순차적으로 추진되도록 준비하는 것이 필요하다. 이에 '재생 마스터플랜(가이드라인)'을 수립하여 체계적으로 관리하는 것이 매우 중요하다.

아울러 재생사업사업 추진에 장애요소가 될 수 있는 불합리한 규제가 무엇인지를 확인하고 제도개선을 통한 해결방안을 찾아야 한다. 일본은 다마신도시의 저출산·고령화 문제를 해결하기 위해, 도쿄도는 '다마신도시 재생 가이드라인'을 발표한바 있다. 도쿄도는 2018년 2월 "마마신도시재생가이드라인(多摩ニュ…ータウン地域再生 ガイドライン)을 발표하고, 다마신도시의 재개발 방침을 수립하였고, 재생에 대한 3가지 기본 원칙으로 '주택과 생활기반시설의 리뉴얼', '대규모 미사용지 활용', '도로교통 네트워크효과 증대'를 지정하였다.

2. 시설공급 및 유지관리

신도시 내 새로운 토지이용은 한계가 있다. 즉 제한된 신도시 토지 면적의 확장 없이는 새로이 요구되는 시설의 부지확보가 곤란하다. 그래서 기존 공공시설 부지의 효율적 이용을 어떻게 확대 할 수 있는가를 찾아야 한다. 이를 통해 새로운 시설의 수요를 해결하도록 한다. 신도시의 교통 인프라의 생애주기를 고려한 자산관리 시스템 구축이 필요하다. 교통 인프라의 유지관리는 성능을 최적화 하며 비용을 최소화하는 새로운 기법을 적용하도록 한다. 아울러 신도시 개발에 있어 원활한 프로젝트 추진을 위해 PM(Program or Project Management), CM(Construction Management) 제도를 정착하여 체계적인 관리체계를 구축해야 한다. 체계적, 효율적인 프로젝트 관리업무 수행을 위하여 프로젝트와 관련된 각종 정보를 효과적으로 수집, 처리, 저장, 전달 및 환류(Feed-Back) 할 수 있는 PMIS(Project Management Information System)를 구축할 필요가 있다.

3. 환경 친화적 관리

신도시 노후 건축물은 온실가스 배출 문제뿐만 아니라 저에너지 효율로 인한 난방비 및 광열비 증가 등 주민의 주거비 부담을 증대시키고 있다. 아파트 등 공동건축 재건축, 리모델링 추진 시 온실가스 배출이 적고 에너지효율이 높으며 재생가능 에너지를 사용하는 제로에너지건축물(녹색건축물)로 리모델링이 되도록 한다. 환경 친화적 도시를 조성하기 위한 분야별 접근방향을 고려해야 한다. 신도시의 개발축, 녹지축, 수변축, 교통축을 생활권과 생태계를 고려하여 다시 수립하여야 한다. 아울러, 공간구조, 인구, 토지이용, 환경, 교통, 녹지 등 분야별 계획수립 시 도시용량과 여건 및 환경을 고려하여 계획하고 실천하도록 한다.

4. 노후 신도시 재정비 관련법

1기 신도시 주민들은 노후된 아파트 등 공동주택의 재건축을 원하고 있다.[13] 국토부는 2023년 2월 7일 「노후계획도시 정비 및 지원에 관한 특별법」 주요내용을 발표했다. 노후계획도시 특별법은 국회 논의 절차가 남아 있지만 특별정비구역 지정, 재정비 기본방침과 기본계획 수립 등 사업 절차상의 규제 완화 등을 통해 재정비 사업이 보다 용이하게 추진될 수 있는 제도적 근거를 포함하고 있다.

---

13) 1기 신도시 주민들이 조속한 재정비 사업 추진을 목표로 '1기 신도시 범재건축연합회'를 발족하였다. 2022년 8월 30일 성남분당·고양일산·안양평촌·군포산본 등 1기 신도시 5곳 가운데 4곳의 재건축연합회는 범재건축연합회를 공식 출범시켰다. 매일경제, 뿔난 1기 신도시 주민들 뭉쳤다…'범재건축연합회' 발족, https://www.mk.co.kr/news/realestate/view/2022/08/765933/

주요내용 요약해 보면 기본방침으로 모든 노후계획도시에 보편적으로 적용되는 가이드라인으로 계획수립·구역지정 원칙, 특별정비구역 내 추진사업 유형 제시하도록 한다. 기본계획에는 노후계획도시의 공간적 범위, 해당 지역 내 특별정비(예정)구역 및 선도지구 지정계획, 기반시설 확충 및 특례 적용 세부 계획 등이 담기며, 시장·군수가 수립한 이후 도지사의 승인(도지사는 국토부장관과 협의)을 받아 최종적으로 확정된다

특별정비구역에 대한 각종 특례 및 지원으로는;

① 재건축 안전진단: 완화(공공성 확보 시 면제 가능)
② 토지용도 변경 및 용적률 상향
③ 입지규제최소구역 지정 / 리모델링 세대수 증가 등이다.

특별정비구역은 대규모 블록 단위 통합정비, 역세권 복합·고밀개발, 광역교통시설 등 기반시설 확충 등 도시기능 강화사업이 추진된다. 향후계획으로 2024년 정비기본계획 등 마스터플랜 수립 및 선도지구[14] 지정이다. 특별정비구역으로 지정되면 용적률·건폐율 등 도시·건축규제와 안전진단 규제 등이 완화 적용되는 등 특별법에서 정하는 각종 지원 및 특례사항이 부여되며, 원칙적으로 시장·군수 등 지정권자가 특별정비구역 지정과 계획수립 등을 주도하되 국가에서도 관계 지원체계를 마련하여 구역지정, 계획 수립, 인·허가 절차 등을 적극적으로 지원할 계획이다.

5. 거주민 다양성 확보

흔히 소셜 믹스(social mix)로 알려진 거주민 다양성은 신도시 개발과 신도시 재생사업시 고려의 대상이다(Peiser and Forsyth, eds. 2021). 신도시 거주민의 다양성을 확보하기 위해서는 계획단계에서부터 소셜믹스를 감안하여 계획의 수립이 필요하다. 일반적으로 알려진 바로는 주택소유권여부(점유형태), 주택형태의 다양성의 확보가 신도시 거주민의 다양성 증가에 영향을 미친다. 그리고 1인 가구 및 노령가

---

14) 선도지구란 노후도, 주민불편, 모범사례 확산 가능성 등을 종합적으로 고려하여 정비예정구역 중 우선적으로 정비사업이 추진되는 곳을 말한다.

구 증가 추세를 고려하여 기 개발된 신도시에서도 노후건축물의 재건축이나 리모델링 등을 통하여 소득, 연령, 직업 등 다양한 주민이 함께 거주하는 도시 즉 도시의 유연성과 사회경제적 다양성을 확보할 필요가 있다. 우리나라는 주거단지 개발에 있어 초기에는 다양한 사회계층이 어떻게 조화롭게 살 수 있는지에 대한 심도 깊은 고려가 없이 소셜믹스를 추진하다보니 오히려 임대주택 주민과 분양주택 주민의 갈등을 증폭하는 부작용을 일으키기도 했다는 점을 감안할 필요가 있다.

6. 주민 자원봉사단 및 커뮤니티 자족성 확보

영국의 Washington 신도시 개발 및 관리는 시사하는 바가 많다. 예를 들어 주민스스로 자원봉사단을 만들어 신도시 정착을 위한 일들을 추진하였다. Village associations(일종의 주민 자치회, 혹은 Community-based organization)이 각 마을(community)마다 구성되어 해당 마을의 문제점 해결 및 화합을 위한 활동을 시작하였다. 활동은 각 커뮤니티마다 입지한 Village centre(마을회관과 유사함)에서 주로 이루어지며 주민들의 상호 정보교환 및 자녀교육상담, 마을문제점 해결, 사교활동 등이 활발하게 전개되었다. 아울러 각 커뮤니티마다 쇼핑몰, 초등학교, 커뮤니티 센터 등을 설치하여 커뮤니티별 생활권역을 형성하고 충분한 자족성을 확보할 수 있도록 하였다. 각 커뮤니티에 속한 주민은 누구나 커뮤니티 내에서 생활하는데 불편이 없도록 다양한 시설(공공과 민간이 제공한 복지 및 편의시설 등), 서비스 등을 골고루 갖추도록 계획하였으며 이를 체계적으로 실현하였다.

국토연구원. (1999). 수도권 신도시 종합평가분석 연구. 한국토지공사.

국토연구원. (2022). 1기 신도시 특성에 맞는 도시관리방안 (국감자료).

김성수·이다예·문새하·변세일·김중은·김현중·김진유. (2020). 수도권 신도시 정책의 평가 및 향후 발전 방향, 국토연구원.

김중은·김성희·김성렬. (2016). 계획도시의 특성을 고려한 1기 신도시 관리방안 연구, 국토연구원.

배순석 외. (2000). 수도권 도시성장관리와 신도시 개발, 국토연구원.

신행정수도건설추진기획단 외. (2004). 2003년도 신행정수도 건설추진 백서. 신행정수도건설 추진기획단.

윤정중·김두환·최상희·윤은주·윤정란·권오준·송태호·박성용·김동근. (2020). 3기 신도시 개발전략 및 계획기준 수립 연구, 한국토지주택공사 토지주택연구원.

임철우·김창기. (2011). 동경권 신도시의 지속가능성에 관한 연구 : 자족성 및 소셜믹스를 중심으로, LHI Journal, 2(1), 19-33.

조영태 외 17인 (2018). 글로벌 신도시 사례분석 및 정책 가이드라인 개발 연구, 한국토지주택공사 토지주택연구원.

하성규·김재익·전명진·문태훈. (2003). 지속가능한 도시론, 형설.

Clapp, J. A. (1971). *New Towns and Urban Policy*, New York: Dunellen.

Ewing, R. (1991). *Developing Successful New Communities*, The Urban Land Institute.

Golany, G. (1976). *New Town Planning: Principles and Practice,* New York: John Wily & Sons

Goodall, B. (1987). *The Penguin Dictionary of Human Geography*. London: Penguin.

Lock.K. and Ellis. H. (2020). New Towns: The Rise, Fall and Rebirth. London: Riva

Milton Keynes Development Corporation. (2014). *The Plan for Milton Keynes*(Studies in International Planning History), London: Rouledge.

Osborn, J. F. and Whittick, A. (1963). *New Towns: The Answer to Megalopolis,* New York: McGraw Hill.

Osborn, J. F. and Whittick, A. (1977). *New Towns: Their Origin, Achievements and Progress,* London: Leonard Hill.

Peiser, R and Ann Forsyth, A. (eds). (2021). *New Towns for the Twenty-First Century.* Philadelphia: Univ. of Pennsylvania Press.

Riddell R. (2004). *Sustainable Urban Planning,* Oxford: Blackwell.

매일경제, 日 다마신도시는 왜 유령도시로 추락 했나. 2018.09.16.
 https://www.mk.co.kr/news/realestate/view/2018/09/583304/
중앙일보, "일산에 사망선고"…3기 신도시 반발 국민청원까지, 2019.05.09,
 https://www.joongang.co.kr/article/23462183 · home
국토부 정책자료, https://www.molit.go.kr/USR/policyData/m_34681/dtl?id=522
 https://www.news1.kr/photos/view/?5618714 (2022.10.08.)
Washington History,
 https://englandsnortheast.co.uk/washington/ (2023.04.25.)

제12장

도시성장관리:
난개발과 스마트 성장

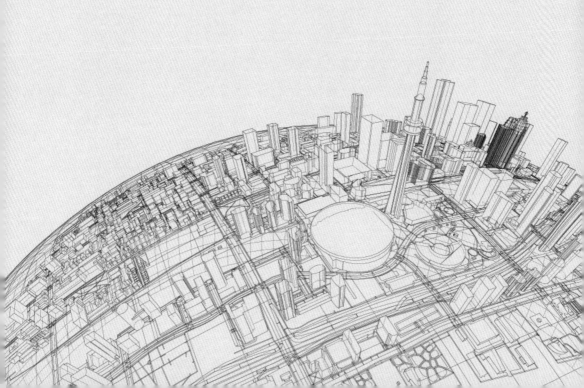

도시성장관리: 난개발과 스마트 성장

I 서론

도시지역의 확장은 세계적인 추세이다(Fertner et al., 2016.). 도시성장 관리는 난개발의 부정적 영향에 대한 대응방안인 동시에 향후 도시개발을 위한 기틀을 마련하고자 하는 노력이다. 어떤 도시는 고밀화를 통하여 개발수요를 기존 도시지역으로 성공적으로 흡수하는 반면, 어떤 도시는 도시성장관리로 말미암아 외곽지역의 신개발 및 도시지역 확산이라는 난개발을 유발하기도 한다. 결국 도시성장관리를 한다고 해서 도시성장을 적절하게 수용한다는 보장은 없다. 그러나 도시성장관리는 경험을 바탕으로 할 때 만병통치약은 아니더라도 적어도 효과가 없다고 평가할 수 없다(Ewing et al., 2022).

도시관리는 도시를 대상으로 아름다움을 추구하는 심미적 가치, 경제적 효율성을 추구하는 기능적 가치, 그리고 도시구성원의 참여와 민주주의 실현을 추구하는 사회적 가치 등 세 가지 가치를 실현하고자 하는 일련의 노력들을 의미한다. 도시관리의 추구가치들은 도시성장관리에도 그대로 적용된다. 사실 성장주도의 시대에는 도시관리는 곧 도시성장관리를 의미하였다. 우리나라의 대표적인 도시성장관리는 개발제한구역(green belt)의 설정, 수도권정비계획 등으로 나타났는데 이는 자연보존, 일방적 의사결정, 사유재산권 제한, 지역간 균형발전 등 다양한 가치와 연계되어 있다. 우리나라는 21세기 들어 국력이 신장되고 글로벌시대에 맞추어 개발제한구역의 대폭 해제 및 수정, 난개발 방지와 적극적 환경보존을 위한 국토이용체계의 전면적 개편 등 여러 가지 도시성장관리 관련 정책을 시행 중에 있다.

외국에서는 1990년대 이후 성장을 추구하되 난개발로 대표되는 성장에 따른 부작용이 없도록 하는 소위 스마트성장이 강조되고, 이를 실현하기 위한 다양한 도시성장관리수단이 제시되고 있다. 본 장은 우리나라의 상황을 염두에 두면서 난개발의 개념과 이에 대응하는 도시성장관리에 대해 전반적으로 설명하고자 한다.

Ⅱ 도시성장관리의 개요

1. 도시성장관리의 역사

전통적인 토지이용 규제 그 자체가 도시성장 규제수단이라는 점에서 도시성장관리는 공간계획, 혹은 도시 및 지역계획과 역사를 같이 한다. 미국의 경우 제2차 세계대전 이후 도시가 급속하게 성장을 하였다. 도시지역의 급속한 확산현상은 1960년대부터 더욱 활발히 진행되었으며 소위 '어메리칸 드림'이 시사하는 바와 같이 주민들의 쾌적성 확보를 핵심으로 한다. 이에 따라 미국 도시들은 공통적으로 저밀도 도시공간의 평면적 확산, 자가용 중심의 도시개발, 그리고 교외지역의 비계획적 개발이라는 문제를 안게 되었으며 이에 대한 비판이 제기되기 시작하였다. 급속한 도시지역의 확산에 따른 부작용을 해결하기 위해 많은 도시들은 다양한 수단을 동원하면서 체계적이고 계획적으로 도시성장관리를 하고 있다. 오리건주의 경우 1970년대에 도시성장은 농지상실과 삼림지역의 축소를 초래하였고, 이로 인하여 목재산업이 위협을 받았다. 이에 대한 대응책으로 종합적 토지이용계획 수립을 통하여 도시성장경계(UGB: urban growth boundary) 설정을 법제화하였다(Senato Bill 100, 1973). 이후 1990년대에 들어 UGB가 확산되어 Maryland, Florida, New Jersey, Washington주 등지에서 채택되었다. 그러나 공권력의 규제를 반기지 않는 대부분의 주(state)에서는 이를 채택하지 않고 있다.

유럽의 경우 도시성장관리의 역사는 1900년 처음 도입된 그린벨트의 역사와 함께 한다. 그린벨트는 가든시티운동과 녹지보존이라는 당시의 시대적 추세를 배경으로 하였다. 영국의 런던은 1920년대 무질서한 도시의 공간적 확산과 다양한 도시문제를 해결하기 위하여 그린벨트정책을 실시하였다. 그린벨트의 발전배경은 하워드(E. Howard)의 계획사상, 즉 전원(농촌)기능과 도시적 기능이 조화된 이상적 도시를 구상한 것에서 출발한 것이다. 영국이 그린벨트를 채택한 목적은 도시의 쾌적성 확보, 농업용 토지의 보존, 무질서한 공간적 확산 방지로서 지금까지도 도시성장관리 및 조정의 중요한 정책수단으로 동원되고 있다. 영국의 그린벨트 정책은 이후 많은 나라에서 도시성장관리정책의 하나로 채택되게 되었다. 그리고 그린벨트정책과 함께 런던 주변에 8개의 신도시를 건설하여 런던권의 팽창과 개발을 계획적으로 조절하였다.

유럽은 도시 및 국가별 차이가 존재하지만 공간계획을 통하여 도시성장을 관리하고 있다. 특히 최근 들어 난개발을 통제할 필요성이 광범위하게 인정되고 있으며 이를 해결하기 위한 대응방안이 도시의 최우선 과제가 되고 있다.

한편 일본의 도시성장관리는 개발허가제 및 택지개발지도요강을 근간으로 한다. 개발허가제는 1968년의 개정 도시계획법에서 도입된 제도이다. 개발허가의 조건으로 기반시설의 설치를 요구할 수 있는 개발허가제는 시가화구역과 시가화조정구역 모두 적용되는 성장관리수단이다. 이 제도를 통해 개발예정지 주변에 공공시설이 설치되어 있지 않거나 공공시설 용량의 여분이 없는 상태에서 개발이 행하여지는 것을 방지하고자 하였다. 택지개발 지도요강은 택지개발에 따른 인구증가와 공공시설 정비의 필요성, 그 결과 발생하는 지방공공단체의 재정부담을 타개하기 위해 개발자에 대한 부담기준을 강제하는 규정이라고 할 수 있다. 일본은 그린벨트제도를 오래 전에 폐기한 바 있다.

우리나라는 「국토의 계획 및 이용에 관한 법률」 중 성장관리계획의 장을 신설(2021년 1월 12일)하고 성장관리계획구역의 지정, 성장관리계획의 수립, 성장관리계획구역에서의 개발행위 등을 법제화하였다. 이를 구체적으로 뒷받침하기 위하여 도시성장관리방안의 수립절차, 계획내용 등에 대한 시행령 및 세부지침을 마련하였다.[1] 우리나라의 도시성장관리의 목적은 성장을 중단시키기 위한 것이 아니라, 지

---

[1] '국토의 계획 및 이용에 관한 법률'은 난개발의 주요 원인인 준농림지역의 관리를 강화하고, 도시지역의 과도한 고밀도 개발을 억제하며 국토이용관리법 및 도시계획법을 통합하여 국토이용체계를 일원화하기 위해 2002년 2월 4일 제정하였다.

역특성과 토지이용상황을 감안하여 난개발을 방지하고 지역발전을 도모함으로써 시민들의 삶의 질을 제고할 뿐만 아니라 장래 토지이용이나 후손들을 위한 가용토지를 확보하는 데 있다. 그러나 도시성장관리방안 수립을 함에 있어 형식적 요건을 갖추기 보다는 구체적이고 체계적이며 실효성이 담보된 도시성장관리방안을 정립할 필요성이 요구되고 있다.

2. 난개발(urban sprawl)

도시성장관리가 요구되는 배경에는 도시성장에 따른 여러 가지 문제가 발생하기 때문인데 이 문제들을 통들어 난개발이라고 요약될 수 있다. 개발이 전통적 토지이용규제의 틀안에서 시장기능에 의해 무계획적으로 진행되면 필연적으로 난개발을 초래한다.[2) 난개발은 도시주변지역의 환경오염, 교통체증, 인프라 및 도시서비스의 부족 등 인간정주상의 근본적 문제와 지역간 불균형 개발이라는 사회적 문제를 야기시킨다. 이처럼 도시성장관리는 전통적인 규제방식으로는 통제 불가능한 여러 가지 사회적 문제에 직면하게 되자 새로운 방식의 토지이용규제방안을 모색하면서 발전되었다. 토지이용을 전적으로 시장기능에 의존했을 때 다음과 같은 부정적인 결과를 경험하였다.

① 도시의 무질서한 공간적 확산
② 도시지역 확산에 따른 농업용 토지의 잠식
③ 공공시설 및 서비스 공급의 비효율성
④ 주택가격의 상승
⑤ 전반적 환경의 악화

이상의 문제들은 도시성장은 철저히 관리되어야 할 대상이며 또 개발을 아무 제한없이 허용할 수는 없다는 인식을 확대시켰다.

이상과 같은 난개발은 미국의 경험을 바탕으로한 난개발 개념이라고 할 수 있다.

---

2) 소비자의 효용극대화, 기업의 이윤극대화로 대표되는 민간부문의 행위동기는 공공부문의 복지극대화라는 행위동기와 다르고 또 민간부문은 개별적인 선택행위인데 반하여 공공부문은 집단적 선택행위이므로 두 부문간 마찰이 발생하기 때문이다.

이것은 우리나라 실정과 어느 정도의 공통점은 있으나 개념상 차이가 있다. 즉, 우리 나라는 난개발을 '마구잡이식 개발', '무계획적 개발' 등으로 표현하고 있으므로 난개발의 특징은 개발이 계획적인가 아닌가 혹은 공공서비스가 공급되는 개발인가 아닌가에 달려있다. 미국은 제한없이 확산되는 저밀도 개발에 의해 난개발이 발생하는 것과 달리 우리나라는 무계힉적 개발에 의한 부작용에 초점을 두고 있음을 알 수 있다. 더구나 우리나라의 난개발 개념을 '녹지를 훼손하는 모든 개발'을 난개발로 간주하는 영국의 개념과 비교하면 도시개발의 후발주자로써 아직 도시개발의 개념이 더 세련되게 발전되어야 함을 알 수 있다. 우리나라의 수도권 지역과 지방 대도시의 교외지역에서 개발에 의한 부작용이 빈발하고 있으므로, 난개발 문제가 발생되고 있다고 할 수 있으며, 이를 통제하는 것이 도시관리의 가장 중요한 정책 과제중의 하나가 되고 있다.

 # 도시성장관리와 스마트 성장

1. 도시성장관리의 정의

도시성장관리(urban growth management)에 대한 정의는 다양하다. 먼저 1970년대 캘리포니아의 성장정책에서 정의한 성장관리는 "도시성장을 보다 효과적으로 관리하기 위하여 성장의 시기(time), 형상(shape), limit(제한), 경우에 따라서는 인구성장을 중지시키는 것"으로 정의한 바 있다. 이같은 초기의 성장관리는 주로 엄격한 수단들을 사용하여 주민이 살 수 있는 경계를 지정하는데 초점을 두었다.

그리고 1980년대에 이르러 Shultz(1984)는 "도시성장관리란 개발의 유형(type), 입지(location), 질적 수준(quality), 규모(scale), 증감율(rate), 순서와 시기(sequence and timing) 등을 통제하는 정부규제의 집행으로써, 토지이용과 밀접한 연관이 있다"고 하였다. 그 후 1990년대에 들어서 Levy(1991)는 "도시성장관리는 도시개발의 내용과 범위(amount), 시기(timing), 위치(location), 그리고 특성(character)에 관한 규제"라고 함으로써 도시개발의 밀도(density)도 자연스럽게 조정의 대상이 되었다. 또한 Porter(1997)는 "상호경쟁관계에 있는 토지이용 목표간의 균형을 도모하고 지역간 이해관계를 조정함으로써 지역발전을 예측하고 모색하는 동태적 과정"
이라고 정의하였다.[3] 한편 Daniels(1999)는 성장관리는 "도시, 지역, 혹은 국토의
수준에서 개발이 언제, 어디에서, 어떻게 일어날 것인가? 또한 그 개발에 대한 공공
서비스는 어떠한 방식으로 제공될 것인가?에 대한 예측력을 제공하고 이 경우 개발
의 형태와 스타일은 어떠해야 하는가?"에 대한 문제에 관심을 둔다고 하였다.[4]

이러한 개념상의 변화는 도시성장관리가 단순히 토지개발을 관리하는 차원이 아
니라 도시의 목표 달성 및 지역간의 조화를 목표로 하는 보다 광범위하고 복합적
인 개념으로 발전하였음을 시사한다. 즉, 도시성장관리의 정의는 점차 규제와 수단
중심의 개념으로부터 벗어나 미래의 도시개발을 바람직한 방향으로 유도하기 위하
여 균형, 조화, 포용, 소통 등으로 특징지워지는 보다 차원높은 활동으로 받아들여
지고 있다(Fertner et al., 2016).[5]

2. 도시성장관리의 목적

도시성장관리는 인구유입과 공공서비스의 조화로운 일치를 추구하기 위한 정책,
계획, 프로그램, 등에 초점을 둔다. 성장이라 함은 인구증가, 소득(생산) 증가, 도시
지역의 확장 등을 의미하지만, 도시성장관리의 대상은 주로 인구증가와 도시지역의
확장이며, 이에 따른 부작용의 극복과 바람직한 도시개발을 성취하고자 한다. 이에
따라 도시성장관리는 도시로 하여금 집적경제의 혜택을 누리고 적정한 기반시설과
공공서비스를 공급함으로써 생산성 향상 및 시민의 복지증진을 위한 일련의 노력
을 통칭한다. 달리 말하면 도시성장관리는 도시의 무질서한 확산방지, 시민 자산의
보호, 효율적인 도시개발 유도, 삶의 질 향상 등으로 요약될 수 있다.

---

3) Pallagst(2007), Growth Management in the US,의 제2장을 참조하였다.
4) 최상철 외(2006), 성장관리의 이론과 실제, 25쪽에서 인용하였다.
5) 도시성장관리(urban growth management)와 도시성장억제(urban growth control)는 혼용
되는 경우가 있으나 도시성장억제정책은 도시의 성장규모나 성장률을 줄이기 위한 정책인
반면 도시성장관리는 성장으로 인한 환경적, 사회적, 그리고 재정적 패해를 최소화하기 위
하여 성장을 재분배하는 정책이므로 두 용어는 서로 다른 의미를 갖는다.

3. 스마트 성장

1) 스마트 성장의 개념

최근의 도시성장관리의 개념은 스마트 성장(smart growth)으로 대변된다. 스마트 성장은 성장에 따른 부작용을 예방하면서 필요한 성장을 성취하고 성장을 조정하는 것으로 정의된다(Gillham, O., 2002).

세계의 많은 도시와 지역에서는 스마트 성장 원칙을 설정하고 모든 개발을 이에 맞추도록 권장 혹은 강제되고 있다. 그러나 스마트 성장이 대두된 배경이 되는 난개발이 정치적, 사회적 필요에 의해 지속적으로 발생하고 있는 점을 감안하면 스마트 성장에 대한 비판도 적지 않다.

최근의 도시성장관리는 스마트 성장을 지향하지만 그 개념이 국가, 지역, 사용자에 따라 다양하게 설명된다. 이러한 다양성으로 인하여 본서는 스마트 성장을 난개발과 비교하여 어떠한 차이점이 있는지 비교함으로써 스마트 성장에 대한 이해를 돕고자 한다.

도시성장관리의 주된 관심대상인 도시개발은 기성시가지의 재개발을 비롯하여 도시내부의 미개발지 개발, 그리고 도시외곽지역의 농지, 임야 등을 대상으로 한 신개발 등으로 구분할 수 있다. 또한 도시개발의 밀도, 연속성, 토지이용, 이용교통수단 등을 어떻게 배분에 하느냐에 따라 개발의 형태가 달라진다. 이러한 다양성으로 인해 도시개발은 바람직한 형태로 간주되어 권장되는 개발형태가 있는 반면 사회적으로 바람직하지 못한 형태로 간주되어 회피되는 개발형태가 있다. 스마트성장은 전자에 해당하고 난개발은 후자에 해당한다고 할 수 있다. 물론 개인 및 기업의 관점은 사회적 관점과 다를 수 있다. 도시가 인간사회의 집합체라는 관점에서 사회적으로 바람직한 개발형태와 지양되어야 할 개발유형을 <표 12-1>을 이용하여 상호 대비하여 비교하여 보면 다음과 같다.

첫째 개발밀도의 차이이다. 미국의 경우 난개발의 주된 요인은 단독주택 위주의 저밀도 개발로 지목된다. 반면 스마트 성장은 고밀도 개발을 권장한다. 그래야만 토지의 혼합이용, 압축개발 등이 가능하다.

둘째, 개발압축성의 차이이다. 저밀도 개발은 필연적으로 시가지의 확산을 초래한다. 이러한 개발형태는 오픈스페이스의 감소로 연결되고 어메니티를 감소하는 요인으로 지목된다. 고밀도 압축개발은 교외지역의 신개발 수요를 감소시킴으로써 도시확산을 방지하는 효과가 있다.

셋째, 개발의 공간적 연속성의 차이이다. 스마트 성장은 도시개발이 내부충전식 개발(infill development), 즉 기성시가지내의 미개발지를 우선적으로 개발하면서 개발수요를 흡수하면서 축차적으로 개발하도록 권장한다.6) 반면 기존 개발지를 뛰어 넘는 비지적 개발(leap-frog development)은 토지개발의 단절을 초래하고 기반시설공급비용의 증가, 장거리 통행의 유발 등 각종 부작용을 초래함으로써 바람직하지 않는 개발형태로 받아 들여지고 있다.

넷째, 토지이용의 차이이다. 전통적으로 토지이용은 상충되는 활동을 공간적으로 격리시킴으로서 원활한 활동을 도모하기 위함이다. 이에 따라 주거용, 상업용, 공업용 등 토지이용을 지정하여 왔다. 그러나 스마트 성장 전략은 토지이용을 혼합함으로써 일정공간내에서 필요한 욕구를 충족시키고자 한다. 근거리내에서 다양한 욕구를 충족하기 위해서는 고밀도개발 혹은 압축개발이 동반되게 된다.

다섯째, 이용교통수단의 차이이다. 승용차위주의 교통체계는 대중교통이용에 비해 교통량이 많고 에너지 소비가 많으며 그만큼 환경에 미치는 악영향도 크다. 스마트 성장은 가능하면 무동력 교통수단(도보, 자전거 등)으로 원하는 통행욕구를 만족시키고자 노력하며 이것이 불가능한 경우에는 버스, 전철 등 대중교통수단을 사용할 것을 권장한다. 따라서 대중교통위주의 개발(TOD: transit-oriented development)이 권장된다.

여섯째, 기반시설 공급비용의 차이이다. 난개발은 저밀도 확산개발의 개발형태로써 도시기반시설을 공급하는 데 고밀도 압축개발보다 공급거리가 길고 수요밀도도 낮다. 이로 인하여 공급 비용이 높아질 수밖에 없다. 이것은 도시정부의 재정부담 증가를 초래할 뿐 아니라 공급비용의 부담방식에 따라 비용부담의 형평성 문제도 제기되기도 한다.

이밖에도 개발유형에 따른 환경과의 관계, 주거지와 직장의 관계, 가로망 설계형태, 중시하는 공간 등의 측면에서도 큰 차이를 보인다.

---

6) 내부충전식 개발은 기개발지내의 미개발지를 개발하는 것이며, 재개발(redevelopment)은 기개발지를 신개발로 대체하는 것을 의미한다.

표 12-1 난개발과 스마트 성장의 비교

비교기준	난개발	스마트 성장
사회적 관점	바람직하지 못한 개발형태	권장되는 개발형태
개발밀도	저밀도 개발	고밀도 개발
개발압축성	확산개발	압축개발
개발의 연속성	비지적 개발	내부충전식 개발
토지이용	토지이용별 분리	혼합이용
이용교통수단	승용차 위주	대중교통 위주
기반시설 공급비용	상대적으로 높음	상대적으로 낮음
환경과의 관계	반 환경적	친 환경적
주거지와 직장의 관계	직주분리	직주근접
가로망 설계	승용차의 통행량과 속도의 극대화	다양한 활동의 수용 및 교통소음 감소
중시하는 공간	사적 공간	공익 시설 및 공간

미국의 환경보존청(EPA: Environmental Protection Agency)은 스마트 성장을 위하여 다음과 같은 10가지 원칙을 제시하고 있다.[7]

① 혼합토지이용
② 압축적 도시디자인의 이점 활용
③ 선택가능한 다양한 주택의 공급

---

7) Smart Growth Network.(2019). About Smart Growth. Washington, D.C.: Environmental Protection Agency. 2019.04.19.

④ 걷고 싶은 동네 창조

⑤ 독특하고 매력적이며 강한 장소성을 갖는 커뮤니티 창조

⑥ 오픈 스페이스, 농토, 자연미관, 중용한 환경지구의 보존

⑦ 기존 시가지내의 개발

⑧ 다양한 교통수단의 제공

⑨ 예측가능하고 공평하며 비용효과적인 개발결정

⑩ 개발결정과장에서 커뮤니티와 이해당사자의 협력 권장

이 원칙에 입각하여 스마트 성장 업적이 뛰어난 도시를 선정하여 "National Award for Smart Growth Achievement"라는 상을 주고 있다.

2) 한국형 스마트 성장

지금까지 소개한 스마트 성장의 특징은 친환경, 에너지 절약, 효율적 도시공간 등을 지향하기 위한 것이다. 이러한 스마트 성장의 근본적 목표들은 모든 국가와 도시들이 지향할 가치를 포함한다. 그리고 필요한 성장을 하되 성장에 따른 문제를 최소화하는 방안은 따를 수밖에 없는 도시개발 전략이다. 그러나 앞에서 설명한 스마트 성장의 특징은 서구형, 특히 미국형 스마트 성장모형이라고 할 수 있다. 미국에서 유행하는 난개발의 특징이 우리나라에서도 난개발이라고 단정하기도 어렵고, 그 특징이 우리나라에도 문제가 된다고 하기 어렵다. 그러므로 미국형 스마트 성장모형을 우리나라에 그대로 적용하는 것은 타당하지 않다. 다시 말해서 우리나라의 관점에서는 <표 12-1>의 난개발의 미국형 특징을 미국형 스마트 성장의 특징으로 이전하는 것이 스마트 성장으로 가는 길이라고 단언할 수 없는 것이다.

그러면 우리나라 도시들은 어떤 특징을 갖도록 하여야 스마트 성장으로 가는 것인가? 우리나라 도시들은 외국의 도시들이 지향하는 고밀도 개발(압축개발), 대중교통위주의 개발, 토지의 혼합이용 등 스마트성장의 대표적인 특성을 이미 갖추고 있다(Kim and Hyun, 2018). 이러한 특성들은 우리나라 도시개발이 그동안 스마트 성장을 지향한 결과 얻은 성과라고 할 수도 없고 또 이 특성으로 우리나라는 난개발 문제를 극복했다거나 완화했다고도 할 수도 없다. 더구나 우리나라의 스마트 성장은 어떠한 특성을 가져야 하는지 객관적으로 규명된 바 없다. 예컨대 개발밀도의

경우 우리나라는 고밀도로 인한 혼잡이 문제가 되므로 고밀도개발보다는 적정밀도로 개발하는 것이 한국적 스마트성장이라고 할 수 있다. 그러므로 단순히 미국형 스마트 성장모형을 한국형 스마트 성장모형으로 간주하는 것은 비현실적일 수밖에 없다. 우리나라 실정에 적합한 적정수준의 도시개발, 대중교통이용, 토지이용의 배분, 등 관련 지침이 제시될 필요가 있다. 이러한 현실은 한국형 스마트 성장모형을 정립하고 이를 지향하는 정책수단을 개발하는 과제가 우리나라 도시관련 연구자에게 주어져 있음을 강력하게 시사한다.

Ⅳ 도시성장관리 정책수단

도시성장관리의 방향과 내용은 국가마다 산업화, 도시화, 그리고 경제−사회적 발전 수준에 따라 상이하게 나타난다. 그러나 도시문제의 핵심내용은 큰 차이가 없다. 도시성장관리에 활용되는 정책은 도시화와 산업화를 먼저 경험한 서구 도시들에서 채택되었기 때문에 먼저 영국과 미국을 중심으로 도시성장관리를 어떤 수단과 방법으로 하여 왔는지 살펴 본다.

도시성장관리는 미국의 경우 저밀도 확산개발로 대표되는 난개발의 문제에 대응하기 위하여 도시성장구역(UGB: urban growth boundary), 도시서비스구역(USB: urban service boundary), 공공시설의 충분성(adequate public facilities) 프로그램 혹은 동시성 프로그램(concurrency program), 개발부담금제도 등 다양한 수단들이 실행되고 있다. 이러한 여러 가지 제도는 기반시설의 확보 여부에 따라 개발의 위치와 시점을 규제하는 공통점이 있다. 즉, 새로운 개발수요를 기반시설공급비용이 낮은 기개발지역내 혹은 부근으로 유도하고자 한다. 이러한 수단들이 도입되기 이전의 대표적인 도시성장관리 수단은 그린벨트이다.

1. 그린벨트

그린벨트의 근원은 Howard의 가든도시운동(the Garden City Movement)으로 거슬러 올라 갈 수 있지만 대체로 Unwin의 대런던지역계획위원회(the Greater London Regional Planning Committee, 1927-36)의 구상을 바탕으로 한 에버크롬비(Abercrombie)의 1944년 대런던 계획(1944 Greater London Plan)이다. 당시 그린벨트의 목적을 간단히 요약하면 런던의 외연적 확산을 중지시키고, 농업과 여가활동을 위한 토지를 보존하며, 도시(town)들의 연담화를 방지하는 것이었다. 그린벨트는 도시의 형태(form)에 제한을 가하는 대표적인 방법으로 받아 들여지면서 여러 나라에서 채택되어 왔다.

우리나라의 개발제한구역제도는 영국의 그린벨트제도와 일본의 근교지대제도를 모델로 1971년에 법제화되었고 국토종합개발계획에서 채택되었다. 곧이어 수도권을 필두로 전국 14개 권역에 개발제한구역이 설치되었다. 그린벨트제도는 구속력이나 집행방법이 나라마다 다르다. 그러나 그린벨트의 설정목적은 어느 나라에서나 큰 차이가 없다. 우리나라의 개발제한구역은 다음과 같은 세가지 목적으로 지정되었다.

① 도시의 무질서한 확산 방지
② 도시주변의 자연환경 보전과 도시인의 쾌적한 생활환경 확보
③ 국가안보상 도시의 개발을 제한할 필요가 있다고 인정되는 경우

그러므로 우리나라의 개발제한구역은 개발을 억제하는 특별관리지역이라고 할 수 있다. 그러나 급속한 경제성장에 따른 도시화 및 산업화가 진행되면서 토지수요가 증가하는 한편 구역 내 토지소유자들의 재산권 행사억제에 대한 반발 등 집단민원이 제기되어 왔다. 이에 정부는 여러 차례 규제완화 조치를 취해 오다가 2000년 초 개발제한구역의 지정·해제기준 및 설치를 도시계획법에서 분리하고 시장·군수에게 권한을 대폭 이양하는 대수술을 단행하였다. 또한 중앙정부는 서민용 국민임대주택의 건설을 위해 개발제한구역을 해제할 수 있도록 하는 등 개발제한구역을 공영개발수요에 따라 단계적으로 해제하였다.[8] 실제 중소도시의 경우 개발제한구역을 해제한 이후 정책효과를 분석한 결과, 도시에 따라 도시개발억제효과가 유효한 도시도 있고 그렇지 못한 도시도 있어 단정적으로 개발제한구역의 개발억제효과를 판단하기 어려웠다(Kim et al., 2019).

---

8) 건설교통부, 보도해명, 2006년 5월.

대도시 지방정부들도 오랫동안 규제되어 온 개발제한구역을 도시의 경쟁력 강화, 산업용 토지확보 등의 수단으로써 활용할 방안을 활발히 모색하고 있으며 이에 맞춰 개발제한구역의 관리를 행정구역단위로부터 수도권, 부산권, 대구권, 광주권, 울산권, 마산창원·진해권, 대전권 등 7개 광역권별로 하도록 변경한 바 있다. 특히 2003년에는 제주권 82.6㎢, 춘천권 294.4㎢, 청주권 180.1㎢, 여수권 87.59㎢, 전주권 225.4㎢, 진주권 203㎢, 통영권 30㎢ 등 7개 중소도시권의 1,103.1㎢가 완전 해제되었다. 이러한 일련의 움직임은 개발제한구역의 기능을 크게 약화시킬뿐 아니라 향후 그 존속여부도 의문시되도록 만들고 있다. 이러한 의미에서 개발제한구역이 없는 중소도시들은 개발제한구역을 대체하는 유용한 성장관리수단의 도입을 검토할 필요성이 대두된다.

2. 도시성장구역

1) 도시성장구역의 의의

　도시성장구역제도는 도시의 성장을 정해진 지역내부로 한정하기 위해 도시개발이 가능한 구역을 설정하는 것이다. 미국의 도시성장구역은 우리나라의 개발제한구역과 비슷한 제도로 인식되기 쉬우나 그 개념, 목적, 운영, 보조적 수단 등의 측면에서 매우 상이한 제도이다. 도시성장구역제도와 그린벨트제도의 차이를 요약하면 다음의 <표 12-2>와 같다. 이중 가장 큰 차이는 그린벨트는 구역내의 개발을 엄격히 금지/억제하기 위해 설정되지만 도시성장구역은 반대로 개발을 구역내로 유도·촉진하기 위하여 설정된 구역이라는 점이다. 그리고 도시성장구역을 벗어난 바깥쪽은 농촌지역(RA: rural area)으로 지정되어 개발이 엄격히 규제되지만 그린벨트를 벗어난 지역은 통상적인 토지이용에 준하며 개발에 대한 특별한 제도적 조치는 없다. 그린벨트가 대부분 중앙정부의 주도로 혹은 지방정부가 설정하는 것과 달리 도시성장구역은 지방정부 단독 혹은 여러 개의 지방정부가 연합하여 설정하는 차이가 있다.9) 그리고 도시성장구역은 미래의 일정기간(일반적으로 20년) 이내에 시

---

9) 한 지방정부가 단독으로 설정할 경우 국지적 도시성장구역(local UGB), 여러 개의 지방정부가 포함된 도시성장구역은 지역 도시성장구역(regional UGB)으로 구분한다.

가화될 지역을 구역으로 지정하고 그 구역을 조정하는 것이 일반적이다. 그러나 그린벨트는 한번 지정되면 구역지정 해제가 매우 어렵게 되어 있고 존속시기를 정하지 않는 차이가 있다.

표 12-2 도시성장구역(UGB)과 그린벨트(GB)의 비교

	UGB	GB
구역 내 개발행위	개발유도/촉진구역	개발행위 규제/금지구역
구역바깥의 개발행위	개발행위 규제/금지구역	특별한 제한 없음
구역존속시한	한시적(20년)	영구적
도입시기	1990년대	1950년대
지정 주체	지방정부/지방정부연합체	지방정부/중앙정부
시행국가	미국, 캐나다, 영국, 프랑스, 등	영국, 대한민국, 호주, 등

2) 도시성장구역의 목적

도시성장구역 도입의 목적은 다음과 같다. 첫째, 도시토지의 효율적인 이용을 도모하기 위함이다. 개발을 도시성장구역 내부로 유도하기 때문에 고밀도개발, 내부충전식 개발(infill development) 등의 효과를 기대할 수 있다. 둘째, 공공시설(학교, 공원등)과 공공서비스(도로, 하수, 상수 등)를 효율적으로 공급하기 위함이다. 도시개발을 추가적인 기반시설공급이 불필요한 곳이나 비용이 적게 드는 곳으로 한정함으로써 적은 비용으로 필요한 기반시설 및 공공서비스를 공급할 수 있다. 셋째, 난개발 방지이다. 도시개발을 정해진 곳으로 유도함으로써 무제한적인 저밀도 확산개발, 도로연변에 집중된 띠모양의 개발 등이 우려되는 곳의 개발을 엄격히 규제함으로서 난개발을 원천적으로 봉쇄하고자 한다. 넷째, 농지와 삼림의 보전이다. 도시성장구역을 설정하면 개발수요가 기성시가지내의 고밀도 개발 또는 내부충전식 개발을 유도하는 효과가 있다. 그만큼 교외지역의 농지와 삼림의 개발수요가 도시내

부로 전환된 효과가 있다.

3) 도시성장구역의 보조수단들

도시성장구역제도는 제도시행에 따른 문제점을 보완하거나 효과를 증진시키기 위해 보조수단들을 동반하기도 한다. 그 대표적인 수단이 도시서비스구역, 개발권 이양제도, 적정기반시설요구제, 재원우선배분구역 등이다.

3. 도시서비스구역(USB: urban service boundary)

도시서비스구역은 도로, 전기·통신, 상하수도, 교육 및 치안서비스 등을 포함한 대부분의 도시기반시설을 종합적으로 고려하여 기반시설 서비스 가능지역을 지도로서 표시된 경계이다. 이 경계는 도시성장구역과 일치하기도 하지만 대부분의 경우 도시성장구역 안쪽으로 설정된다. 도시서비스구역제도의 목적은 구역내로 개발을 유도하기 위한 것이다. 반면, 도시성장구역을 벗어난 바깥지역은 기반시설 공급이 엄격히 제한된다. 이에 따라 이 지역에서는 개발이 사실상 불가능하게 되는 개발억제효과가 있다.

4. 개발권이양제도(TDR: transfer of development rights)

도시성장구역을 지정하면 그 경계지역에 포함되는 지역은 개발이 촉진되는 반면 경계에 포함되지 못한 지역은 개발이 엄격히 제한된다. 이같은 지역간 불공평한 효과를 보완하는 수단으로써 개발권이양제도가 도입되기도 한다. 이 수단을 도입하는 경우 정부는 개발권을 판매할 수 있는 지역(sending areas)과 이를 매입할 수 있는 지역(receiving areas)을 지정하게 된다. 이때 개발권 판매지역과 매입지역은 동일 시 혹은 군에 지정되거나 혹은 상이한 시·군에 지정될 수도 있다. 물론 후자의 경우는 해당 지방정부간에 합의가 이루어져야 한다.

개발권 이양은 강제성을 띄는 제도가 아니고 시장원칙에 따라 참여자들의 자율적 거래에 의존하는 제도이다. 자율적 시장참여에 의존한 결과 개발권 이양제도에 의한 농지나 산림의 보존실적은 기대하는 만큼 크지 못하다는 비판을 받고 있다.

또한 토지소유자들에게만 제도의 초점이 주어지고 토지를 소유하지 않은 가구에 대한 마땅한 대책이 없는 것도 문제이다. 그렇지만 지방정부가 재원을 사용하지 않으면서, 개발권 거래를 통하여 보존할 토지를 보존하는 동시에 개발할 토지를 개발토록 하는 장점이 있다.

5. 개발권 구입제도(PDR: purchase of development rights)

개발권 구입제도는 개발권이양제도가 시장기능에 의존하는 것과 달리 개발권을 공적재원으로 구입하는 차이가 있다. 즉, 개발권 구입제도는 지방정부의 재원으로 농지, 환경보존 및 경관가치가 높은 사유지의 개발권을 구입하여 해당지역을 보존하는 수단이다. 토지소유자는 소유권은 유지하면서 개발권을 지방정부(혹은 공기업)에 판매함으로써 개발권이 포기되고 그 토지는 개발할 수 없는 땅이 되어 영구보존되는 구조이다. 해당토지는 거래는 가능하고 토지소유자로서의 권리와 의무는 유지되지만 개발할 권리는 없기 때문이다.

해당토지의 개발권 규제수준은 토지소유자의 의지, 가용재원, 지역의 목표에 따라 다양하게 부과된다. 이에 따라 지방정부는 도시성장관리의 목적에 맞게 농지나 야생보존지역 등 원하는 지역의 개발을 억제할 수 있다.

개발권 구입제도는 인센티브에 기반하여 토지소유자의 신청을 통하는 자발적 프로그램이다. 개발권을 판매한 토지는 세금과 토지가격도 낮아진다. 농지의 경우 농지보존은 물론 신규농업인의 유입을 유인할 수 있다. 농지소유자의 입장에서도 개발권 판매수익을 얻으면서 농사를 계속할 수 있다. 또 경우에 따라 예외조항을 두어 거주 주택의 확장 등 어느 정도의 필수시설의 개발은 허용될 수 있다. 개발권 구입제도의 대상토지는 농지뿐 아니라 오픈 스페이스, 야생동식물 보존, 습지, 유수지, 산림 등지에도 활용될 수 있다. 개발권 구입제도는 개발권이양제도와는 달리 지방정부의 재원으로 개발권을 구입하므로 재원확보가 선행되어야 하는 단점이 있다.

6. 농업지구제(agricultural zoning)

농업지구제는 농업과 상치되는 기능이 농지에 침투하는 것을 방지하는 데 목적을 두고 있다. 펜실바니아주 랭카스터 카운티의 경우 건축용지로 농지 25 에이커당 2 에이커만을 허용하는 지구제를 도입하고 있다. 이와 같이 초 저밀도의 건축기준은 농지에 대한 개발권의 매입가격을 현저히 낮추는 기능을 수행한다. 워싱턴주의 킹 카운티가 도입하고 있는 "1:4 프로그램"도 매우 혁신적인 보조수단이다. 도시성장구역 외부의 농지나 오픈스페이스에 적용되는 이 제도는 해당 지역의 토지소유주에게 1에이커의 개발을 허용하는 대신 4에이커의 오픈 스페이스를 영구히 보존하도록 약정을 하는 방식이다. 이는 도시성장구역의 확대에 대한 반발의 해소라는 측면과 함께 농지나 오픈스페이스를 보존하기 위한 방편으로 활용되고 있다.

7. 적정기반시설 요구제(adequate public facilities requirements)

적정기반시설 요구제는 공공시설이 적정하게 갖추어지지 않은 지역에 대해서는 개발행위를 불허하며, 기존 공공시설에 인접하여 개발하는 경우 추가적인 인센티브를 제공함으로써 사회적으로 바람직한 개발패턴으로 유도하려는 성장관리기법이다. 이 유형의 프로그램은 지방정부가 개발허가를 검토하는 시점에서 개발 예정지 주변지역이 당해 개발사업이 완료된 후에도 현재의 공공서비스 수준을 유지할 수 있을 정도로 공공시설 용량 여유가 확보되어 있지 않으면 개발을 허가하지 않는 제도이다. 이 요건은 어떠한 경우건 기반시설은 충분하여야 한다는 의미에서 충분성 요건(adequate public facilities requirements/program)이라고 하며, 개발완료와 기반시설공급의 시점이 일치하여야 한다는 의미에서 동시성 요건(the concurrency requirement/program)라고도 한다.

도시기반시설중 교통인프라는 스마트 성장을 추구하기 위한 방안으로서 매우 중요한 정책수단이 된다. 미국의 오리건주는 주정부 차원에서 도시개발의 완료 혹은 그 이전에 교통인프라의 공급이 되어야 한다는 "교통 동시성(transportation concurrency)"을 요구한다. 또 코펜하겐시의 경우는 도시개발시 주민들이 가까운 거리내에 대중교통 정류장에 도달할 수 있도록 요구하는 "역 근접성 원칙(station proximity principle)"을 시행하고 있다.

이와 부수적으로 단계적 개발유도 프로그램(growth phasing program)도 활용된다. 이 프로그램도 기반시설의 여유 용량이나 미리 설정된 충분성 기준에 근거하여 신규개발의 입지를 일정한 지역으로 유도하거나 허가시점을 규제함으로써 공간적 혹은 시간적으로 단계적 개발을 유도하는 방안이다.

우리나라는 지난 2003년 "국토의 계획 및 이용에 관한 법률"을 시행하면서 기반시설연동제를 도입한 바 있다. 기반시설연동제는 도시개발을 기반시설의 용량 범위 안에서 허용하는 도시성장관리의 수단으로서 개발밀도관리구역제와 기반시설부담구역제로 구분하여 관리한다. 이들 구역은 USB와 마찬가지로 기반시설용량의 서비스 수준이 어느 정도인지 파악하여야 설정할 수 있다. 즉, 개발밀도관리구역은 기성시가지를, 기반시설부담구역은 개발예정지를 대상으로 하는데 각 구역의 기반시설용량 분석이 선행되어야 개발수준을 판단할 수 있다. 그러나 현실은 개발밀도구역의 경우는 지정된 사례가 없고, 용인 등 수도권 일부지역에 지정되었던 기반시설부담구역도 구체적인 후속규정이 없어 유명무실하다가 "기반시설 부담금에 관한 법률"을 시행하면서 모두 해제된 바 있다.

개발과 동반되는 기반시설의 공급에 대한 적절한 관리방안이 없으면 과대개발(over-development), 부담의 불공평성(수혜자 부담의 원칙) 등과 같은 전통적인 문제와 더불어 개발의 적정성(입지, 규모, 밀도)을 판단할 기준이 없게 된다. 이런 경우 개발이 많은 문제를 유발할 것으로 예상되더라도 법과 규정에 위배되지 않는다면 개발을 허용하거나, 도시관리자의 자의적 판단에 의해 개발을 규제하는 수 밖에 없다. 이같은 경우 사회적 갈등, 상호불신 등이 초래되고 신뢰라는 사회적 자산이 형성되기 어려워진다.

8. 개발자 비용부담제도(developer exactions)

도시성장에 따라 주민의 조세부담이 높아지는 반면, 공공서비스 수준은 저하되는 문제에 직면하면서 많은 도시에서는 성장원인 제공자에게 비용을 부담시켜야 한다는 논리가 폭넓은 지지를 얻게 되었다. 개발지구내의 기반시설 설치는 당연히 개발업자가 담당하도록 되어 있다. 개발자 부담제도는 이에 그치지 않고 개발지구 외부의 공공시설 비용도 부담토록 요구하는 제도이다. 개발지구로 연결되는 도로의 건설, 개발지구로부터 연결되는 우수 및 오수관거의 설치, 폐수처리장 증설, 인근 교차로의 교통신호등 설치, 해당 학군의 학교시설 증축 등에 관련되는 비용을 개발업자로 하여금 부담토록 요구한다. 이 방법은 주로 개발부담금(impact fees) 혹은 연결부담금(connection fees)으로 불리는 제도를 통하여 실행된다. 일반적으로 각 지방정부는 기반시설의 증설이나 신설에 소요되는 비용 중 개발자가 얼마나 부담해야 하는가를 평가하는 제도를 갖추고 있다.

9. 재원우선배분지구(PFA: priority funding area)

재원우선배분지구는 도시성장 및 경제발전에 적합하다고 판단하여 재원배분에 있어 우선권을 부여하도록 지정한 지구이다. 대표적으로 미국의 매릴랜드주에서 스마트 성장을 위한 조치의 하나로 시행하고 있다. 매릴랜드주의 경우 지방정부가 향후 성장을 원하는 지구를 지정하고 이를 주정부에 신청하면 주정부 재원의 우선배분지구로 지정되는 구조이다. 지원대상은 성장을 뒷받침하는 고속도로, 상하수도시설, 경제개발지원, 공공청사 건설 등이 포함된다. 주정부의 입장에서는 지방정부의 성장을 지원할 수도 있을 뿐 아니라 재원우선배분지구 지정 기준(기반시설, 개발밀도 등)을 설정하여 여러 지방정부의 성장을 조절할 정책도구로도 활용할 수 있는 이점이 있다.

10. 성장률 설정제도(rate-of-growth programs)

성장률 설정제도는 개발허가와 관련하여 일정 성장률을 책정하여 이를 매년 적용하는 방식이다. 적용할 성장률은 허용가능한 성장한도에 따르며 일종의 총량규제 방식이라고 할 수 있다.

도시성장관리를 위한 정책수단은 법률에 기반한 계획적 규제, 경제적 유인책 또는 이 두 가지의 혼합한 정책 등으로 구분될 수 있다. 또한 도시성장을 촉진하는 수단, 도시성장을 억제하는 수단, 그리고 두 기능이 혼합되거나 구분하기 어려운 수단 등으로 구분되기도 한다. 도시의 실정에 따라 규제책과 유인책, 성장촉진과 성장억제를 적절히 선택해야 할 것이다. 세계 도시들의 경험에 의하면 하나의 정책수단만 활용하는 것이 아니라 다양한 수단들을 병행하여 운용하는 것이 효과가 크고 또 실제 그렇게 실행하고 있다(Kim et al., 2018; Ewing et al., 2022).

Ⓥ 도시성장예측

도시의 성장을 적정한 수준에서 조절하고 또 개발의 입지를 통제하기 위해서는 과연 앞으로 어느 정도의 도시개발이 요구되고 또 개발을 원하는 곳으로 유도할 필요가 있다. 이를 성취하기 위해서는 도시성장을 예측하는 것이 매우 중요하다.

1. 도시성장예측의 필요성

도시성장관리는 보다 나은 미래도시의 건설을 목적으로 한다. 이를 위해서는 도시의 미래를 예측할 당위성이 있다. 예컨대 도시성장구역을 설정하기 위해서는 20년후 시가화지역으로 전환될 곳을 파악하여야 향후 미래 개발을 유도할 수 있다. 도시개발의 과거 – 현재 – 미래의 특성을 적절히 파악하지 못하면 도시정책 실행과정에서 시행착오가 초래되고 이것은 다시 막대한 사회적 손실을 초래하게 된다.

미국을 비롯한 유럽국가들은 도시 혹은 지역의 미래의 모습을 미리 파악할 수 있다면 막대한 사회적 비용을 절감할 수 있을 뿐 아니라 과학적인 도시관리가 가능하다는 인식하에서 도시성장예측모형의 개발에 노력하여 왔다. 인공위성에서 보내주는 양질의 영상자료와 공간분석을 용이하게 하여 주는 지리정보시스템(GIS; Geographical Information System)의 발달 등 정보관련 기술발달의 혜택을 적극적으로 활용하고 있다. 우리나라도 「국토의 계획 및 이용에 관한 법률」중 성장관리계획의 장에서 구역의 지정, 성장관리계획의 수립, 성장관리계획구역에서의 개발행위 등을 법제화하였다. 특히 이를 뒷받침하기 위하여 각종 인문사회적 조사 및 공간적 분석을 하도록 하고 있다. 또한 지역내 토지를 성격에 따라 개발가능지, 개발억제지, 개발불능지 등으로 구분하고 미래의 토지개발수요에 대응토록 하고 있다.

2. 도시성장모형

도시성장 예측모형은 1950년대에 시작되었다가 1970년대와 1980년대에 들어 크게 위축되었다. 그러다가 컴퓨터기술의 발달, GIS의 발달 그리고 가용공간자료의 확충 등에 힘입어 1990년대부터 급속하게 부활하였다(Wegner, 1994). 그동안 연구된 도시성장이론 및 모형은 다양하고 복잡한 형태를 띠었다. 많은 모형들이 나름대로 의미가 있고 또 실제 적용성을 가진 장점이 있지만 사용변수가 적어 현실을 너무 단순화시켰다는 비판을 받았다. 한편 도시성장을 수리적으로 풀고자하는 연구들은 주로 도시의 동태적 측면을 강조하는데 가장 큰 약점은 계산결과를 현실에 맞게 해석하는 데 어려움이 많다는 점이다(Allen and Lu, 2003).

최근에는 인공지능을 이용하여 미래의 도시성장을 예측하고자 한다(Gómez et al., 2020). 그러나 축적된 자료의 부족으로 인한 기계학습의 한계 등으로 큰 진전을 이루지는 못하고 있는 실정이다. 현실적 제약을 고려할 때 도시성장모형은 Clarke et al.(1997)의 연구와 SLEUTH모형으로 대표되는 셀룰라오토마타(CA: Cellular Automata)를 기반으로 한 도시성장예측모형과 Markov−chain 기법을 이용한 도시성장예측모형, 그리고 회귀분석을 활용한 모형 등이 대표적인 방법들이다.

우리나라에서도 도시성장 예측모형의 개발이 활발하다. 이 연구들은 주로 연구대상지역을 격자로 나누고 각 셀의 개발확률을 계산하고 도시개발패턴에 따른 미래의 도시성장을 예측하는 CA기반의 도시성장예측모형들이다(임창호·최대식, 2002; 정재준, 2002; 이성호 외 4인, 2004; 김재익 외 3인, 2007). 도시성장 예측모형들은 위성영상자료의 피복분석을 통하여 도시성장유형을 파악하고 이를 모의실험(simulation)하는 방법으로 미래의 도시성장을 예측한다.

Ⅵ 맺는말

도시성장관리는 공권력에 기반한 도시개발행위에 대한 개입이다. 사유재산권이 보호되고 개인의 자유가 보장된 사회에서 도시개발을 억제하거나 금지하는 것은 반발을 살 수 있다. 계획행위가 사회적 선택에 기반하지만 계획대상이 되는 사유재산 소유자는 사적 선택을 하고자 한다. 도시성장관리정책에 관한 논의는 결국 '사익 대 공익', '시장(market) 대 계획(planning)'이라는 근본적 문제와 연결된다. 이러한 문제의 핵심은 결국 자본주의 경제시스템하의 도시성장관리의 한계와 도전이라는 계획 철학적 논의로 발전되고 있다.

제12장 참고문헌

경실련 도시개혁센터. (2005). 도시계획의 새로운 패러다임, 보성각.

김재익·하성규·전명진·문태훈·H. Richardson·배창희. (2004). 도시성장관리 - 정책과 수단, 형설출판사.

김재익·황국웅·여창환·정현욱. (2007). "도시성장모형의 개발과 활용: 통합적 접근방법," 국토계획, 42(2), 31 - 48.

이성호·윤정미·서경천·남광우·박상철. (2004). "셀룰라 오토마타를 이용한 김해시의 도시성장모형에 관한 연구," 한국지리정보학회지, 7(3), 118 - 125.

임창호·최대식. (2002). "Predicting micro land use dynamics: a cellular automata modeling approach," 국토계획, 37(4), 229 - 239.

정재준. (2002). "상대생장과 셀룰라 오토마타를 이용한 도시성장예측 모델링: 대전광역시를 사례로," 한국지역개발학회지, 16(2), 1 - 14.

정재준·이창무·김용일. (2002). "도시성장분석 및 예측을 위한 셀룰라 오토마타 모델 개발," 국토계획, 37(1), 27 - 43.

최대식. (2003). 토지이용규제정책 평가를 위한 밀도결합형 CA모형의 개발: 수도권 개발제한구역을 중심으로, 서울대학교 대학원 박사학위논문.

최상철 외. (2006). 성장관리의 이론과 실제, 동서문화사.

하성규·김재익·전명진·문태훈. (2007). 지속가능한 도시론, 보성각.

Allen, Jeffery and Kang Lu. (2003). "Modeling and Prediction of Future Urban Growth in the Charleston Region of South Carolina: a GIS - based Integrated Approach" *Conservation Ecology*, 8(2), 2. [Online] URL; http://www.consecol.org/vol8/iss2/art2

Amati, Marco and Makoto Yokohari. (2006). "Temporal Changes and Local Variations in the Functions of London's Green Belt," *Landscape and Urban Planning, 75.*, 125 - 142.

Browers, D., et al. (eds). (1989). *Understanding growth management,* Washington DC: The Urban Land Institute.

Brueckner, J. K. (2000). "Urban Sprawl: Diagnosis and Remedies," *International Regional Science Review,* 23(2), 160 - 171.

Brueckner, J. K. and D. A. Fansler. (1983). "The Economics of Urban Sprawl: Theory and Evidence on the Spatial Sizes of Cities," *The Review of Economics and Statistics,* 55, 479 - 82.

Burrows, Lawrence B. (1978). *Growth management: issues, techniques and policy implications,* New Brunswick, NJ. Rutgers University Center for Urban Policy Research.

Campbell, Scott. (1996). Green Cities, Growing Cities, Just Cities?: Urban Planning and the Contradictions of Sustainable Development. *Journal of American Planning Association,* 62(4), 296−312

Cevero, R. (1986). *Suburban Gridlock,* Newbrunswick: Centre for Urban Policy Studies.

Cho, Cheol−Ju. (2002). "The Korean Growth−management Programs: Issues, Problems and Possible Reforms," *Land Use Policy,* 19, 13−27.

Clarke, K.C., S. Hoppen, and L. Gaydos. (1997). "A self−modifying cellular automaton model of historical urbanization in the San Francisco bay area," *Environment and Planning B: Planning and Design,* 24, 247−261.

Daniels, T. (1999). *When City and Country Collide: Managing Growth in the Metropolitan Fringe,* Washington DC: Island Press.

Ding, C., Knaap, G. and Hopkins, L. D. (1999). "Managing Urban Growth with Urban Growth Boundaries: A Theoretical Analysis," *Journal of Urban Economics,* 46, 53−68.

Ewing, Reid, Torrey Lyons, Fariba Siddiq, Sadegh Sabouri, Fatemeh Kiani, Shima Hamidi, Dong−ah Choi, and Hassan Ameli. (2022). "Growth Management Effectiveness: A Literature Review," *Journal of Planning Literature,* 37(3), 433−451.

Fertner, C., Jørgensen, G., Nielsen, T.A.S. et al. (2016). Urban sprawl and growth management − drivers, impacts and responses in selected European and US cities. *Fut City & Environment* 2, 9, https://doi.org/10.1186/s40984−016−0022−2.

Fertner, Christian, Gertrud Jørgensen, Thomas Alexander Sick Nielsen1, and Kjell Svenne Bernhard Nilsson. (2016). "Urban sprawl and growth management: drivers, impacts and responses in selected European and US cities," *Future Cities and Environment* 2, 9. DOI 10.1186/s40984−016−0022−2.

Gale D. 1992. Eight State−Sponsored Growth Management Programs: A Comparative Analysis, *Journal of American Planning Association* 58(4): 425−439.

Gillham, O. (2002). The Limitless City, Washington: Island Press.

Glickfeld M., Levine N. (1991). *Growth Control: Regional Problems−Local Responses,* Cambridge MA: Lincoln Institute of Land Policy.

Godschalk D. R. (1992). In Defense of Growth Management, *Journal of American Planning Association,* 58(4), 422-424.

Gómez, Jairo A, Jorge E. Patiño, Juan C. Duque, and Santiago Passos. (2020). "Spatiotemporal Modeling of Urban Growth Using Machine Learning," *Remote Sensing,* 12(1), 109; https://doi.org/10.3390/rs12010109.

Haar, C and J. Kayden. (1989). *Zoning and the American Dream,* Chicago: American Planning Association.

Jantz, C.A., Goetz, S.J., Shelley, M.K. (2003). Using the SLEUTH urban growth model to simulate the impacts of future policy scenarios on urban land use in the Baltimore Washington metropolitan area. *Environment and Planning B: Planning and Design,* 30, 251-271.

Kim, Jae Ik, and Jun-Yong Hyun, and Seum-Gyeul Lee. (2019). "The Effects of Releasing Greenbelt Restrictions on Land Development in the Case of Medium-Sized Cities in Korea" *Sustainability,* 11(3), 630.

Kim, Jae Ik, Jun-Yong Hyun. (2018). "Do Smart Growth Urban Development Strategies Reduce Jobs-housing Distance in a High-density City? The Case of the Seoul Metropolitan Area," *Journal of Planning Education and Research,* (on-line). 1-11.

Landis J. D. (1992). Do Growth Controls Work? A New Assessment, *Journal of American Planning Association,* 58(4), 489-508.

Levy, J. M. (1991). Contemporary Urban planning, New York: Prentice Hall.

Liu, H. and Q. Zhou. (2005). "Developing Urban Growth Predictions from Spatial Indicators based on Multi-temporal Images," *Computers, Environment and Urban Systerms,* 29, 580-594.

Pallagst, K. M. (2007). *Growth Management in the US: Between Theory and Practice,* Ashgate: Burlington, Vermont.

Richardson H. W. Gordon P. Myung-jin Jun, Moon Kim. (1993). Pride and Prejudice: the Economic and Racial Impacts of Growth Control in Pasadena. *Environment and Planning A,* 25, 987-1002.

Schultz, M. S. (1984). *Encyclopedia of Community Planning and Environmental Management,* Facts on File: New York.

Scott, R. W. et al. (1975). *Management and control of growth,* Washington, DC: Urban Land Institute.

Silva, E. A., & Clarke, K. C. (2002). Calibration of the SLEUTH urban growth model for Lisbon and Porto, Portugal. *Computers, Environment and Urban Systerms.* 26. 525−552.

Smart Growth Network. (2023). This is smart growth, downloaded from https://www.epa.gov/sites/default/files/2014−04/documents/this−is−smart−growth.pdf, April 6, 2023.

Sturzaker, J. & Mell, I. (2018). *Green Belts: Past; present; future?* London: Routledge.

Urban Redevelopment Authority. (1999). *Model Cities: Urban Best Practices*, Ling, OOI Giok ed.,

Wegener, M. (1994). Operational urban models: state of the art, *Journal of the American Planning Association,* 60, 17−29.

Yang, X. and C.P. Lo. (2003). "Modelling Urban Growth and Landscape Changes in the Atlanta Metropolitan Area," *International Journal of Geographical Information Science,* 17(3), 463−488.

제13장

미래를 대비한 도시관리

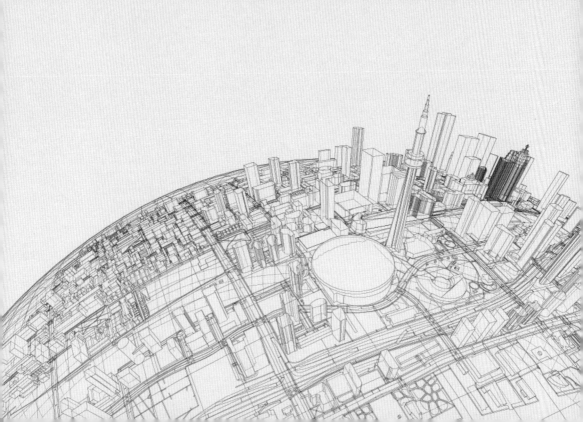

미래를 대비한 도시관리

Ⅰ 서론

도시관리방향 설정은 기존의 도시문제 해소 중심의 접근에서 미래에 발생 가능한 다양한 변화를 예측하고 유연성과 다양성을 중심으로 한 미래지향적인 전환이 필요하다. 따라서 한국의 도시관리는 저출산, 고령화라는 인구구조변화와 기술의 발달 영향과 다양한 도시재난 등의 불확실성이 높다는 점을 고려해야 한다.

역사학자인 폴 케네디(Kennedy, 1993)는 그의 저서 "21세기를 위한 준비(*Preparing for the Twenty-First Century*)"에서 21세기는 '인구성장과 기술의 발달'이라는 핵심 키워드를 강조했다. 미래는 환경문제[1], 기술의 발달, 인구성장 그리고 인구이동 이라는 4가지 요소들이 인류의 생존과 번영에 밀접한 연관을 가질 것으로 예측 가능하다. 우리나라는 전체 인구의 성장보다는 도시지역으로 인구가 집중하는 높은 도시화를 경험하고 있다.[2]

---

1) 홍콩에 본부를 둔 비영리 환경단체인 Earth.Org(https://earth.org/)는 2022년 6월 5일 '세계 환경의 날'을 맞아 '2022년의 가장 큰 환경문제 12가지(12 Biggest Environmental Problems Of 2022)'라는 지구 위기 보고서를 발표했다. 이 단체가 지적한 가장 심각한 환경문제로 △화석연료로 인한 지구온난화(Global Warming From Fossil Fuels) △부실한 통치(Poor Governance) △음식물 쓰레기(Food Waste) △생물다양성 손실(Biodiversity Loss) △플라스틱 오염(Plastic Pollution) △삼림 파괴(Deforestation) △대기 오염(Air Pollution) △녹는 만년설과 해수면 상승(Melting Ice Caps and Sea Level Rise) 등을 꼽았다.(워터저널 http://www.waterjournal.co.kr)

2) 도시지역 인구비율은 1970년 50.1%를 기록한 이래 1980년 68.7%, 1990년 81.9%, 2000년

관련 문헌과 보고서를 참고해 보면 향후 도시관리방향 설정에 있어 4대 정책이 슈를 도출할 수 있다. 이는 인구구조변화, 초연결사회 및 기술혁신, 생활환경변화, 정책구조변화 이다. 아울러 뉴 노멀(new normal)3) 시대에 직면한 도시관리 방향을 면밀히 검토할 필요가 있다(McNamee, 2004; Briscoe, 2005; 조성수 외, 2019; 서울연구원, 2021).

미래창조과학부에서 펴낸 "10년 후 대한민국－뉴노멀 시대의 성장전략"(2016)에서는 전반적으로 저성장이 일상화된 상황을 '뉴노멀 시대'로 정의하고, 이에 따른 경기의 부진과 실업의 증가, 기업 생존환경의 변화 등이 지속될 것이라고 예측하고, 이에 대한 구조적 대안이 필요함을 제시했다.

1980년대 이후 많은 서구 선진국과 이웃 일본의 경우 도시 관리의 패턴이 변화고 있다. 중요한 특징 중의 하나는 도시재생(urban regeneration) 프로그램의 활성화이다. 기존 도시정비사업은 주로 물리적 환경정비 위주로 진행되어온 것에 비하면 1980년대 이후부터 강조되는 도시재정비(regeneration)는 단순히 물리적 환경정비, 재건, 인프라 공급확대 등 하드(hard) 한 것에 국한하지 않고 비 물리적 요소, 사회경제적 요소 등 소프트(soft)한 측면까지를 포괄하는 종합적 접근의 특징을 지닌다. 이러한 점들을 감안하여 향후 한국의 도시가 지향해야 할 도시 관리의 방향을 논의하고자 한다.

 도시관리 방향

1. 도시재생 프로그램의 확대

선진 외국의 도시재생은 사회, 교육, 복지, 문화 서비스 수준의 개선과 도시 경제회복을 통한 경쟁력 확보라는 관점이 강조된다. 아울러 도시 산업구조의 변화 추

88.3%, 2019년 91.8%로 증가 추세다(통계청)

3) '뉴 노멀'이라는 용어가 처음 사용된 것은 Roger McNamee의 저서 The New Normal: Great Opportunities in a Time of Great Risk,(2004)에서 인터넷 시대의 세계 경제를 위협하는 요소와 새로운 가능성에 대해 탐색하면서 '뉴노멀'이라는 용어로 새롭게 보편화되는 경제 환경을 정의했다.

세에 걸맞은 도시 기능회복 및 새로운 기능의 부여를 시도한다. 도심부와 기존시가지의 투자 감소, 경제적 여건 악화, 공해 및 교통 혼잡 등 사회비용의 증가 문제를 해결하고 주민의 삶의 질 향상 및 웰빙(wellbeing)을 추구한다. 그리고 도시재생사업의 주체는 정부 뿐 아니라 기업, 시민단체(NGO, CBO), 주민, 비영리단체 등 다양한 주체가 참여하며 주민과 커뮤니티 중심적 접근이 주류를 형성하고 있다.

이러한 점들을 종합해 보면, 한국의 도시재생은 물리적 환경 정비(hard한 측면) 위주로 추진된 사업의 범위를 넘어 산업－경제, 사회－문화적 부문(soft한 측면)까지를 포함하는 종합적 접근으로서 도시공간구조의 재편 및 새로운 도시기능 창출을 추구하는 사업이 되어야 함을 인식하게 한다(UN－Habitat, 2016; 박소영 외, 2019).

도시재생은 그 범위가 매우 다양하다. 예를 들어 문화 분야로서 도시문화공간의 확충뿐 아니라 시민의 생활의 질을 향상할 수 있는 다양한 이벤트와 주민 주도의 도시 문화 창출을 들 수 있다. 한국적 전통문화가 도시설계, 도시재개발, 도시의 조경 등 모든 분야에 적용되고 이러한 한국적 도시문화가 경쟁력을 확보할 수 있도록 해야 한다. 해당 도시가 지닌 특성을 보다 더 전문화하고 상대적 비교 우위에 설 수 있도록 하는 도시 전문화, 도시특화, 도시마케팅 프로그램을 추진해야 한다.

2. 저출산, 고령화 시대의 도시

한국은 이미 고령사회로 변모함에 따라 노인문제는 중요한 사회문제임과 동시에 노인들을 위한 다양한 도시 및 지역정책을 필요로 한다. 노인인구 증대에 따른 취업인구구조의 변화를 동반하게 된다. 즉 노인인구 증가와 동시에 미성년인구의 감소가 계속되면서 노동력은 제한될 수밖에 없다. 이러한 노동력의 변화상황은 도시산업구조 및 국가 전반적인 노동력 수급문제가 야기될 수 있다. 도시 관리적 측면에서 노인인구가 생활에 불편을 최소화 할 수 있는 도시시설의 정비확충, 노인주택의 공급확대, 그리고 활동적인 노인들을 위한 노인취업대책 등이 중요한 고려의 대상이 된다.

저출산·고령화로 인구감소·저성장 문제를 심각하게 경험하고 있는 도시들이 많다. 소위 소멸도시에는 도시계획 기준 및 도시관리 수단 등 새로운 접근이 요구되고 있다. 기존 인구증가 및 경제성장 시대에 적용된 도시계획기준 및 관리 시스템을 소멸도시에 적용하는 것은 부적합하다. 이와 함께 인구감소 도시의 속성을 감안, 유형별 도·시군기본계획 등 도시발전 전략에 반영할 수 있는 새로운 접근이 필요하다.

소멸도시에 대한 도시계획 및 관리제도 개선방안으로는, 첫째, 계획인구 추정방식을 해당 지역(도시) 거주·생활 행태변화를 적극적으로 고려하는 것이 현실적이다. 예를 들어 지속적으로 거주하지 않지만 주기적으로 왕래하거나(통학, 통근 등) 일정기간 체류하는 형태의 인구를 적절히 고려하는 계획인구추정방식은 개발대상 토지면적 산정과 기반시설·주거·교통계획 등을 수립하는 기준으로 활용되도록 해야 한다.[4]

둘째, 기존 도시에서의 무질서한 개발행위를 조정할 수 있는 방안이 필요하다. 저출산·고령화가 급격히 진행되는 인구변화상황 하에서 도시개발 및 관리는 지난날 고성장시대의 방식으로는 난개발과 과도한 개발로 인해 사회비용의 증대만 가져오게 된다. 셋째, 우리나라 도시들의 인구, 지역경제특성, 입지적 조건 등을 감안하여 도시관리 유형화를 시도해 해당 유형에 적합한 맞춤형 개발 및 관리방식도입이 필요하다. 예를 들이 인구와 산업(고용)이 지속적으로 감소되고 위축되는 도시, 인구와 고용 등이 상대적으로 증가하는 도시, 인구규모에 따른 도시(소도시, 중도시, 대도시) 등 유형에 따른 관리방식을 도출할 필요가 있다.

아울러 인구의 대도시 집중은 중소도시들의 저성장 내지 정체를 가져오고 있다. 특히 인구 25만 명 이하의 중·소규모도시는 지난 30여 년간 인구성장이 둔화되거나 오히려 감소하고 있는 것으로 나타나고 있다. 그러나 대도시 주변의 위성도시들은 인구가 증가하는 현상을 보이기도 한다(민성희 외, 2017).

향후 우리나라 도시의 인구는 대도시주변의 위성도시들이 지속적으로 성장할 가능성이 높으며 지방의 전통적 중소도시들은 인구가 감소할 것으로 보인다. 대도시의 기능집중에 따른 불경제와 부작용을 최소화 하면서 다핵적 도시기능화 전략 및 지방의 여러 개의 성장 거점적 전문화(특화) 등 중소도시육성 및 관리를 위한 체계적·종합적 국토정책이 요구되고 있다.

---

4) 인구감소 위기에 처한 지역을 국가가 체계적으로 지원하고자 2022년 6월에 「인구감소지역 지원 특별법」이 제정되어, 2023년 1월 1일부터 시행되고 있다. 이 법률을 통해서 새롭게 "생활인구"란 개념이 도입되었다. 생활인구란 특정 지역에 거주하거나 체류하면서 생활을 영위하는 사람이다.

3. 기술의 발달과 도시

도시변혁의 기폭제로서 산업혁명을 들고 있다. 이는 영국을 중심으로 한 산업혁명을 통하여 도시는 공업화의 현장으로 탈바꿈하게 된 것이었다. 도시는 제조업 및 중공업의 공장들이 집중되어 생산 현장으로서의 역할뿐 아니라 자본주의 경제 역동성을 보여주고 '자본 축적의 장'의 역할을 수행하게 되었다. 이러한 산업혁명은 도시의 성장을 동반하고 동시 도시성장은 인구집중(특히 노동자의 집중)으로 인한 주택난의 심화와 환경악화 등 부작용을 초래한 바 있다.

21세기는 기술 발달이 더욱 가속화되고, 이는 도시의 공간구조 및 인간의 삶의 패턴을 변화시키게 될 것이다. 개인용 컴퓨터와 통신전산망의 발달로 재택근무(在宅勤務)가 보편화 될 전망이다.5) 매일매일 직장에 출근하여 얼굴을 맞대고 업무를 수행하는 것이 아니라 집에서 컴퓨터를 통한 의사전달이 가능하게 되며 이러한 업무패턴은 직장 – 주거지 근접이라는 고전적 도시계획접근이 무의미 해 질 수도 있을 것이다. 특히 컴퓨터, 전화, FAX, 텔리비젼, 오디오, 소셜미디어(Social Media) 등의 여러 가지 기술이 하나로 통합되는 융합화추세로 재택근무뿐 아니라 홈쇼핑(home – shopping), 영상회의, 통신교육 등 공간이동수요를 감소시키는 요인들이 증가할 것으로 전망된다. 이에 따라 통근, 통학, 업무, 쇼핑에 대한 교통수요가 줄어들 것으로 예상할 수 있다.

이러한 전망은 도시지역개념을 모호하게 만들 가능성을 암시하고 있다. 기술의 발달은 도시와 그 주변지역의 기능적 연관성을 증대시킬 것이 확실시 되며, 이 추세는 교통기술 및 정보통신기술의 발달과 함께 더욱 가속될 전망이다. 이러한 현상은 이미 선진국의 일부 도시에서 도시 교외화를 초월하여 도시를 탈출하는 현상, 즉 탈도시화(exurbanization, counter – urbanization)현상이 목격됨으로써 이를 뒷받침 하고 있다(Ban, & Ahlqvist, Eds. 2009).

---

5) 재택근무(在宅勤務, homeworking)란 컴퓨터 환경과 원격 통신 수단을 사용하여 직장의 업무를 제3의 장소에서 행하는 원격지근무(Telecommuting). 범위가 넓어 일반적인 정의를 내리기는 어렵지만 직장의 통제하에 근로자가 사무실 이외의 장소에서도 직장 일을 계속하게 하는 상황을 지칭한다. 정보통신용어사전, http://terms.tta.or.kr/dictionary/dictionaryView.do?subject=%EC%9E%AC%ED%83%9D%EA%B7%BC%EB%AC%B4(2023.05.21)

한국의 경우 도시를 탈출하는 혹은 타 지역으로 이동하는 사람들을 두 가지 형태로 구분 가능하다. 하나는 도시의 불경제, 즉 공해, 교통체증, 주택난을 피하고 재택근무 등의 영향으로 자발적으로 도시를 빠져나가는 사람들이다. 다른 하나는 비자발적으로 이동하는 경우이다. 직장, 자녀교육문제 등으로 도시에서 거주하기를 원하지만 경제적 어려움으로 전·월세를 감당하기 어려워 통근이 가능한 도시 주변 지역으로 이동하는 사람들이다. 이들은 비싼 주택가격과 임대료 때문에 어쩔 수 없이 택한 비자발적 이동이라 할 수 있다.

제4차 산업혁명의 핵심기술은 미래도시를 주도할 것으로 전망된다. 가장 주목되는 관련기술로는 자율주행 자동차와 커넥티드 카(Connected Car)로 대별되는 미래 자동차와 관련한 기술이다. 신재생 에너지 보급의 확대와 전기자동차와 같은 에너지 관련 기술, IT 기술과 인터넷 기술의 발전으로 확대되고 빅데이터와 인공지능 기술이 접목되는 스마트 도시와 관련한 기술이다. 미래 도시는 ICT 기술을 활용해서 시민들의 생활의 질을 향상시키는 교통 시스템과의 유기적인 연계를 해주는 스마트 이동(smart mobility)[6]과 도시의 생산성을 증가시키고 경제적인 인프라를 구축하는 스마트 경제(smart economy)[7]를 추구할 것으로 전망한다. 아울러 도시 관리에 관련한 의사결정 과정에 시민들의 참여를 용이하게 하는 스마트 거버넌스(smart governance)[8]가 보편화 된다

기술의 발달은 도시기능의 집중에서 분산 쪽으로 변화될 전망이다. 현재는 거의 모든 기능이 소수의 대도시에 집중되어 있으나 향후의 도시기능은 여러 도시지역으로 분산될 가능성이 높다. 이는 기술의 발달과 높은 연관을 지니며 한 도시에 모든 것이 집중되는 종래의 패턴을 점차 분산화 되는 "다핵화된 도시기능"체계가 전망된다.

---

6) 스마트 모빌리티는 많은 교통 수단을 의미한다. 스마트 모빌리티 서비스에는 대중교통(실시간 시간 표시 및 경로 최적화, 원활한 여행 및 디지털 티켓팅 지원), 카셰어링, 주문형 이동성(MOD), 자율 교통 시스템, 화물 및 물류 분야의 스마트 모빌리티 서비스, 그리고 드론과 저고도 항공 기동성 등이 포함된다.
7) 스마트경제는 기술혁신, 자원효율, 지속가능성, 높은 사회복지를 기반으로 하는 경제이다.
8) 정보 및 공공 서비스를 제공하기 위해 ICT 도구와 인터넷을 사용하여 정부와 시민 간의 의사소통과 협력을 도모한다,

4. ESG와 도시관리

생태계 파괴를 동반하는 악순환을 거듭하지 않고 환경악화를 최소화 하면서 인간 삶의 장소를 어떻게 개발할 것인가가 핵심적인 도시관리의 과제로 등장하고 있다. 이미 UN 인간환경회의에서 지적한 바와 같이 인간 환경의 보전과 향상은 한국가 한 지역에 국한된 사항이 아니라 전 세계 인류의 공통적인 과제로 인식되었다. 환경은 인간의 삶을 지탱하는 기본이며 인간의 복지와 권리로서 보호되어야 하기 때문에 21세기 도시관리의 핵심적 과제가 "환경문제해결에 바탕을 둔 도시 관리"가 될 것으로 보인다. 이제 환경문제는 인식의 단계를 넘어 환경친화적 도시개발과 관리가 더욱 적극적으로 제도화되리라 보며 환경보호가 단순히 도시관리의 한 목표이기 이전에 인류의 공통적 목표로 자리 잡게 될 것이다.

우리나라의 도시관리 체계 기본 방향은 "지속가능한 개발"이 중요한 개념적 틀로서 인식되고 있으며, 동시 ESG에 관한 관심과 도시관리영역에서의 중요성이 부각되고 있다. ESG란 환경(Environmental), 사회적 책임(Social), 투명경영(Governance)의 합성어로 지속가능한 성장을 도모하자는 의미의 개념으로 해석되며 공공과 민간에 모두 영향을 끼치는 주요 개념으로 대두되고 있다(강성진 외, 2021; 매일경제 ESG팀, 2021; 김호석, 2021; 박재현·한향원·김나라, 2022).

ESG는 저출산·고령화, 인구감소, 기후위기와 탄소중립 등 시대적 과제와 변화에 대응할 수 있도록 새로운 도시 미래상을 구상하는 데 있어 매우 중요한 개념이라 할 수 있다. 친환경 정책, 사회적 가치 창출, 민관 거버넌스 도모와 같은 ESG를 접목한 도시관리의 중요성이 강조되고 있다. 지방정부가 ESG 행정을 추진하면 공동체가 처한 양극화 해소나 사회적 약자 지원, 환경 문제 개선 등 사회적 가치 창출과정에서 좀 더 집약적인 효과를 견인할 수 있을 것이다.[9] 아울러 공익적 목표를 실현하는 과정에서 ESG는 유용한 정책 수립 지표로 활용할 수 있다(문완규·황윤용, 2022).

정부(환경부, 기획재정부, 국토교통부를 비롯한 각 정부기관)는 ESG와 관련된 정책을 시행하고 있다.[10] 아울러 지방정부 역시 ESG 개념을 적용한 도시관리 프로그램을

---

9) CGSI ESG팀(2022), 정부의 ESG 정책방안 리뷰와 전망, e북.
10) 정부 관계부처 합동(2022.12.21)의 2023년 경제정책방향을 보면 ESG와 관련한 정부의 정책

운영을 시도하고 있다. 예를 들어 서울 성동구는 지속가능한 도시 비전의 청사진으로 'ESG 성동'을 선포하고 특히 환경 영역에서 구체적인 정책을 도입하고자 한다. 또한 맞춤형 ESG 연구인 '성동형 ESG 지표개발 및 활용방안 연구' 용역을 통해 성동형 E+ESG 지표를 자체적으로 구성한바 있다.[11]

- 환경(E)분야에선 생활쓰레기를 매년 7%씩 줄여 2027년까지 50%로 감축하고 혁신 기술 기반 재활용 사업 및 친환경 자동차 이용 확대 등을 목표로 제시하는 등 환경 정책을 중심으로 탄소중립 선도 도시 만들기를 실현하고자 한다.
- 사회(S)분야에선 '스마트 돌봄서비스 운영', '노인 주치의 사업'이 있다.
- 거버넌스(G)분야에선 '민관협력 활성화', '마을공동체 활성화' 등을 추진하고 있다.

경기 하남시는 ESG를 중심에 두고 '보다 좋은 현실, 더욱 밝은 미래를 만드는 하남 ESG'을 비전으로 환경·사회적 가치·지배구조 분야별로 시책 사업을 진행하고 있다.[12]

- 환경 분야(E)는 '2050 탄소중립도시' 달성을 위해 10년 단위 중장기 목표를 설정하고 평생교육을 기반으로 '시민이 건강한 환경도시 조성'을 위한 환경보전 공감대 확산에 주력한다는 세부 계획을 제시한 상태이다.
- 사회적 가치 분야(S)는 노인, 장애인, 여성 등을 위한 적극적 제도 개선을 목표로 한다. 목표 달성을 위해 도시 환경을 개선하고 사회안전을 위한 인프라 구축이라는 정책을 세운다.
- 거버넌스 분야(G)에서는 시의 '주주'격인 시민이 시의 정책을 상시 평가하고 참여하는 시스템을 구축하는 것을 제시하고 각종 시민참여위원회를 확대 및 공공데이터 정보의 시민 공유를 확대할 계획하고 있다.

은 미래대비 체질개선 측면에서 인구·기후 위기 대응과 상생·지역 균형 발전 측면의 과제를 추진할 예정이다. 상생·지역 균형발전에는 민간 ESG 생태계 조성을 위한 ESG 인프라 고도화 방안이 마련되어 있으며 이를 통해 ESG 공시체계를 정비하고 ESG 투자 활성화를 통한 파리기후협약 이행을 강화하고자 한다. 인구·기후위기 대응 측면에서 탄소중립 실현을 위한 실현 가능한 탄소중립 이행방안을 마련하여 탄소배출권, EU 탄소국경조정제도에 대한 대응을 준비하고 있다(https://blog.naver.com/acctkang/222965368036).

11) 성동구청 홈페이지 참조(https://www.sd.go.kr/search/search.jsp).

12) 하남시 홈페이지 참조(https://www.hanam.go.kr/search/searchNew.jsp).

구로구 구정연구에 따르면 ESG와 관련된 도시계획 및 도시개발의 주요 키워드는 특정 지역을 지칭하거나 메타버스(metaverse)[13]와 같은 관련 키워드의 빈도가 높게 나타났다. 팬데믹으로 디지털 전환이 빠르게 이루어지고 있고, 디지털트윈 시대의 메타버스 기술을 활용한 스마트시티, 탄소중립사회 등 지속가능한 도시를 모색하고자 하는 사회적 분위기가 형성되고 있다. 즉 메타버스와 ESG 모두 뉴노멀시대를 이끌어가는 중요하게 각광받는 트렌드이자 전 세계적 흐름이며 지자체에서는 해당 기술을 활용한 정책, 탄소 순배출량이 제로가 되게 하는 넷−제로(Net−Zero) 달성 정책 등을 통한 도시 계획 및 관리를 지향하고 있다(김민경, 2022).

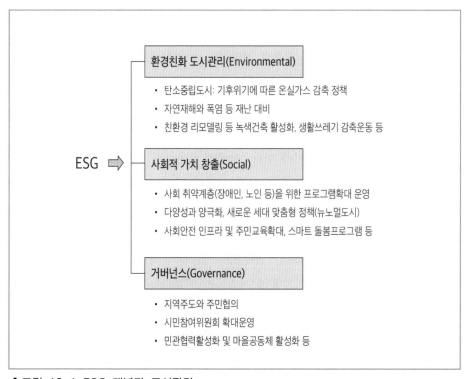

▌그림 13-1 ESG 개념과 도시관리

---

13) 메타버스는 '가상', '초월' 등을 뜻하는 영어 단어 '메타'(Meta)와 우주를 뜻하는 '유니버스' (Universe)의 합성어로, 현실세계와 같은 사회·경제·문화 활동이 이뤄지는 3차원의 가상세계를 가리킨다.

5. 갈등 해소와 사회취약계층 배려

향후 도시사회는 현재보다 더욱 빠른 속도로 다양성이 증대되는 현상을 예견할 수 있다. 다양한 행동주체가 각각의 행동양식을 지니게 되는 개인주의적 양상이 심화될 가능성이 높다. 이는 탈 이데올로기, 민주화, 세계화, 소비의 다양화·고급화, 핵가족화, 개인 권리의 존요인들과 맥을 같이하고 있다.

이러한 도시사회의 변화는 개인과 개인, 조직과 조직, 집단과 집단 간의 이해관계가 첨예하게 대립되고 사회적 갈등의 양상들이 심화 될 우려가 크다. 집단적 이기주의 팽배는 이미 우리사회에 널리 나타나는 하나의 사회현상이며 사회계층간 갈등은 미래 도시사회가 직면한 해결되어야 할 과제로 본다. 도시관리의 주된 목표가 물리적 시설수준의 제고와 양적인 확대에만 안주할 수 없을 정도로 비물질적, 사회적인 이슈가 크게 부각될 것으로 전망한다. 이러한 양상 아래 도시관리가 추구해야할 방향은 보다 인간적인 도시, 계층 간, 집단 간의 갈등을 예방하고 다양성을 존중하고 공동체성을 지닌 도시이다.

'사람이 행복한 도시', '인간적인 도시'란 장애자, 노인, 아동 등 사회취약계층에게 차별과 배제가 없는 도시여야 한다. 한국의 많은 도시들은 여전히 이들 사회취약계층들의 불편과 불만을 해결하지 못한 상태이다. 장애인과 노인, 그리고 아동들의 경우 도로나 출입구의 문턱이 높기 때문에 횡단보도 이용 및 보행의 어려움을 겪고 있다. 그리고 지하철과 시내버스를 이용하는 것도 고통과 위험이 도사리고 있다. 이러한 사정은 경제적 약자인 "빈곤층" 사람들의 경우도 비슷한 경험을 하게 된다. 빈민지역의 공공시설은 부유한 사람들이 거주하는 지역에 비해 상대적으로 열악하다. 오랜 세월 동안 가난한 사람들이 거주해온 커뮤니티가 재개발사업으로 인해 중산층 주거지역으로 변하기도 한다. 새로 건립된 중대형 아파트를 유지 관리할 경제적 능력이 없는 원주민은 주거비가 저렴한 곳으로 쫓겨나는 결과이다. 결국 빈곤층 커뮤니티는 파괴되어 버린다.

사회취약계층을 위한 도시 관리는 앞으로 한국 도시정부가 지향해야 할 가장 중요한 목표중의 하나이다. 사회취약계층을 위한 이동과 접근성을 용이하게 하는 시설물의 설치, 장애인, 아동, 노인을 위한 편의시설 등을 보다 강화할 필요가 있다. 아울러 도시 내 모든 사람들의 일상 활동을 편리하고 안전하게 할 수 있도록 해야 하며 아울러 계층 간, 집단 간, 지역사회(커뮤니티)간 기본적 편의시설 및 서비스 공급에 있어 차등이 없어야 한다.

6. 도시안전

우리나라 도시는 양적인 성장과 외형적인 발전은 달성했지만, 안전측면에서는 여전히 많은 과제를 안고 있다. 안전에 대한 투자와 인식의 부족하고 기존 인프라의 노후화 등으로 안전사고가 자주 발생하고 있어 안전을 최우선시 하는 도시관리 정책이 필요 하다. 아울러 안전이라는 가치를 공유하고 상호 연대를 통해 도시의 안전성을 강화해야 하며, 이를 위해서는 제도보완은 물론 시민의식의 성숙이 따라야 한다.

도시계획과 관리에 있어 안전은 매우 원초적이고 기본적 과제이다.[14] 과학기술의 발달로 인해 재해 및 인재를 미리 예측 예방하는 기술이 발달되리라 보지만 보다 제도적인 조치가 따라야 한다. 도시안전을 위하여 ① 도시안전정보의 공유, ② 도시안전정책의 통합과 연계, ③ 도시안전 관련 계획의 정합성 유지[15], ④ 도시안전 주체 간의 협력, ⑤ 시민사회 역량강화 및 참여 등 5개 핵심이슈 측면에서 개선이 필요하다(김명수, 2017).

향후 도시관리에 있어 스마트 안전도시 개념의 도입이 필요하다. 스마트 안전도시는 기존의 안전도시와 4차산업혁명 기술이 적용된 스마트도시의 접목이다. 즉 스마트 도시는 도시문제를 해결하기 위하여 정보통신기술(ICT)을 활용한 도시이며 재난상황에 대한 통합연계로 안전관리를 수행하고 예방중심의 재난 및 안전관리를 강화하는 방식이다. 사물 인터넷(IoT) 기반 광대역 모니터링으로 실시간 정보수집 및 빅데이터 분석으로 예측가능성을 높여주고 정보시스템의 상호연결을 통해 정확하고 용이하게 업무를 추진가능하게 한다. 예를 들어 서울시는 기존 유시티에서 스

---

14) 1994년 10월 21일 서울시 성수대교 붕괴, 1995년 6월 삼풍백화점 붕괴, 2022년 10월 이태원 압사 사고와 같은 무고한 시민의 생명을 잃게 한 사고의 예방은 도시 관리의 가장 원초적인 목적이다. 시민의 생명과 재산을 보호하지 못하는 도시 관리는 도시정부와 국가의 존립을 의심케 하는 일이다. 시민생활의 안전대책은 도시관리자가 가장 먼저 취해야 하는 책무인 것이다.

15) 안전 관련 계획수립기간을 일치시켜 정합성을 확보하고, 도시안전관리 집행계획의 개선과 도시별 위험특성을 반영한 안전계획 수립이 필요하다.

마트도시로 전환한 '마곡지구 스마트도시'와 스마트 도시 구축사업의 일환인 '북촌 사물인터넷 서비스 실증지역'으로 어린이 등하고 안심통학 알리미 서비스, 스마트 소방방재 서비스, 화재/환경 모니터링 등 서비스를 제공하고 있다(이석민, 윤형미, 2020).

　앞으로 한국의 모든 도시는 스마트 안전도시 개념을 바탕으로 보다 더 안전한 도시관리를 필요로 한다. 이를 위해 스마트 안전도시 통합플랫폼 구성 및 운영이 중요한 과제이다. 아울러 스마트 안전도시 구축 및 운영을 위한 조직구성과 제도개선이 선행되어야 한다. 스마트 도시안전 서비스로는 시설물 안전관리로서 붕괴, 화재 위험시설물의 지속적인 계측강화, 인명구조를 위한 신속한 대응 등이다. 그리고 기후변화 및 기상이변 대응, 행정의 위기관리 능력제고, 취약계층을 포함한 안전약자 보호 서비스 제공이다.

　도시는 인조환경으로 대표되고 인간의 의지로 창조된 공간이다. 그러나 도시도 전체 생태계의 태두리 속에서 파악되어야 하기 때문에 상호의존성을 염두에 두어야 한다. 생태계의 상호관련성을 무시한 결과의 하나로 도시 오염 등의 문제가 발생된다고 본다. 생태계의 유한성, 상호관련성, 순환성을 고려하는 도시관리가 미래 도시발전의 중요한 과제라 생각된다. 환경보전의 일차적 목표가 사람의 건강보호에 있다면 생태계의 균형과 보호가 도시관리의 기본적 틀로서 인식되어야 한다.

7. 세계화 · 지방화

　21세기의 도시를 둘러싼 상황변화 하나는 세계화(globalization)라는 점이다.[16] 오늘날 교통 통신의 발달로 한 국가 영역내의 도시로서의 의미 보다 지구촌 속의 도시가 큰 의미를 지니는 상황이 변화하는 과정에 있다. 도시는 이제 한 나라의 도시가 아닌 세계도시의 모습으로 변화하고 있다. 특히 대도시(인구 100만명 이상)의 경우는 교역상대지역이 한 국가 내의 어떤 지역이나 도시가 아닌 세계 전역을 대상으로 하는 세계화가 일어나고 있다.

---

16) 세계화는 국제 사회에서 국가 간 상호 의존성이 증가함에 따라 인류 문명이 단일한 체계로 수렴하고 있는 현상이다. 즉 세계 사람들이 하나의 세계 사회에 통합되는 모든 과정이라고 정의하기도 한다(위키백과, https://ko.wikipedia.org/wiki/).

세계적인 경제사학자 니얼 퍼거슨(Niall Ferguson) 교수[17])는 문화세계화의 좋은 예로 BTS(방탄소년단)가 현재 세계화의 흐름을 나타낸다는 분석이 나왔다. 퍼거슨 교수는 BTS를 대표 사례로 들며 상품을 주고받던 무역의 흐름이 서비스로 전환되고 있다고 강조했다.[18])

오늘날 도시간의 교류 증대는 상호 이익을 향유할 수 있는 정보의 교환 및 세계시장의 확대, 호혜주의원칙에 따라 외국의 자본, 기술, 재화 및 서비스의 진입이 활발해 지고 있다. 이러한 관점에서 도시관리 체제는 개방체제로 변화되고 있다. 세계화는 지방과 국가 경제의 통합을 세계적이고 규제되지 않은 시장 경제로 포함하는 자본주의 확장의 한 형태로 인식되기도 한다.

세계화의 비판적 입장도 있다. 세계화가 남반구 북반구간의 불평등을 감소시키지 못했으며 오히려 세계의 대부분 지역이 소외된 상태에서 잘사는 북반구 국가들 내의 무역과 투자 흐름이 심화되면서 상당수 제3세계 국가경제는 점차 주변화 되어 간다는 점이다(조지프 스티글리츠, 송철복 옮김, 2002; 서울사회경제연구소 엮음, 2005).

세계화와 동시 또 하나의 세계적 조류는 지방화이다. 지방화란 중앙정부의 권력과 규제가 지방으로의 분산과 자율로의 방향 전환을 의미한다. 지방화는 지방주민의 자치적 능력에 기초하고 동시에 책임을 동반한다. 이러한 조류는 중앙정부 중심의 지역발전논리가 지방의 정서, 문화, 산업구조, 잠재력을 제대로 반영하지 못하고 있다는 반성에서 출발한다.

도시관리의 지방화시대란 무엇을 의미하는가? 먼저 도시관리를 둘러싸고 있는 중앙정부 중심적 정치·행정의 환경이 바뀌어야 한다. 우리나라는 지방자치 역사가 일천하지만 이제 정착화 단계를 맞이하고 있다. 점차 중앙의 권한과 통제가 지방으로 위임·이양되는 추세가 가속화 되리라 본다. 한편 '가장 지방적인 것이 가장 세계적인 것'이 될 수 있도록 하는 전략적 관리체제의 개혁이 필요하다. 이러한 도시관리 전략은 이미 선진 외국에서 많은 사례를 찾을 수 있다. 지방의 세계화 전략으로

---

17) 니얼 퍼거슨은 영국의 금융과 경제사를 전문으로 연구하는 역사학자이다. 영국 케임브리지 대와 옥스퍼드대를 거쳐 하버드대 교수를 지냈으며 스탠퍼드대 후버 칼리지 선임연구 교수로 재직 중이다.

18) 한국경제신문, BTS로 본 '新 세계화'…"문화가 무역을 대체한다", https://www.hankyung.com/economy/article/202301301213i, 2023.01.30.

서 외국자본의 도입, 국제적 문화행사의 개최, 외국 도시들과의 협력체제의 구축, 지방정부의 해외사무소의 설치 등을 들 수 있다.

이제 한국의 도시들이 국내의 도시로 존재하는 것이 아니고 지구촌의 한 도시로 자리매김하는 도시관리시스템의 구축이 필요하다. 세계화 시대는 국가 간 경쟁체제에서 도시 간 경쟁체제로 이행하고 있으며 가장 지방적, 토속적, 전통적 요소들이 가장 중요한 글로벌 경쟁력을 가질 수 있음을 인식해야 한다. 향후 도시관리는 해당 도시가 어떻게 지방적 잠재력(문화, 전통, 정체성, 인구, 경제-산업구조 등)을 극대화 하느냐와 동시 세계화에 적극적으로 참여하는 전략이 요구되고 있다.

Ⅲ 미래도시 전망과 새로운 접근 모색

인간이 꿈꾸는 미래도시는 어떤 모습일까? 미래예측은 늘 불확실성을 지니고 있지만 지난 과거를 돌아보면 인간의 의지와 노력으로 도시는 변화되어오고 있다. 영국의 미래학자 이안 피어슨(Ian Pearson)이 최근 삼성이 발표한 'Smart Things Future of Living' 보고서를 통해 2050년 도시 풍경에 대해 예측했다고 보도했다.[19] 예측에 따르면 18마일(2만 8962미터)의 초고층 빌딩이 등장한다. 그리고 빌딩 하나가 독립적인 도시 역할을 한다. 앞으로 빌딩 하나에 생활에 필요한 모든 인프라가 들어가 미니 도시 역할을 할 것이고 이는 국토면적 대비 인구가 과잉인 경우 문제를 해결할 수 있다. 또한 모든 도로가 무인 자동차 전용의 스마트 도로로 바뀔 것이며, 2050년까지 바다 속에서 영구 생활을 할 수 있는 수중 도시는 관광지로서의 역할이 커질 것이라고 예측했다.

정부는 미래도시를 전망하고 미래도시 비전 설정의 필요성을 강조한바 있다(국토해양부, 2008).[20] 첫째, 미래도시 비전 설정의 필요성 관점에서 도시 경쟁력이 곧 국가 경쟁력을 결정하는 시대라 정의하였다. 인구의 90%가 도시에 거주하는 우리

---

19) 디지털투데이(Digital Today), 2050년 '미래 도시' 모습은 어떨까?, http://www.digitaltoday. co.kr, 2016.03.02.

20) 국토해양부는 2008년 10월 10일 제2회 '도시의 날' 행사를 통해 '활기차고 쾌적한 선진 일류 도시 구현'이라는 '미래도시 비전 2020'을 발표했다(뉴스캔, http://www.newscani.com).

나라의 경우 도시의 모습이 곧 대한민국의 모습이라고 해도 과언이 아니다. 더구나, 세계화와 개방화가 가속화됨에 따라 국가 간보다는 지역 및 도시 간 경쟁이 심화되는 추세라 판단하였다. 둘째, 대내외 환경 변화에 대응한 새로운 도시정책의 방향제시이다. 인구감소, 고령화 사회 도래 등 사회적 여건 변화를 고려한 중장기적, 전략적 도시정책 방향 제시가 필요하다. 그리고 지방정부의 도시계획 권한 강화에 따른 중앙정부와 지방정부의 역할 재정립 및 도시계획 관리시스템 개선이다. 셋째, '저탄소 녹색성장'의 국가목표에 부응하는 도시정책 방향 수립으로 세계는 농업·산업·정보혁명을 거쳐 환경혁명 시대로 접어들고 있고 '녹색 성장'의 시대를 갈망하고 있다. 녹색혁명 시대를 이끌어갈 도시 정책적 접근방향 모색 필요하다고 천명하였다.

미래 도시전망에 관한 연구에 따르면 미래도시는 첫째, 도시구조는 단기적으로 수위 및 광역 대도시(Global and Mega-City)를 중심으로 집중되며, 중장기적으로 지방 중소도시는 쇠퇴할 것으로 전망되었다. 둘째, 토지 이용은 근미래에[21] 수직적, 수평적으로 혼합될 것이며, 공유 공간이 증가될 것으로 예측되었다. 셋째, 교통 및 인프라는 ICT 기반의 통합 플랫폼을 통한 도시관리가 진행되며, 스마트 기술을 통해 공공 및 개인(민간) 교통이 활성화될 것으로 분석되었다. 넷째, 도시개발은 교통 결절지(TOD) 중심의 개발이 활성화될 것이며, 에너지 및 환경 분야에 중점을 둘 것으로 전망되었다(조성수외 3인, 2019).

미래도시 전망 중 가장 많이 언급된 내용은 스마트 도시(smart city)의 추구이다. 지금까지 존재한 적 없는 새로운 도시의 등장을 예측하기도 한다. 스마트시티는 첨단 정보통신기술(ICT)을 이용해 주요 도시의 공공기능을 네트워크화한 도시다. 사물 인터넷(IoT: Internet of Things), 사이버 물리 시스템(CPS: Cyber Physical Systems), 빅데이터 솔루션 등 최신 정보통신기술(ICT)을 적용한 스마트 플랫폼을 구축해 도시의 자산을 효율적으로 운영하고 시민에게 안전하고 윤택한 삶을 제공하는 도시로 정의하고 있다.

스마트시티는 기존 유 시티(u-city)와 유사하지만, 사물 인터넷(IoT)과 인공 지능(AI) 기술이 결합된 차세대 개념의 미래형 도시다. 그리고 ISO[22], IEC[23], ITU[24] 등

---

21) 근미래(10년 이하), 중미래(10~20년), 먼미래(20년 이상)로 설정하였다(조성수 외 3인, 미래 도시 전망 분석, 2019 참조).

국제표준화 기구에서 스마트시티 표준화에 대한 논의를 진행하고 있어 현재 다양한 개념이 통용되고 있다. ISO나 IEC에서는 스마트시티를 도시의 계획, 개발, 관리 서비스 제공을 위해 IoT, 크라우드 컴퓨팅, 빅데이터, 공간정보통합과 같은 최신 정보기술이 적용되는 신개념 도시로 정의하고 있다. 다양한 혁신기술을 도시 인프라와 결합해 구현하고 융·복합할 수 있는 공간이라는 의미의 '도시 플랫폼'으로 활용되고 있다. 스마트시티 플랫폼은 시민을 포함한 도시, 헬스, 교통 등 다양한 서비스와 스마트 디바이스를 활용한 빅데이터로 구성된다.

한국형 미래도시는 새로운 접근 모색을 통한 도시패러다임 변화를 가져오도록 해야 한다. 도시쇠퇴 원인을 규명하고 예방과 치유의 방법론을 찾기 위해서는 목표의 재설정이 전제되고 동시 제도 정비(법 제정 등)가 이루어지며 도시 거버넌스(governance)의 중요성을 인식하는 데서부터 출발한다. 그리고 도시발전을 위한 접근방식은 통합적이어야 한다.

<그림 13-2>에서 나타난 바와 같이 X=A+B+C 즉 X: 통합적 도시발전(정비) 모형을 상정할 수 있다. 그 이유는 도시문제는 복합적 원인임을 감안해야 하고 인프라, 경제, 문화, 환경 등이 상호 연계됨을 고려해야 하기 때문이다. 끝으로 도시관리정책은 메가트렌드(mega-trends) 즉 거대도시화, 노령화, 친환경적 요구, 소셜미디어를 통한 정보공유와 확산 등의 변화에 대응해야 한다. 또한 도시는 정치적, 경제적, 인구학적, 문화적 등 다양한 변수들의 영향을 끝임없이 받고 있음을 인지하고 이를 예측하고 대응하는 노력과 지혜가 필요하다.

A : 사회·문화-경제 통합

(social/cultural-economic integration)

---

22) 인증규격 국제표준화기구(ISO: International Organization For Standardization)가 세계 공통적으로 제정한 품질 및 환경시스템 규격으로 ISO 9000(품질), ISO 14000(환경) 등이 있다.

23) 국제 전기 기술위원회(International Electrotechnical Commission)는 전기, 전자 및 관련 기술 분야의 비영리 국제 표준화 기관. 각국을 대표하는 표준화 기관으로 구성됨

24) 국제전기통신연합(ITU, International telecommuncation union)은 정보통신 기술과 네트워크의 발전, 전세계 ICT의 확산을 주도하기 위해 설립된 UN 산하의 ICT 전문 국제기구. ITU는 시민의 삶의 질, 도시관리 및 서비스 효율성, 경재력을 향상시키기 위해 ICT 기술 등의 수단을 사용하는 혁신인 도시로, 경제적, 사회적, 환경적 측면에서 현재와 미래 세대 요구의 충족을 보장하는 도시라고 정의한다.

B : 환경·인프라－사회·문화 통합

(ecological/infra－social/cultural integration)

C : 경제－환경·인프라 통합

(economic－ecological/infra integration)

X : 통합적 도시발전 모형

(A model of integrated urban development(regeneration))

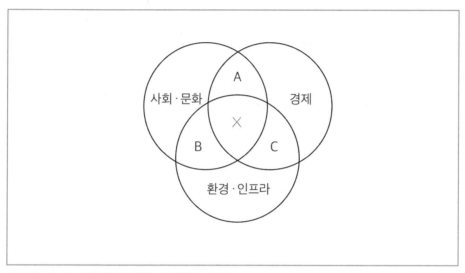

┃그림 13-2 한국형 통합적 도시발전 모형

미래도시 전략으로서 국가도시정책의 로드맵이 제시되어야 한다. 한국의 도시관
리정책은 긴급한 사회적 현안에 대한 문제해결 우선의 정책으로 일관되어 왔다. 도
시관리 발전 방향에 대한 장기적인 정책방향 마련은 미흡한 실정이다. 경제개발이
우선시 되었던 시대의 정책과 제도가 여전히 존재하고 있어 도시정책을 미래지향
적으로 재정립할 필요가 있다.

국가도시정책은 미래 도시발전과 관리를 위해 국가, 지방자치단체, 시민사회가
함께 공유할 수 있는 도시정책의 방향을 제시한다. 국가도시정책은 중앙정부의 각
종 도시정책 및 지원사업의 기준 및 근거 제공하고, 지방자치단체 도시계획 및 도
시관리계획 수립의 정책적 가이드라인 역할 수행한다.

특히 유엔 해비타트(UN-Habitat)는 지속가능한 도시화 달성을 위하여 국가도시정책의 수립과 집행을 권장하고 있다. UN-Habitat는 국가도시정책이 ① 도시발전의 쟁점간의 우선순위를 설정하고, ② 주체들 간의 조정과 협의를 유도하며, ③ 도시발전 방향에 대한 가이드라인을 제공하고, ④ 협력적 투자를 유도하는 역할을 수행할 것으로 기대한다. UN-Habitat는 Habitat Ⅲ(2016.10, 에콰도르 키토)에서 핵심 의제로 국가도시정책을 설정한바 있다.[25]

국가도시정책이 담아야 할 내용으로는: ① 도시화와 국가발전계획과정의 유기적 연계, ② 거버넌스의 법적, 사회적 제도화, ③ 경제성장의 핵심요소로써 도시경제의 발전, ④ 경제성장, 사회포용, 환경적 지속가능성을 위한 도시계획, ⑤ 지방재정 시스템의 강화, ⑥ 기후변화 적응, 빈곤퇴치를 위한 도시기반시설에의 투자이다. 국가도시정책의 필요성으로 도시화 성숙기에 들어서면서 기존과는 다른 새로운 도시문제 등장, 새로운 정책 대응의 필요성 증대되고 있기 때문이다.

Habitat III의 보고서에서 성공적인 국가 도시 정책은 몇 가지 주요 변화를 가능하게 할 수 있다고 보았다. 첫째, 도시 개발에 영향을 미치고 관련된 국가 및 지방정부 정책의 일관성을 높인다. 둘째, 역량 구축, 재정 시스템 재조정, 법적 및 정치적 권한 부여를 통해 지방도시 당국에 권한 부여할 수 있다. 셋째, 예산 책정 및 정책 결정 과정에서 정책을 모니터링 및 평가하고 참여 메커니즘을 강화하기 위한 도구를 제공함으로써 커뮤니티, 풀뿌리 조직 및 시민 사회 전반에 권한을 부여한다. 넷째, 비즈니스 환경을 개선하여 민간기업의 도시에 대한 투자를 개선한다. 다섯째, 중앙정부와 지방정부, 지방정부간 협력과 협업을 촉진시킨다. 마지막으로 삶의 질과 복지 향상(빈곤, 접근성, 환경적 질 등)을 도모한다.[26] 한국정부는 UN이 권고한 국가도시정책의 로드맵을 다시 점검하며 미래지향적 도시관리정책의 새로운 패러다임을 설정하고 시행해야 할 것이다.

---

25) https://habitat3.org/wp-content/uploads/Habitat%20III%20Policy%20Paper%203.pdf 참조.
26) https://habitat3.org/the-new-urban-agenda/ 참조

강성진 외. (2021). ESG제대로 이해하기, 자유기업원,

김명수. (2017). 안전도시 구현을 위한 다섯 가지 정책방안, 국토정책 Brief, No. 630 국토 연구원.

김민경. (2022). ESG 개념을 접목한 구로구 도시계획 이슈와 과제, 구로구 구정연구반.

김호석. (2021). ESG 관련 국내외 동향 및 환경정책에 미치는 영향, 한국환경연구원.

매일경제 ESG팀 (2021). 이것이 ESG다, 매경출판(매일경제신문사).

문완규·황윤용. (2022). 그린리모델링을 통한 ESG경영 혁신 사례 연구:광주광역시도시공 사의 노후공공임대주택 개선사업을 중심으로. 기업과혁신연구, 45(1), 165−177.

미래창조과학부 미래준비위원회. (2016). 10년 후 대한민국 뉴노멀 시대의 성장전략: 미래 전략 보고서, 미래창조과학부.

민성희·변필성·김선희·황명화·차은혜·김용민·이철호. (2017). 인구 및 국토 공간구조 변화 전망과 대응방향, 국토연구원.

박소영·김동근·권규상·정은진·민범식·송아현·박소현. (2019). 산업위기지역의 종합적 도시재생방안 연구, 국토연구원.

박재현·한향원·김나라. (2022). 국내 ESG 연구동향 탐색: 2012~2021년 진행된 국내 학 술연구 중심으로, 벤처창업연구. 17(통권 79호), 191−211.

서울사회경제연구소 엮음. (2005), 신자유주의와 세계화, 한울.

서울연구원. (2021). 뉴노멀시대 도시전망과 서울의 도시공간발전방향, 서울연구원.

이석민·윤형미. (2020). 서울시 스마트 안전도시 구축방안, 정책리포트 제306호, 서울연구원

조성수·백효진·한정훈·이상호. (2019). 미래도시 전망 분석. 지역연구, 35(3), 59−76.

조지프 스티글리츠. 송철복 옮김. (2002). 세계화와 그 불만, 세종연구원.

Ban, H., & Ahlqvist, O. (Eds). (2009). Representing and negotiating uncertain geospati al concepts – Where are the exurban areas? *Computers, Environment and Urban S ystems,* 33(4), 233-246. https://doi.org/10.1016/j.compenvurbsys.2008.10.001

Briscoe,J. (2005). T*he New Normal: Living a Fear−Free Life in a Fear−Driven World,* London: Multnomah

Kennedy, P. (1993). *Preparing for the Twenty−First Century,* New York: Random House.

McNamee, R. (2004). *The New Normal: Great Opportunities in a Time of Great Risk,* London: Penguin Books.

UN−Habitat. (2015). *A Guiding Framework: National Urban Policy*. Nairobi: UN−Habitat.

_____. (2016). *National Urban Policies*, Nairobi: UN−Habitat.

https://habitat3.org/

https://habitat3.org/the−new−urban−agenda

https://habitat3.org/the−conference/official−documentation/

찾아보기

저자약력

하성규

영국 런던정경대학(LSE)에서 도시 및 지역계획학 석사, 런던대학교(UCL)에서 도시계획학 박사학위를 취득, 이후 중앙대 도시계획·부동산학과 교수, 현재는 명예교수이다. 중앙대 부총장, 한국주택학회 회장, 한국사회정책학회 회장, 한국지역개발학회 회장을 역임하였다. 한국도시연구소 이사장, 한국주택관리연구원 원장을 맡은 바 있으며, 현재는 한국주거서비스소사이어티 이사장이다. 연구 관심분야는 주택정책, 도시관리 및 재개발 분야이며 저서로는 'Housing Policy, Wellbeing and Social Development in Asia'(Routledge, 2018) 등 다수의 저서와 논문이 있다.

김재익

미국 University of Southern California에서 경제학 석사, 도시계획학 박사학위를 취득, 이후 계명대학교 도시계획학과 교수, 한국주택학회 회장, EAROPH(Eastern Regional Organization for Planning and Human Settlements) 한국회장 등을 역임하였다. 현재는 계명대학교 명예교수이다. 연구 관심분야는 도시경제 및 도시관리, 주택정책 등이며 「시장인가? 정부인가?」를 비롯한 다수의 저서와 논문을 출간하였다.

명품도시 만들기 - 사람이 행복한 도시관리

초판발행	2023년 8월 30일
지은이	하성규 · 김재익
펴낸이	안종만 · 안상준
편 집	양수정
기획/마케팅	장규식
표지디자인	이은지
제 작	고철민 · 조영환
펴낸곳	(주) **박영사**
	서울특별시 금천구 가산디지털2로 53, 210호(가산동, 한라시그마밸리)
	등록 1959. 3. 11. 제300-1959-1호(倫)
전 화	02)733-6771
f a x	02)736-4818
e-mail	pys@pybook.co.kr
homepage	www.pybook.co.kr
ISBN	979-11-303-1847-9 93350

정 가   19,000원